Sobrevivimos ... al fin hablo

Leon Malmed

Yad Vashem, Leon y la Righteous Tree, 1982

Sobrevivimos

...

Al fin hablo

Leon Malmed

Zea Books
Lincoln, Nebraska
2015

ISBN 978-1-60962-066-0 libro en rústica
ISBN 978-1-60962-067-7 e-book

Puesto en letra Constantia
Diseño y composición por Paul Royster.

Traducido por
Roberto Carlos Guerra

Zea Books son publicados por la
University of Nebraska–Lincoln Libraries.

Edición electrónica (pdf) disponible en línea en
http://digitalcommons.unl.edu/zeabook/

Se puede solicitar la edición impresa en
http://www.lulu.com/spotlight/unllib

Reconocimientos

Agradezco a aquellos, demasiados para mencionarlos a todos, que han confiado en mí para relatar mis recuerdos, muchos de ellos dolorosos; pues me han ayudado a desentrañar los enredados hilos de los primeros setenta años de mi vida, además de otorgarme las herramientas necesarias para reconstruir esos acontecimientos con mayor precisión.

A Pascale Martin, Jeanette Reed, Ellaraine Lockie, Bob Cliff, Ann Koch y María Guerra; quienes, a través de su propia percepción de los eventos mencionados, han ofrecido su tiempo y talento para mejorar este libro.

A Salomón Malmed por todos sus aportes a este relato y en recuerdo de esos difíciles años que soportamos juntos.

A Catherine y Daniel Ribouleau, nietos de Henri y Suzanne Ribouleau, por su apoyo moral y amor eterno.

A mi hermana Rachel, no sólo por inspirarme a escribir este testimonio sino por hacer posible, mediante sus recuerdos, la realización de este libro.

A mi cuñado, Izzy Epstein, con quien estaré en deuda eternamente. Su generosidad y persistencia me permitieron reunirme con mi querida hermana, después de una separación de catorce años y por brindarme la oportunidad de florecer en los Estados Unidos.

Le mando todo el cariño del mundo a mi primo Jacques Malmed y a mi tía Sarah Blum, ambos ya fallecidos. Igualmente a mi primo Jean Gerbaez, con quien sigo intercambiando chistes a través del océano. Los tres eran mis únicos familiares nacidos en Polonia, emigrados a Francia y sobrevivientes al Holocausto.

Quiero extenderle un agradecimiento muy especial a mi sobrino Roberto Guerra, graduado de la Universidad de La Sabana (Chía, Colombia), quien tras leer la primera versión en francés, reflexionó sobre el contenido de la versión en inglés y dedicó valiosas horas a la traducción del texto al español.

«Agradezco, con mucho cariño, a Roberto Guerra, quien hizo la traducción de este libro al español, Luis Villares por su ayuda, Wilber

Jimenez por mejorar aún la traducción y a Mercedes Alcocer. Los tres de ellos generosamente dieron su tiempo y talento literario para revisar la traducción y hacer que esta historia fuese fiel a la versión en inglés.»

Finalmente agradezco a mi esposa Patricia, cuyo apoyo constante, amor y ánimo inalterables fueron invaluables durante los últimos cinco años que demoré para hacer realidad este libro; primero en francés, después en inglés y ahora en español.

Mi infinita gratitud a todas estas personas.

Este libro es un homenaje a Henri y Suzanne Ribouleau,
mis adorados segundos padres, Virtuosos entre Naciones;
y a sus hijos René y Marcel quienes, gracias a
su valentía y devoción, salvaron
mi vida y la de mi hermana.

Mantendremos vivo su recuerdo para siempre,
junto con el de mi padre y madre, Srul y Chana,
los veinte miembros de mi familia: tíos, tías y primos,
y los seis millones de judíos y no judíos que
fueron masacrados en conformidad con
el plan siniestro de los nazis:
«La Solución Final».

«No sabían que era imposible, ¡así que lo hicieron!»

Prólogo

"¡Un libro para inspirar!". Es la frase que evoca en mi mente y corazón este maravilloso escrito después de haberlo leído. Cualquiera pensaría que, por tratarse del prólogo, es lo más obvio pero tendrían que leerlo, también, para entenderme.

«*Sobrevivimos... al fin hablo*», no es sólo una simple narración acerca de la Segunda Guerra Mundial u otra historia más de supervivencia de la época; esas ya están contadas. Se trata de la encarnación misma del factor transformador y movilizador, con el que cuenta todo hombre en esta tierra, que ha protagonizado su mejor papel en esta última gran guerra: el amor.

Es así como, en este oscuro episodio de la humanidad llamado "Holocausto", se desarrolla la más conmovedora trama que, sin dejar de lado los hechos históricos y sociales, muestra una óptica sencilla y clara del sinónimo más fiel que pueda tener la palabra amor: sacrificio. El sacrificio de unos padres por preservar la vida de sus hijos, el sacrificio de unos extraños por preservar la vida de unos niños y el sacrificio de unos niños por ver realizados en ellos los sueños de sus padres. Estoy seguro que se trata de lo que el filósofo y ensayista español Ortega y Gasset trataba de decir con su frase: "Lo que he gozado, lo he vivido y lo he vivido porque lo he padecido".

Este libro es de inspiración porque todo en él es verdad. Este libro es de inspiración porque, sin importar la nacionalidad o las distintas realidades que se estén llevando a cabo ahora mismo, cualquiera: tú, él, ella, ustedes o yo mismo, nos podemos sentir identificados con lo aquí narrow y entre sus páginas encontrarnos con mayores argumentos para ser más resilientes (más capaces de superar los distintos obstáculos que se nos presenten) y decir con certeza que somos seres afortunados, ricos en todo el sentido de la palabra, ya que rico es aquel al que menos le falta y no al que más le sobra.

Wilber Jiménez Argumedo
Director Iniciativa Multiplicadores de Sueños
Colombia

La conquista rápida de Francia en la primera etapa de la Segunda Guerra Mundial no preparó a la población Judía de dicho país para lo que vendría. ¿Quién entre ellos se hubiera imaginado a «Drancy» (el campo de tránsito primario en Francia, para judíos en proceso de deportación a los campos de muerte Nazi en Oriente); las intenciones siniestras del Capitán de las SS Klaus Barbie, «El Carnicero de Lyon»; o la inimaginable colaboración de algunos miembros de la policía francesa en todo aquel perverso proceso?

La carta escrita por parte de los padres del autor, Srul y Chana Malmed, dirigida a sus vecinos cristianos pidiéndoles que por favor les mandaran alguna ropa y otros suministros al lugar donde se encontraban en el momento, «Drancy», nos revela la capacidad de negación del ser humano, como mecanismo de defensa, ante situaciones amenazadoras. En este caso, que «Drancy» podría desembocar en un lugar mucho peor de donde se encontraban, como podía ser Auschwitz y la misma muerte.

Al leer la nota de los padres de Malmed, puedo imaginar su mentalidad optimista; la esperanza, inútilmente puesta, en que una cinta amarilla de medir les permitiría sobrevivir a las precarias condiciones del campo de tránsito, teniendo en cuenta que Srul era sastre por naturaleza e imaginó que quizá sus servicios podrían ser utilizados por los guardas, a cambio de comida o favores. Incluso, como era el caso de muchos judíos que enviaban cartas a sus familiares y amigos, quienes aún permanecían en sus hogares soñando con su liberación.

Aquí leemos la promesa de Chana a sus vecinos: «algún día les devolveré el favor».

En la mayor parte de este libro, emocionalmente conmovedor, la tragedia vivida por los padres del autor es contrarrestada por el amor y la gentileza de los vecinos de la familia, Suzanne y Henri Ribouleau; quienes hicieron lo que sólo un porcentaje muy pequeño de los que se encontraban dentro de las garras de los Nazis tuvo el valor de hacer: arriesgarlo todo por salvar una vida.

En este caso fueron dos: la de Leon Malmed (quien tenía cuatro años y medio, en ese entonces) y la de su hermana Rachel (de nueve). Ellos quedaron al cuidado de los Ribouleau desde el mismo instante en que la policía francesa tocó a su puerta esa soleada mañana del 19 de julio de 1942, llevándose a sus padres.

Malmed atrapa al lector, llevándolo a las entrañas mismas de la época –Segunda Guerra Mundial en Francia– y a la vida caótica de los padres Riboleau, sus dos hijos de sangre y los dos que tuvieron que

adoptar. Para mencionar lo más importante, esta historia, escrita de
una manera hermosa, captura el punto de vista de un niño enfrentado, no sólo al doloroso hecho de la súbita desaparición de sus padres; sino además, obligado a esconder su origen Judío.

«Sobrevivimos ... al fin hablo», revela la apatía de la mayoría de las
personas en la Francia de esa época ante el salvajismo de los Nazis,
las acciones desafiantes de unos pocos y la inconmensurable valentía de la familia Ribouleau, la cual juró a Monsieur y Madame Malmed que cuidarían de sus hijos hasta su regreso.

Ante las amenazas de la opresión, «Papa Henri» y «Mama Suzanne», como Leon les decía, siempre responderían: 'Estos niños
no le están haciendo mal a nadie. Ellos nos necesitan. Nosotros los
protegeremos'.

> Riva Gambert
> Directora, Holocaust Remembrance
> Jewish Federation of the East Bay

«Sobrevivimos ... Al fin hablo», la historia de Leon y su hermana
Rachel es una inspiración para todos. Demuestra que aún en la época
del Holocausto, cuando los acontecimientos aterradores tenían lugar
día tras día, había personas con corazones llenos de valentía, bondad
y amor. Los «Gentiles Virtuosos» escondían a los judíos, poniendo
en riesgo sus propias vidas, por lo que sus acciones de buena voluntad jamás serán olvidadas.

En estos días, mientras los «Sobrevivientes del Holocausto» van
envejeciendo y falleciendo, es importante que sus historias sean pre-
servadas para las generaciones futuras. Leon Malmed nos ha prestado
un gran servicio mediante la realización de este libro.

Les pido, por favor, que compartan esta extraordinaria historia
con sus hijos y nietos. Tenemos la responsabilidad de asegurarnos de
no olvidar estas atrocidades para que jamás vuelva a pasar algo simi-
lar, ni a los judíos, ni a ningún otro ser humano.

> Joanne Caras
> Creadora de The Holocaust Survivor Cookbook y
>   Miracles and Meals
> Estrella de la serie JLTV Miracles & Meals with
>   Joanne Caras

Leon Malmed nació en Francia. No se le hizo fácil escribir estas memorias. Tenía más de 65 años cuando produjo este libro en francés y más de 70 cuando escribió la versión en inglés. Es una historia que hubiera preferido olvidar: la historia de un niño de 5 años y su hermana de 9, cuyos padres judíos fueron llevados por la policía francesa, bajo el mando de los Nazis en 1942.

Los vecinos de sus padres les dijeron: 'no se preocupen, cuidaremos a sus hijos hasta que vuelvan'. En parte, fue una historia que Leon no quería recordar pero, finalmente, una historia que se sentía obligado a contar, para sí mismo y para el mundo entero.

Para estos niños, quienes efectivamente fueron adoptados por sus vecinos, la verdad no llegó de manera fácil y, hasta ahora, la historia no se ha dicho en su totalidad. Henry y Suzanne Ribouleau asumieron el papel de papá y mamá y, al hacerlo, pusieron en riesgo sus vidas y las de sus propios hijos.

Tan extraordinario hecho es fuente y origen de una historia inspiradora, llena de amor y coraje por parte de la familia Ribouleau y los habitantes de su pueblo; así como profundamente conmovedora, por cuanto se trata de dos niños obligados a aceptar la triste certeza de que jamás volverían a encontrarse con sus padres. Al mismo tiempo, es una estampa de la vida contemporánea de los franceses bajo el régimen de los Nazis.

Tiempo después, Leon se convirtió en un empresario exitoso. Empezaría su carrera en Francia y luego terminaría en los Estados Unidos.

Finalmente, es una historia de éxito personal, cuyas raíces no podrían ocultarse y pasar desapercibidas. Este relato, fuerte y emocional, hace brotar lágrimas de compasión pero también de aprecio y agradecimiento de corazón hacia las personas que, heroicamente, ayudaron a salvar sus vidas.

Esta historia ha de ser contada hoy, mientras el mundo se vuelve cada vez más tribal y el odio más notorio. Les recomiendo leerlo y reflexionar sobre los acontecimientos descritos en él.

Bob Cliff, Ph.D
Ex Profesor de la Universidad de California, Berkeley
Fundador de Cliff Consulting

Estoy Pasmado, feliz y avergonzado. Pasmado por el recuerdo que tales eventos, como los descritos en este libro, hayan tenido lugar en el mundo, como efectivamente ocurrió. Pasmado por el hecho que Leon haya demorado más de 60 años para encontrar la valentía de «contar su historia».

Feliz porque un amigo, después de mucho tiempo, pudo aceptar sus emociones y compartirlas con su familia, amigos y el mundo entero. Feliz porque hay personas capaces de tender la mano y ayudar, a pesar de los riesgos personales y el gran sacrificio que esto conlleva, como lo han demostrado los «Virtuosos» y demás personas que no hayan sido identificadas en este libro.

Avergonzado por el hecho que un amigo se haya confesado de tal manera, que haya expresado tantas emociones, tanta angustia, exponiendo su propia alma e, igualmente, avergonzado de pertenecer a una raza capaz de infligir tanto dolor y sufrimiento a otros miembros de su misma especie.

Durante mi adolescencia fui testigo de la Segunda Guerra Mundial desde los Estados Unidos, un refugio de la violencia de la época. He leído las historias y los relatos, he visto las fotos y visitado los museos. Sin embargo, el hecho de leer sobre el «Holocausto» desde la perspectiva de los periodistas e historiadores es una cosa. Oír la historia directamente de una persona que la vivió en carne y hueso, es otra completamente distinta. Especialmente por parte de un hombre tan dispuesto a abrirse de una manera tan completa y sin reservas. El mundo DEBE conocerla y JAMÁS olvidarla. El libro de Leon Malmed, *Sobrevivimos ... Al fin hablo*, es una historia que ha de ser leída.

James W. Duke, Ed,D.
President Emeritus, Lake Tahoe Community College

Como observadores de la historia, tratamos de comprender la Segunda Guerra Mundial y los eventos que la rodearon mediante la lectura de relatos cronológicos, viendo documentales y películas de ficción, visitando los museos del «Holocausto» y los campos de concentración. Pero estamos viendo todo a través de una cortina de distancia que mantiene nuestra participación, en dicho acontecimiento, en un espacio intelectual y seguro.

Son los relatos personales de los «Sobrevivientes», más que las interpretaciones de otros, los que cierran la distancia y nos permiten comprender estos sucesos de una manera más emocional; no sólo las atrocidades que vivieron las personas inmersas en ese mundo, sino también la valentía y fortaleza de las víctimas y los héroes de aquel tiempo.

La memoria escrita de Leon Malmed logra todo esto y más. Es una obra que debe ser leída por todos. ¿Por qué?, te preguntarás. La respuesta es porque no deberíamos permitir que la historia del «Holocausto» se olvide ya que, de ser así, podría caber la posibilidad de ser repetida.

Ellaraine Lockie
Autor de no-ficción/Poeta/Ensayista/Educadora

Soy la nieta que mis abuelos, quienes murieron en Auschwitz, nunca llegaron a conocer.

Para los judíos, en ese entonces, la pesadilla Nazi era incomprensible. Para la humanidad hoy en día, la tortura y matanza de 12 millones de personas –seis millones de ellos judíos– parece difícil de comprender.

Mi madre, Rachel Malmed Epstein; y mi tío, Leon Malmed, son testigos de acontecimientos que han sido tema de enfoque en los libros académicos durante los últimos 70 años. Son dos de los pocos que tuvieron la suerte de esquivar la muerte a manos de los Nazis, gracias al coraje y decencia de esos pocos que se atrevieron a desafiarlos.

El enfoque y mensaje de este extraordinario relato apunta hacia dos cualidades: el heroísmo y la bondad. ¿Qué bondad podría surgir de una era tan horrorosa de la historia?

Aunque la época del «Holocausto» fue un período sumamente sombrío en la historia humana, abrió paso a la creación de muchos héroes y heroínas, gente no judía que hicieron lo que hicieron porque eran decentes y tomaron decisiones en cuestión de milisegundos, sin dar prevalencia a su propio destino.

Henri y Suzanne Ribouleau, una pareja francesa católica, dio posada y cobijo a dos niños judíos en la época cuando éstos eran considerados una plaga. Con ello pusieron en riesgo, no solamente sus propias vidas, sino también las de sus dos hijos adolescentes. La familia Ribouleau no entendió el grado tan alto de heroísmo al que llegó su gesto, ni la magnitud de sus acciones durante la guerra.

Gente virtuosa en todo el sentido de la palabra.

La supervivencia de Rachel y su hermano Leon es un gran milagro.

Este relato de sobrevivencia continúa más allá del final de la guerra y los caminos que cada hermano tomó después. Ambos terminaron en los Estados Unidos de América.

Gracias tío Leon por escribir este libro. Es un verdadero tesoro.

Anita Epstein Leibowitz
Profesora Asistente, Comunicaciones
Suffolk County Community College
Long Island, Nueva York

Esta es una de las historias más conmovedoras que he leído en mi vida.

Conozco a Leon Malmed desde que era un niño, prácticamente toda mi vida, y jamás pensé que un hombre tan gentil, amable y generoso tendría un pasado tan espeluznante; algo que vivió en carne y hueso durante una de las épocas más oscuras de la humanidad.

Sabía que Leon había sido víctima del «Holocausto», pero nunca supe bien los detalles de su infancia hasta que leí su libro.

«*Sobrevivímos ... Al fin hablo*», me transportó a un pasado cruel, un entonces cuando el simple hecho de poder sobrevivir hasta el día siguiente –un mundo donde el gobierno y la población entera te desean la muerte– era considerado un lujo.

Me hizo reflexionar sobre lo macabro que puede ser el hombre y hasta qué nivel puede llegar el nacionalismo extremo, la xenofobia, el odio y la ignorancia.

Me gustaría que las nuevas generaciones, especialmente las que han crecido llenas de comodidades, lean este libro y aprendan a pensar antes de manifestar algún tipo de intolerancia hacia determinado grupo de personas, para que conozcan hasta qué punto puede llegar esa misma mentalidad.

También para que sepan que los héroes sí existen y que la noción de amor al prójimo puede llegar a ser mucho más que una frase bíblica. Los que han leído esta historia saben a qué me refiero.

Considero a Leon Malmed como un verdadero héroe, gracias al mismo hecho de publicar su historia de supervivencia y mostrarla al mundo.

Roberto Carlos Guerra
Comunicador Social y Periodista de la Universidad
de la Sabana (Colombia)
Escritor de libros de ficción
Traductor para una gran cadena de televisión hispana en EE.UU.
Tractor de este libro

No puedo menos que expresar mi más sincera admiración y profundo respeto ante los seres extraordinarios que protagonizaron esta historia.

El valiente y revelador testimonio de su autor, Leon Malmed, nos abre una ventana al conocimiento de una amarga época de la historia universal y, en medio de ella, a la complejidad humana y sus marcados contrastes. Por un lado, el odio y la perversidad, capaces de todo mal; por el otro, el Amor, fuente bendita de todo heroísmo.

Mediante el coraje y la fuerza de sus convicciones, estas excepcionales personas lograron sobreponerse a la adversidad y construir nuevas esperanzas. Consiguieron, de manera heroica, demostrarse a sí mismos y a los hombres de buena voluntad, que no todo estaba perdido, que la razón debía primar sobre la fuerza y el amor sobre el odio.

Este relato conmovedor representa, en pocas palabras, el triunfo de la esperanza sobre la experiencia.

Me atrevería a asegurar, sin temor a equivocarme, que este libro tocará los corazones de todos aquellos que tengan el privilegio de leerlo, que ojalá sean muchos.

¡Porque el horror jamás debe repetirse!

Mercedes Alcocer Rosa
Psicóloga Clínica
Pontificia Universidad Javeriana, Bogotá, Colombia
Profesora Universitaria
Escritora y Poeta

Les dedico este libro a Henri y Suzanne Ribouleau
y a sus dos hijos René y Marcel.
Sin su valentía, mi vida hubiera llegado
a su fin a la edad de siete años.

En mis pensamientos están mi esposa Patricia,
mis hijos Olivier, Corinne y James
y mis nietos Rayce, Jake y Rhyder.

Tabla de Contenido

Capítulo 1

19 de julio de 1942

Es un día de verano y, como es costumbre cada domingo, mi papá se levanta al amanecer y se alista sin hacer ningún ruido para evitar despertarnos. Está esperando a Marcel Ribouleau, el hijo de nuestro vecino, quien lo acompaña en sus expediciones al campo. Es una época difícil. La comida es escasa. Papá se ve en la necesidad de intercambiar ropa por aves de corral, mantequilla, huevos, frutas y vegetales.

A las 5:30 a.m. alguien toca la puerta. Mi papá abre y en la entrada algo le sorprende. Hay dos policías franceses «gendarmes». Él los conoce muy bien. En ocasiones, les ha hecho favores arreglando sus uniformes desgastados sin cobrarles, ya que papá es sastre de profesión, pero nunca habían venido tan temprano y menos un domingo.

Los gendarmes parecen estar un poco avergonzados. Uno de ellos pasa saliva por la garganta, mientras el otro mira hacia abajo. «Señor Malmed», por fin dice uno de ellos. «Debe acompañarnos a la estación de policía inmediatamente», haciendo gran énfasis en la palabra 'inmediatamente'.

«¿Por qué?», pregunta mi papá sorprendido. Los policías no ofrecen ninguna explicación y la conversación despierta a mi mamá. Ella se levanta, claramente perturbada, y con apuro se pone una bata sobre el camisón de dormir, abotonándola incorrectamente sin darse cuenta. De inmediato, corre hacia el descansillo para encontrarse con papá y los policías.

«Su esposo tiene que venir con nosotros», repite uno de ellos muy decidido. «¿Pero por qué? ¿Qué sucede?», pregunta mamá. «No podemos perder tiempo», dice uno de los gendarmes subiendo la voz.

Con el semblante pálido, mamá cierra las manos y las aprieta con fuerza. Piensa en qué podría suceder con nosotros, sus hijos. Está al borde del llanto.

Soy Leon y tengo cuatro años y medio, y mi hermana Rachel pronto cumplirá diez.

El bullicio nos ha despertado y, como no quiero permanecer solo en la habitación, agarro su mano y salimos para ver a nuestros padres.

Cuando mi mamá ve nuestros rostros, inocentes y sorprendidos, no puede combatir más sus lágrimas. Entonces, asustado por los policías y la imagen de mi madre llorando, corro hacia ella, también con lágrimas en los ojos, y me refugio en su bata.

«¿Por qué?», mamá repite, y mi padre vuelve a preguntar: «¿Qué hemos hecho?». Ninguno de los dos entiende qué se les exige. Están asustados y los dos sujetos no ofrecen ninguna respuesta a sus preguntas. Por el contrario, están perdiendo la paciencia y el tono de su voz ahora suena alterado. «Dejen de hacer tanto ruido», dice uno de ellos. «¡Apúrense!, ¡vístanse y sígannos ya!».

Vivimos en un vecindario tranquilo. Tanto ruido a esa hora es aún más inusual, especialmente tan temprano un domingo. Nuestros vecinos se han despertado a causa del murmullo. Uno de ellos, el señor Ribouleau, quien vive en el apartamento debajo del nuestro, sube los escalones de tres en tres. Es tan temprano que aún está en pijama.

«¿Qué sucede, monsieur Malmed?», pregunta tratando de hallar las palabras adecuadas. Mi papá le explica que los policías han venido con la intención de arrestarlo, pero se niegan a decir por qué.

«Deben estar equivocados. No te preocupes», dice el señor Ribouleau. Un hombre muy calmado de, aproximadamente, treinta de años. «Regresarás en una hora», añade con confianza. «Sí, sí», responde mamá con una voz ahogada. «Rachel, cuida a Leon. Volveré pronto».

Mi madre hace un gran esfuerzo para evitar un río de lágrimas; no quiere preocuparnos. Mis padres vuelven a su habitación, seguidos por uno de los gendarmes, y se visten. El policía les exige dejar abierta la puerta, mientras que su compañero aún permanece en el descansillo mirando el reloj con expresión de impaciencia.

Minutos después, salen con una mirada de desesperación, mientras los gendarmes dicen: «¡Apúrense!». Trato de correr hacia mamá, pero monsieur Ribouleau me agarra de la mano con firmeza y asegura: «Volverán en una hora».

Pasmados y asustados, observamos mientras la policía se lleva a nuestros padres. Rachel y yo corremos hacia la ventana de la sala, que da a la calle, y nuestro vecino pone su brazo sobre nuestros hombros. Los tres esperamos en silencio a que se los llevaran, con nuestras frentes pegadas al vidrio.

Alrededor de una hora y media después, los vemos regresando a casa con un policía a cada lado. «¡Mamá! ¡Papá!», gritamos. «Viste, fue una equivocación», comienza a decir el señor Riboleau con una genuina y sincera sonrisa que ilumina su rostro.

De repente, nuestro vecino queda en silencio. Mamá se ve extremadamente angustiada y sus ojos están hinchados de tanto llorar. Papá está trastornado. «Tienen una orden para arrestarnos», dice. «No nos explican por qué. Solamente volvimos a recoger algunas pertenencias». La voz de mi padre es inestable. Hace un gran esfuerzo para no llorar frente a nosotros.

¿Por qué no le dijeron a mamá de inmediato que a ella también la iban a arrestar? Lo cierto es que fueron detenidos por la simple razón de ser judíos y, como si fueran ciegos, obedecieron las órdenes de las SS.

Es posible que estos gendarmes estuvieran demasiado avergonzados. Conocían a mis padres desde hacía muchos años y, sin duda, apreciaban su generosidad y bondad. ¿Por qué no les advirtieron un día antes o, incluso, durante la noche?

Ellos habían regresado a pie de la estación de policía a nuestro hogar, *17 rue Saint Fiacre*. Vivíamos en el último piso de un edificio de tres apartamentos. Nos mudamos a este lugar, en Compiègne, cuando regresamos de París, Francia; después que los bombardeos por parte de los alemanes en 1940 destruyeron nuestro hogar en *Rue du Donjon*.

Estamos atemorizados. ¿Qué será de nosotros?, ¿quién nos cuidará?, ¿a quién nos entregarán?, ¿por cuánto tiempo nuestros padres estarán lejos de nosotros?, ¿por qué fueron arrestados?

No han cometido ningún crimen o infracción para justificar su detención. ¡Tantas preguntas sin respuesta! El señor Clausse, nuestro vecino del primer piso, había aconsejado a mi papá que se escondiera pero él no le prestó atención.

Nuestros padres pensaron que los alemanes solamente estaban arrestando a los judíos ricos. No tenían mucho dinero, así que se sintieron a salvo. Además, ¿a dónde hubieran ido?

Probablemente se preguntaron quiénes más habrían sido arrestados ese día. Tantos pensamientos habrían dado vueltas en su cabeza durante ese pequeño viaje de regreso a casa.

«Están arrestando a los judíos extranjeros», dice nuestro padre. «¿Por qué?, ¿por cuánto tiempo?», alguien pregunta. «No sabemos», responde papá con voz afligida.

Probablemente es la primera vez que vemos a nuestros padres llorar. Todos lo hacemos menos los gendarmes. Mamá le dice a Rachel que corra donde nuestros amigos judíos que viven cerca. «Diles que vengan a recogerlos y les permitan entrar a su casa». Mi hermana va rápidamente. Toca el timbre varias veces. Toca la puerta desesperadamente. Empieza a gritarles pero nadie contesta. Vuelve corriendo a casa. «No hay nadie allí», dice casi sin aliento.

Mis padres, a punto de colapsar, están visiblemente presos del pánico. «¿Qué vamos a hacer?, ¿qué será de nuestros hijos?», pregunta mamá.

«¡Apúrense!, ¡apúrense!», repiten los policías bastante irritados. Son totalmente indiferentes al terror que nos inspiran. «Señor y señora Malmed, no se preocupen. Mi esposa y yo cuidaremos a sus hijos hasta que regresen», dice el señor Ribouleau, un buen vecino, ni siquiera un amigo.

Esa simple frase salvó mi vida y la de mi hermana. Cambió el curso de nuestra existencia y el futuro de nuestras familias.

Habló con dulzura. Su esposa se había acercado a nosotros después de escuchar toda la conmoción. Toma la mano de mi mamá y la mantiene en la suya, y dice: «No se preocupe señora Malmed. Sus hijos estarán bien cuando regresen».

Con lágrimas en los ojos, mis padres vuelven a su habitación y empacan una maleta. Uno de los gendarmes permanece en la puerta vigilándolos. «¡Vamos!, ¡apúrense!», les dice.

Mamá, muy apresurada, echa ropa dentro de una maleta. Las lágrimas recorren sus mejillas. Rachel y yo gemimos y lloramos, ¡estamos atemorizados!

La esposa del señor Clausse, una vecina discreta y prudente, escucha los ruidos y se acerca a ver qué sucede. «Los policías los han arrestado. Se los van a llevar», dice madame Ribouleau.

«¿Pero cómo es posible, qué será de los niños?», pregunta madame Clausse en voz alta. «Vamos, vamos», añade uno de los gendarmes. «¡Qué época en la que vivimos!, ¡Dios mío!, ¿cómo es posible que estas cosas sucedan?», grita la señora Clausse.

Los policías van perdiendo la paciencia y apresuran a mis padres para que abandonen el apartamento. Papá, quien entrega al señor Ribouleau una botella de vino que había guardado 'para una ocasión especial', le indica: «lo tomaremos juntos cuando haya terminado la guerra», diciéndole con disimulo y en voz baja: «las llantas ... dinero ... en el garaje».

Los Malmed alquilaron un garaje donde guardaron su carro y mercancía. Era costumbre en la época no dejar los automóviles en la calle para evitar su exposición al mal tiempo y a los robos. Justo en ese sitio habían escondido dinero, por si alguien hurtaba en su apartamento.

Ahora los gendarmes están empeñados en que mis padres bajen las escaleras rápido. Yo me aferro a ellos. Rachel grita: «¡Mamá! ¡Papá!». «¡Mis hijos! ¡Mis hijos!», suplica mi madre.

Los policías nos empujan hacia atrás y obligan a mis padres a bajar las escaleras, aún con la maleta pesada en sus manos. La señora Ribouleau nos mantiene a su lado. Desde la ventana de la sala observamos mientras, esta vez, son escoltados por cuatro gendarmes, los otros dos estaban esperando en la puerta de la entrada a nuestro edificio.

Mi papá se está arrancando el pelo, literalmente, y gritando. Mi mamá voltea la cabeza para vernos por última vez, hay lágrimas rodando por sus mejillas. «Trataré de conseguir alguna información», dice el señor Ribouleau, aún con la esperanza de que todo haya sido un error. Los sigue en su bicicleta, desde una distancia segura, hasta la estación de policía, ubicada a unas cuantas millas de distancia.

Desde ese lugar, nos enteraríamos años después, mis padres fueron entregados de inmediato a los alemanes de las SS.

El señor Ribouleau hace todo lo posible, aunque en vano, para conseguir respuestas con respecto a su destino, pero no le dicen nada.

Al día siguiente nuestro vecino fue al garaje que papá había mencionado. Las puertas habían sido abiertas a la fuerza y las llantas y el dinero habían desaparecido.

¿Sería que los gendarmes tuvieron algo que ver con esto? Jamás sabremos. Aunque al día de hoy da exactamente lo mismo.

Esta fue la forma cruel y abrupta en que Mamá y Papá desaparecieron de nuestras vidas. No sabíamos cuándo volveríamos a verlos. En ese momento nunca pudimos imaginar, siquiera, que la respuesta pudiera ser jamás.

De ese momento solamente me queda el recuerdo de mi hermana y yo gritando y llorando mientras nos agarrábamos del vestido de mi mamá, en el momento en que se la llevaban. Yo tenía cuatro años y medio, mi hermana, casi diez. Ella se acuerda mejor que yo.

Fue el día 19 de julio de 1942, un día despreciable.

Capítulo 2

Un mundo perdido

Mis padres nacieron en Brest-on-the-Bug, una aldea cercana a la ciudad de Brest que, con aproximadamente 300 mil habitantes, está ubicada en Bielorrusia. En aquel tiempo, esta ciudad era conocida como Brest-Litovsk y formaba parte del oriente de Polonia.

Sé muy poco de la juventud de mis padres. Como la mayoría de judíos de la época, crecieron en un gueto. Las familias Malmed y Blum eran vecinas y, cuando niños, mis padres jugaban todos los días.

A mi abuela paterna le decían «Boubé» o abuela en yídish. Su nombre era Rivka Malmed y nació en 1880 en Brest-Litovsk. Szyja Malmed, mi abuelo, murió de tifus cuando tenía alrededor de treinta y cinco años; dejando a mi abuela, de treinta, con ocho hijos. Mi papá, Srul, nacido el 13 de mayo de 1906, era uno de los mayores de seis varones y dos mujeres.

Como viuda, Boubé horneaba pan para comprar comida. Diariamente, todos sus hijos le ayudaban con las labores de la panadería. Aunque algunos eran tan pequeños, que no alcanzaban ni siquiera la artesa de amasar y se paraban sobre ladrillos para preparar la masa. Normalmente, las labores se realizaban de noche pues estaba prohibido que los judíos tuvieran sus propios negocios.

Boubé se aseguraba, no sé cómo, que la chimenea no botara tanto humo para evitar llamar la atención de las autoridades quienes, en ocasiones, llegaban a la panadería, ubicada en un sótano, y la mandaban cerrar de forma arbitraria. La vida para los judíos era sumamente difícil.

Sin embargo, como el pan era tan rico y la comunidad dependía de ello, la población cristiana no demoraba en pedirle al gobierno local que la volvieran a abrir, lo cual se hacía en la mayoría de los casos.

Cada mañana, mi padre y sus hermanos llevaban el pan a las familias judías y no judías. Los cosacos*, también venían regularmente

---

* Cossacks: miembros de un pueblo destacan por su equitación y emplear en tareas militares

6

Mi padres Chana y Srul Malmed, 1936

a buscar pan, aunque la mayoría se negaba a pagarlo pues decían que los judíos no deberían ser dueños de los negocios y, menos, enriquecerse de los cristianos.

Los inviernos eran extremadamente fríos. Cuando terminaban las labores del día, la familia dormía en el sótano cerca al horno, que permanecía encendido. Los niños Blum también se quedaban con ellos, pues no tenían suficientes recursos para mantener su chimenea encendida durante toda la noche. Ambas familias eran muy pobres.

Sus zapatos –hechos en casa con suela en madera y amarrados con correas de cuero– a duras penas proveían alguna protección contra el frío y la nieve. Mi tía, Sarah Blum, me contó una historia atemorizante que le sucedió durante un invierno, cuando era niña.

Una mañana, ella y mi papá cruzaban por un río congelado para llevar pan al otro lado. De repente el hielo se rompió y Sarah, con apenas doce años, cayó al agua. Mi papá la agarró del cabello y logró sacarla. La vida era muy dura y precaria en aquella época.

Los judíos han vivido en Polonia desde el siglo doce. Antes de la Segunda Guerra Mundial había tres millones de ellos en el país, aproximadamente el diez por ciento de la población. Actualmente hay menos de 20 mil.

Durante la guerra 2.9 millones de judíos fueron exterminados. A pesar de llevar alrededor de ochocientos años en Polonia, fueron forzados a vivir apartados de la población cristiana. Incluso, las autoridades les hacían más difícil la posibilidad de acceder a la educación. Los judíos tenían que pagar tarifas exorbitantes para ingresar en la universidad.

Asimismo, durante siglos las enseñanzas religiosas difundían mentiras acerca de los judíos, lo cual contribuía al incremento de los sentimientos antisemitas. Entre otras cosas, eran acusados de haber matado a Cristo y de usar sangre humana para hacer el tradicional pan sin levadura –conocido como «matzo» en inglés– de la Pascua Judía.

No obstante, curiosamente sí se permitía a los judíos votar en las elecciones. Durante las campañas electorales, la persecución y el acoso cesaban. Los candidatos, prometiendo mejoras, hacían campañas en sus barrios.

Los Cosacos, siempre montados a caballo, eran más tolerantes durante la época electoral. Por lo general, se deleitaban dando latigazos a la gente mientras cabalgaban por las calles pero, tan pronto culminaban las elecciones, la situación volvía a tornarse igual, sin mejora alguna.

Sólo puedo imaginar la desolación y las vidas azarosas de mi padre y sus hermanos: Zelman, Ida, Meyer, Joseph, Sarah, Eizik, Nathan y mi abuela, Rivka. Actualmente ninguno vive. Mi tía, Sarah Blum, fue la última de esa época, quien falleció en el año 2002.

Hoy, estos fantasmas de una época ya casi olvidada de la historia, no son más que rostros hallados en unas cuantas fotos, amarillentas con el paso del tiempo, que sobrevivieron al desastre de la Segunda Guerra Mundial.

En una foto tomada en 1928, mi papá está sentado, vestido con un uniforme polaco, sin sonreír. En otra, aparece con unos amigos bien vestidos y elegantes. Dos de ellos usan sombreros formales y, uno de estos, está inclinado hacia el lado.

Al parecer en aquellos días, la gente no sonreía cuando se le fotografiaba. Los judíos, particularmente, no tenían razón para hacerlo. Los niños también permanecían fijos, como si fueran estatuas, aparentemente petrificados.

Observándolas ahora, las fotos reflejan los tiempos difíciles en que vivían y el presentimiento de los horrores por venir. Cada una refleja un mundo en blanco y negro, de gente con rostros severos. Vivos, pero al borde de la muerte.

Nunca he ido a Brest-Litovsk. Si fuese, lo más probable es que no

*Charles (Calel) Blum (hermano de mi madre), un amigo, Meyer Malmed
(hermano de mi padre), Srul Malmed (mi padre), 1931*

hallaría ni un rastro de mis tíos, tías, primos, padres, abuelos ni bis-
abuelos. Hasta donde sé, el gobierno de Bielorrusia jamás ha expresado
intención alguna de reparar el mal causado a sus ciudadanos judíos.

Mi madre, Chana Blum, nació en 1911. Se desconoce la fecha exacta.
Perdió a sus padres a la edad de nueve años durante una epidemia
de tifus. Tenía siete hermanos, cinco hombres y dos mujeres. Su hermano mayor, Calel (Carlos), tuvo que cuidarlos a todos. Después de
emigrar a Francia, mi tío Calel se casó con Sarah Malmed, la hermana
menor de mi padre.

Por otro lado mi tío Zelman, el hijo mayor de la familia Malmed,
emigró a Francia en 1923. Se instaló en Saint Quentin, un pueblo ubicado a aproximadamente ciento sesenta kilómetros al norte de París.
Allí trabajó como sastre en una tienda de ropa. Antes de abandonar
Polonia se casó con Sarah Blum, hermana mayor de mi mamá, quien

De izquierda a derecha: Sarah Malmed, mi tía; Chana Blum, mi madre; «Boubé», mi abuela; Meyer Malmed, el padre de Salomón, mi tío; Jean Gerbaëz, hijo de Ida, mi primo; Abraham Gerbaëz, el esposo de Ida, mi tío; Ida Malmed, esposa de Abraham Gerbaez, mi tía; Hélène Gerbaëz, hija de Abraham e Ida, un primo, y Srul Malmed, mi padre, 1928.

nació el 13 de julio de 1900. La pareja tuvo tres hijos, Jacques, Ida, y Sonia. Dos de ellos tendrían un final trágico.

Cada vez la vida se hacía aún más difícil para los judíos en Polonia. La comida era escasa. No había 'ni un solo trozo de carne en la olla', recordaba tía Sarah, la hermana de mi madre. En su lucha para escapar de la pobreza, la persecución y el hambre, Calel, emigró a Francia en 1929. Un año después Srul, Sarah y Rivka, también emigrarían al mismo lugar. Zelman, mi tío, los ayudó económicamente.

Completamente perdidos y sin un centavo en el bolsillo, terminaron en la estación «Gare du Nord» de París, a ciento sesenta kilómetros de Saint Quentin, donde querían bajarse.

Una generosa mujer se compadeció de estos extraños que no hablaban francés ni portaban dinero del país. Les compró el pasaje de París a Saint Quentin. Mi tía Sarah recordaba que esta maravillosa señora los llevó hasta la plataforma donde partió el tren y esperó hasta que salió.

Como venían de Polonia, donde la población no-judía los odiaba,

Boda de Srul Malmed y Chana Blum, 1931

era difícil creer que una extraña pudiese ayudar a unas personas mal vestidas que, ni siquiera, hablaban francés.

Con respecto a mis padres, ellos se conocían desde niños y, antes de emigrar a Francia, ya se gustaban. Ambos salieron en la misma época de Brest Litovsk y, poco después de su llegada al nuevo país, un amigo de la familia, Joseph Epelberg, quien vivía en París, fue a Saint Quentin para visitar a las familias Malmed y Blum, pero su verdadera intención era cortejar a mi madre.

Ella era una mujer hermosa y, el cortejo de Joseph, provocó una reacción airada en papá quien, prácticamente, lo llevó arrastrado a la estación del tren y le ordenó que se largara y jamás volviera. «¡Chana será mi esposa!», le dijo.

Papá y mamá estaban locamente enamorados. Se casaron en Saint Quentin en 1931.

Varios años después Joseph Epelberg y su esposa Suzanne, terminarían siendo muy amigos de ellos.

Por su parte, tía Sarah hablaba mucho del tío Carlos, su esposo, quien durante sus primeros años en Francia sólo tuvo un par de pantalones y dos camisas. Él se ganaba la vida vendiendo medias y ropa interior para hombre que llevaba, de puerta en puerta, en un pequeño remolque, halado por su bicicleta.

Mi tía, por otro lado, trabajaba para una empresa de textiles donde se procesaba algodón. Era una fábrica con largas jornadas y condiciones laborales insalubres que, tiempo después, terminó quemada.

Su hija mayor, Rachel, nació en 1932 seguida por su hermana Madeleine, en 1937. Tía Sarah renunció a la planta de textiles para trabajar con su esposo en los mercados abiertos. Ya para esta época, el tío Carlos había reemplazado su bicicleta y remolque por una furgoneta pequeña. Su día comenzaba a las cinco de la mañana, ya que necesitaba tiempo para armar el quiosco.

La mayoría de los integrantes de las familias Malmed y Blum tenían previsto vivir en Francia temporalmente. Una de las hermanas Blum, Rose, se mudó a Estados Unidos en 1922, a la edad de 17 años. Las dos familias confiaban en que llevase a todos sus miembros a los Estados Unidos, pero las cuotas de inmigración eran muy limitadas y tía Rose no disponía de las garantías económicas, requeridas por el gobierno para llevarlos.

Con el tiempo, quienes se quedaron en Francia comenzaron a enraizarse, adaptándose al país y a su acogedor estilo de vida. Las parejas se casaron y sus hijos nacieron. Todos estaban aprendiendo a hablar francés e hicieron nuevos amigos. La vida era relativamente fácil. Pocos querían mudarse de nuevo a otro país, luchar con un nuevo idioma, hallar una nueva forma de ganarse la vida y, esencialmente, tener que comenzar de nuevo.

Mientras tanto, dos hermanos Malmed, Nathan y Eizik, se quedaron en Polonia. Desafortunadamente fueron exterminados junto con otros 2.9 millones de judíos polacos.

En 1933 mis padres se mudaron a Compiègne con la intención de trabajar con el tío Zelman. Esta ciudad era un pequeño pueblo de aproximadamente 18.000 habitantes, ubicada a unos ochenta kilómetros al norte de París.

Zelman tenía una tienda en un modesto edificio de tres pisos, cerca al puente que cruzaba el río *Oise* y, que a su vez, conducía a la estación de trenes. Él y su familia vivían en el primer piso, encima de la tienda; mis padres en el segundo y, tío Joseph, en el tercero.

Mi padre trabajaba como sastre para su hermano y mi mamá como costurera en una fábrica de ropa. No era fácil trabajar para tío Zelman. Era muy duro con sus empleados y mi papá no era la excepción.

Mis padres Srul y Chana Malmed con Rachel, 1935

A pesar del asma y su dificultad para respirar, mi tío fumó cigarrillo tras cigarrillo hasta el día en que murió. Aún tengo el recuerdo de los papeles amarillos que utilizaba para enrollarlos. En aquella época, se creía que el papel amarillo era menos dañino que el blanco. Además, sus dificultades respiratorias provocaban gestos raros en su rostro, lo cual nos hacía reír mucho a los niños de aquella época.

Encima de su boutique colgaba un aviso: «El Sastre de Roubaix, vestidos por 280 francos», equivalente a US $180. Algunos en Compiègne todavía se acuerdan cuando tío Zelman daba regalos, como cuchillos pequeños, a los clientes para demostrar su gratitud por su fidelidad. Era bastante conocido en la zona y la gente frecuentaba su

negocio. Le iba tan bien que no podía encontrar suficientes empleados calificados en toda la ciudad, así que mandaba camiones repletos de material a los subcontratistas en París.

Todos los miembros de la familia hablaban yidis en casa y francés en la calle. Mis padres aprendieron a hablar francés con relativa
rapidez. Eran felices en Francia. Habían huido de la miseria, de los
problemas y de un ambiente lleno de odio para llegar a un país donde
podían trabajar libremente, sin miedo y en el que era posible mandar a sus hijos a la escuela pública, sin tener que sobornar a nadie.

Mi hermana Rachel nació el 29 de abril de 1932. Yo nací cinco años
después, el 4 de octubre de 1937.

Leon Malmed, 1937

Capítulo 3

Antes de la Tormenta

Mi hermana Rachel ha dicho con frecuencia que mis padres estaban eufóricos –especialmente papá- cuando nuestra madre dio a luz a un tierno niño, de abundante cabello negro, crespo y grueso.

Papá estaba convencido que yo era el niño más guapo y, probablemente, el más inteligente del mundo. Durante los últimos cinco años, Rachel había sido su centro de atención. Pero cuando nací, estaban tan emocionados por su hijo varón que ella dejó de sentirse amada.

Después de ocho días de nacido, mi familia y sus amigos llegaron a Compiègne, desde París y otros pueblos, a la ceremonia de circuncisión.

Mis primeros cuatro cumpleaños fueron eventos grandes. En aquellas ocasiones me trataban como si fuese un pequeño príncipe; lo cual generaba sentimientos de envidia en mi hermana. No supe, sino mucho tiempo después, que mis padres me hubiesen tratado de manera preferente.

No puedo pensar en mi niñez sin recordar a mi primo Charles. Todos le decían Charlot, el único hijo del tío Joseph y la tía Madeleine. Nació el 8 de octubre de 1938, casi un año exacto después de mí. Era un niño guapo, de cabello largo, negro y ondulado. Probablemente jugábamos juntos, pero no me acuerdo.

Cuando tío Joseph era joven tuvo un accidente y, una cirugía sin éxito, lo dejó lisiado. Cojeaba y, probablemente, esto lo envió directo a la cámara de gas al llegar a Auschwitz.

Yo era demasiado joven para recordar a todos los miembros de mi familia, tíos y primos de París o Saint Quentin, que había conocido antes de la guerra; aunque me acuerdo de algunos.

Mi primo Salomón, dos años mayor que yo, es hijo de Meyer Malmed y Gela Kibel. Su vida también fue perturbada durante la «Ocupación». Él confirmó que jamás nos había visto, ni a Rachel ni a mí, antes de nuestra llegada a Saint Quentin en septiembre de 1947.

Debido a complicaciones médicas durante una cirugía estomacal, el papá de Salomón murió de veintinueve años, en 1937. Su mamá,

15

por otro lado, volvió a casarse dos años después. Aunque fue deportada en 1944 a Auschwitz con su segundo esposo, Joseph Borowicz, donde fueron exterminados.

Salomón sobrevivió gracias a la *Oeuvre de Secours aux Enfants* (O.S.E.), una organización dedicada a salvar niños judíos en situación de vulnerabilidad, creada en 1912 por médicos en San Petersburgo, Rusia. Posterior a sus inicios, la *O.S.E.* se estableció en diferentes países, desde donde salvaron a miles de pequeños durante la *Segunda Guerra Mundial*.

Salomón escribió sobre su experiencia durante la guerra, en un testimonio titulado: «*Sali*» (Salomón Malmed. 2005. Sali. París, Fancia: Editions Le Manuscrit). El título de su libro fue su identidad ficticia durante esa dura época.

Por otro lado, mis padres y tío Joseph eran dueños de tienda. Papá y mamá comerciaban ropa para niños y mi tío vendía cuero, chaquetas de piel de oveja y sacos para hombre y mujer. Trabajaban miércoles y sábados en los mercados abiertos de Compiègne y, los otros días, por todo el pueblo. Se ganaban la vida honradamente, con un ingreso modesto.

Casi todas las mañanas, mis padres caminaban durante quince minutos hasta llegar al garaje en la *Rue Vivenel*, donde recogían su van. Después me dejaban en la guardería infantil, antes de conducir hasta el pueblo donde se llevaba a cabo el mercado del día.

La guardería era dirigida por un grupo de monjas. Aún recuerdo a una de ellas en particular. Me saludaba cada mañana con una sonrisa muy auténtica. Su tocado (o también llamado velo) era tan grande, blanco y rígido que, juraba, estaba hecho de cartón. El plástico no existía en aquella época. A veces me preguntaba si ella tendría pelo, ya que nunca se le podía ver.

Por su parte, mi hermana Rachel fue a la escuela pública *Jeanne d'Arc*, ubicada a media cuadra de nuestro hogar. Allá eran muy estrictos y ella era traviesa en ocasiones; aunque le atemorizaba el hecho de tener que ir a la oficina del decano, lo cual sucedía con frecuencia.

Mis padres regresaban de los mercados sobre las 2:00 p.m. Me recogían en la guardería antes de volver a casa. Después del almuerzo, caminaban hasta el taller del tío Zelman, detrás de la tienda, y allí confeccionaban prendas de vestir. Papá y tío Joseph contaban con la ayuda de dos jóvenes aprendices.

Tío Zelman, por su parte, tenía licencia para conducir pero odiaba

De izquierda a derecha: Ida Malmed, mi primo, Rachel, mi hermana, tío Zelman, Boubé, mi abuela, Rachel Blum, y mi padre Srul Malmed, 1933

tener que hacerlo. El señor Patte, dueño de la panadería cercana, se encargaba de llevarlo a todas partes. Él padecía de problemas respiratorios por haber inhalado gas durante la *Primera Guerra Mundial* y, como todo veterano, detestaba la guerra con pasión. Era una persona muy amable y un buen amigo de la familia.

Cada año, tío Zelman llevaba a su esposa y a sus tres hijos a Mont Dore, un pueblo con aguas termales ubicado cerca de Clermont Ferrand, en el centro de Francia. Tío Joseph, su esposa Madeleine y su hijo Charles, siempre los acompañaban.

En el verano mi mamá y su hermana, Sarah; Ida, la esposa de Zelman; Madeleine, la esposa de Joseph; y a veces Suzanne Epelberg, su amiga de París, caminaban hasta el *Parque del Castillo* en Compiègne, cerca del centro del pueblo.

Las mujeres tejían sentadas sobre una banca o sobre el pasto, mientras Fanny, la hija de Suzanne, y yo jugábamos en el impecable y hermoso césped, rodeado de flores.

¿De qué hablaban? ¿Con qué soñaban? Probablemente hablaban sobre el futuro de sus hijos y las lindas casas que algún día tendrían.

Suzanne celebración Fanny Epelberg, Chana, mi madre, y Leon, 1938

Me hubiese gustado saberlo. Quizá imaginaban a los reyes, las reinas y otros miembros de la realeza que caminaban sobre estos mismos jardines, unos cuantos siglos atrás.

Los domingos, cuando el clima lo permitía y mis padres no tenían labores urgentes, se hacían picnics. Pasábamos la tarde en la orilla del río *Oise*, en el parque *Songeon*, a unas cuantas cuadras de nuestro pequeño hogar.

Casi todas las tardes después del trabajo, mientras mamá preparaba la comida, papá nos llevaba a Rachel y a mí a caminar. Me cargaba sobre sus hombros hasta la esquina de nuestra calle, vía principal del pueblo, la *Rue Solférino*. Observábamos a los peatones, ciclistas y pocos carros que pasaban por ahí. A mi papá le emocionaban los carros.

«Mira», decía, «¡un Renault o un Chenard y Walker! ¡Qué carro tan magnífico! ¡Algún día tendremos uno así!». Oíamos los trenes en la estación cercana, al otro lado del puente. Mi papá imitaba su silbido para hacernos reír.

Nunca se hubiera imaginado que al poco tiempo él y mamá partirían, precisamente, en un tren desde una estación a cuarenta kilómetros

Mi madre conmigo, 1937

de distancia. Se vieron bruscamente forzados a entrar a un vagón de ganado, apiñados en un pequeño espacio con otros cien inocentes, durante cuatro o cinco días, llevados hacia un trágico destino.

Junto con vagos recuerdos, solamente conservo unas cuantas fotografías de aquellos felices años. Mi hermana y mis primos Jacques Malmed y Jean Gerbaez me han ayudado a recordar.

De acuerdo con los testimonios de nuestros vecinos y amigos, mis padres eran personas afables y generosas. Hacían bonita pareja. Se amaban el uno al otro. Se besaban con frecuencia, lo cual me han dicho, era muy raro en Europa Oriental. Nadie los oyó discutir. Discretos y modestos, mis padres se dedicaban a su trabajo y a la crianza de sus hijos.

Me dijeron que la voz de mi mamá siempre era suave y tranquilizadora. ¡La voz de mamá¡ A veces imagino que la escucho cuando pienso en ella, aunque sé que es solo una ilusión producida por la nostalgia y el deseo de volverla a ver.

Mi primo Jacques recordó los rumores que se escuchaban antes de la guerra. Se hablaba de campos de concentración en Alemania, pero nunca se mencionó algo sobre campos de exterminio. ¿A quién se le hubiera ocurrido que la maquinación y puesta en práctica de tantos horrores fuera posible?

Sin embargo, había arquitectos alemanes, ingenieros e industriales, diseñando, fabricando y, por ende, promocionando, de manera diligente, una completa industria de tortura y muerte humana.

De forma abrupta, las tranquilas vidas de muchas personas estaban a punto de concluir. La perturbación de una guerra inimaginable pronto abriría heridas profundas que 'jamás' sanarían.

Capítulo 4

La Caída

En marzo de 1939, Hitler entró en lo que aún quedaba de Checoslovaquia, país que comenzó a anexar un año antes. El primero de septiembre del mismo año, Alemania invadió Polonia. Dos días después, el 3 de septiembre, Gran Bretaña y Francia le declararon la guerra a los alemanes. La vida «normal» y la felicidad de millones de personas llegarían a su fin.

Bajo el mando de la autoridad militar francesa, se armó un grupo de voluntarios polacos que vivían en Francia. Mi papá y mi tío Charles Blum se unieron inmediatamente. La llamada «Guerra Falsa»* de 1939-1940, duró varios meses. Aunque Polonia, finalmente, fue conquistada el 6 de octubre de 1939.

Debido a la ausencia de papá, nuestras vidas cambiaron muchísimo después de su partida. Desde las primeras líneas siempre nos escribía con noticias positivas. Sin embargo, la calma terminó el 19 de mayo cuando las bombas alemanas comenzaron a caer sobre el norte de Francia.

Con el objetivo de disuadir la invasión en la frontera con Alemania, el gobierno francés había creado la «Línea Maginot», una estrategia costosa y bastante ingenua. Se trataba de una línea de defensa fortificada, construida con el fin de ser indestructible.

No obstante, la Línea Maginot resultó prácticamente inútil, dado que los nazis** jamás intentaron pasar por la frontera entre los dos países. Por el contrario, atravesaron Holanda y Luxemburgo hacia Bélgica, un país neutral.

Bélgica, con la certeza que su neutralidad sería respetada, había

---

* La «*Guerra Falsa*» duró desde octubre de 1939 hasta la Batalla de Francia en mayo de 1940. Se conoció por la falta de operaciones militares grandes, por parte de los Aliados Occidentales, contra el Reich alemán. Los términos de las alianzas militares anglo polaca y franco polaca obligaron al Reino Unido y Francia a brindarle asistencia a Polonia, pero no estaban preparados para la guerra.

** El partido nazi se creó del Partido de Trabajadores Alemanes en el año 1920. Encabezado por Adolf Hitler, tomó el control de Alemania en 1933 negado autorización a las Fuerzas Expedicionarias Británicas y las tropas francesas para que se asentaran allí. Esto posiblemente hubiera detenido el avance de los alemanes o, por lo menos, lo hubiera desacelerado.

En consecuencia, el ejército alemán enfrentó poca resistencia y rápidamente cruzó la frontera entre Bélgica y Francia. Estos últimos no tenían allí tropas para defenderse pues no quería ofender al gobierno belga, su vecino, lo cual resultó ser un error fatal.

A tres semanas del comienzo de las hostilidades, Francia se había rendido. Durante esas tres semanas, los franceses del norte del país iniciaron un éxodo caótico hacia el sur, huyendo del ejército alemán que avanzaba y disparaba de forma indiscriminada, tanto a soldados como a civiles.

En un solo día, el 17 de mayo, sesenta y cuatro personas, tanto residentes como refugiados que huían, murieron en Compiègne como resultado de los ataques aéreos alemanes.

El centro de nuestro pueblo fue destruido por bombardeos y fuego de artillería en tan sólo tres días. El edificio donde quedaba nuestro apartamento –cerca de los dos blancos estratégicos, la estación del tren y el puente sobre el río *Oise*, que conectaba la carretera principal de norte a sur– quedó en ruinas.

Nos quedamos sin nada, con la excepción de la camioneta donde se almacenaba la mercancía, que estaba estacionada a un kilómetro y medio de distancia. Salimos corriendo apenas oímos las sirenas de alerta y nos escondimos en el refugio subterráneo más cercano. Milagrosamente, nadie en nuestra familia resultó lesionado. Cuando salimos del refugio, nuestro edificio estaba a punto de colapsar. Horrorizada, mamá comenzó a llorar mientras nos abrazaba, según nos contó mi primo Jacques.

¿Qué sería de ella sola, con dos hijos y sin ninguna fuente de ingresos?

Durante varias semanas no recibimos noticias de papá. Él estaba en el frente de batalla, desconocíamos su paradero. Solamente podíamos suponer que podría encontrarse en un campamento de prisión alemán o, peor aún, que estaba muerto.

El éxodo se intensificó. La Baronesa de Rothschild, esposa del alcalde de Compiègne, coordinó la evacuación de los residentes en buses públicos provenientes de París.

Pocas personas disponían de un auto en aquella época, a menos que lo usaran para cuestiones de trabajo. Mi mamá no tenía licencia de conducir y jamás había manejado. Sin embargo, decidió traer la camioneta, estacionada en el garaje que alquilábamos en la «Rue Vivenel», y logró ponerla en marcha. Quizá recibió ayuda, no lo recuerdo, y se dirigió a París con mi hermana y conmigo.

Las carreteras estaban repletas de miles de refugiados; algunos huían en carros, otros en bicicletas y el resto a pié. Por las carreteras se veían carros y camiones destruidos, así como carruajes con sus caballos muertos, aún atados a ellos. Esto provocaba tremendos atascos.

Tío Zelman y tío Joseph también huían con sus familias. Apenas llegados a París, nos instalamos en un hotel en la «Rue d'Hauteville», donde nuestros amigos, los Epelberg, nos habían reservado una habitación.

El día 9 de junio de 1940, las tropas alemanas ocuparon Compiègne, nuestro pueblo. Los pocos que quedaron permanecieron ocultos en sus sótanos durante varios días.

Holanda, Bélgica y Luxemburgo se rindieron ante Alemania. Paul Reynaud, primer ministro de Francia, se negó a participar en un acuerdo de paz con los alemanes y renunció el 16 de junio.

Philippe Pétain, recientemente nombrado Ministro de Estado, se convirtió en el líder del gobierno. El 17 de junio difundió un comunicado a los ciudadanos de Francia, anunciándoles su deseo de formalizar un armisticio con los alemanes. El 22 de junio, Francia firmó dicho armisticio, otorgando a Alemania el control sobre el norte y el occidente del país, que incluía a París y la costa atlántica. París fue finalmente ocupado el 14 de junio de 1940.

Adolfo Hitler, deliberadamente, escogió la ciudad de Compiègne como sede para la firma del armisticio de la Segunda Guerra Mundial, ya que esta ciudad ocupaba un puesto simbólico en la historia. Fue allí donde el mariscal Foch y los plenipotenciarios se reunieron el 11 de noviembre de 1918, en un vagón de tren, para firmar el armisticio de la Primera Guerra Mundial, con una Alemania derrotada.

Antes que Hitler llegara a Compiègne para satisfacer su deseo de venganza, ordenó a sus tropas quemar las estructuras que aún estaban en pie en el centro del pueblo. Más de seiscientos edificios fueron destruidos con lanzallamas.

En la tarde del 21 de junio de 1940, Hitler sobrevoló el devastado pueblo, regocijándose con el castigo infligido. Aterrizó a las 2:30 p.m. en el aeródromo Margny-les-Compiègne, a varios kilómetros de la

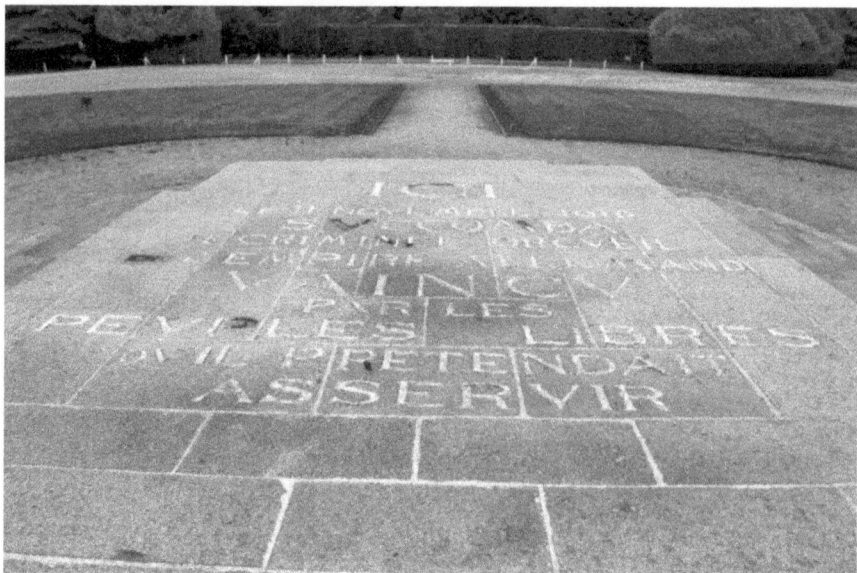

La inscripción en la piedra en el centro de la «Clairière de l'Armisticio»

ciudad. Seguramente se jactaba de la destrucción que había causado, pues su objetivo era vengar la humillación sufrida por los alemanes con la derrota de 1918.

Las carreteras que se comunicaban con el pueblo fueron despejadas para dar paso al líder nazi. El monstruo viajaba en un Mercedes grande y negro con el que atravesó la ciudad, que ahora estaba en ruinas, hasta el «*Carrefour de l´Armistice*» en Rethondes, a las afueras del pueblo.

Se detuvo para leer la inscripción grabada en un enorme bloque de granito, de veinticuatro pies por dieciocho, que recordaba la victoria de los Aliados.

> *Aquí, el 18 de noviembre de 1918, sucumbió el orgullo criminal del Imperio Alemán doblegado por las personas libres que pretendía esclavizar.*

Hitler subió al histórico vagón del tren y se sentó sobre la misma silla en la que el mariscal Ferdinand Foch* se había sentado cuando se reunió, cara a cara, con los representantes alemanes derrotados.

---

* Mariscal Foch (1851-1929) fue comandante francés de las Fuerzas Aliadas en la Primera Guerra Mundial.

Localización del vagón en el que se firmó el armisticio WWI

Luego de escuchar la lectura del preámbulo, Hitler, en un gesto calculado de desprecio hacia los delegados franceses, abandonó el vagón. Lo acompañaron Goering, Hess, Ribbentropp y miembros de alto rango del ejército alemán, liderados en ese entonces por el general Keitel. El Armisticio de la *Segunda Guerra Mundial* entre la Alemania nazi y Francia fue firmado al día siguiente, el 22 de junio.

Posteriormente, Hitler ordenó la demolición de todos los monumentos en la zona, a excepción de la estatua del mariscal Foch, el vagón del tren y el monumento conmemorativo de granito.

El vagón y el desmantelado monumento de granito fueron enviados a Berlín. Asimismo, Hitler ordenó que la estatua del mariscal Foch se mantuviera intacta frente a un espacio baldío, para que causara la impresión de estarle rindiendo un homenaje.

El monumento Alsace-Lorraine, que mostraba un águila alemana con una espada atravesando su cuerpo, fue destruido y cualquier rastro del lugar fue arrasado. El mismo vagón fue trasladado de Berlín a Crawinkel en Turingia, Alemania. En 1945 Hitler ordenó a las tropas del SS que lo destruyeran y luego lo enterraran.

Hitler y su comitiva volvieron a Alemania después de detenerse brevemente en la mansión Sessevalle-Soultrait, la antigua residencia de Pétain, que ahora servía como sede principal de la comandancia.

El mundo jamás sería igual. Bajo condiciones inimaginables, millones de hombres, mujeres, niños y niñas inocentes, morirían durante los próximos cuatro años.

Cuando los alemanes ocuparon nuestro pueblo, el 9 de junio de 1940, pocas personas permanecían allí; la mayoría había huido hacia el sur, tan pronto las tropas alemanas cruzaron la frontera entre Francia y Bélgica. Compiègne estaba en llamas. El jefe de bomberos, capitán Fornaise, y sus hombres, combatieron las llamas durante toda la semana del 28 de junio del cuarenta. Milagrosamente, el puente del río «Oise» que llevaba a la estación del tren, no lo habían destruido.

Francia había capitulado. Estaba bajo la ocupación de invasores foráneos. Se esperaba que el armisticio acabara con la miseria de la guerra, sin embargo, resultó ser el comienzo de una época en la que reinaría el terror.

Poco a poco, la gente regresó a sus pueblos de origen. James de Rothschild, el alcalde de Compiègne, un hombre judío, se unió a las Fuerzas Aliadas en Londres. El segundo al mando, el vicealcalde Paul Cosyns, asumió las responsabilidades del alcalde.

Había mucho trabajo por realizar. El enemigo confiscó alimentos, automóviles, hogares, gasolina y petróleo. También se apoderó de todos los edificios donde funcionaban las industrias.

La gente luchaba por suplir las necesidades más básicas. Las panaderías necesitaban harina, los carniceros tenían que llegar a las fincas, pero no había medio de transporte, los enfermos necesitaban atención médica, las personas de mayor edad, cuyas casas fueron demolidas, necesitaban un lugar donde vivir; las calles estaban llenas de carros y camiones destruidos.

Había que desechar los cadáveres de los animales. Las casas desocupadas tenían que ser preparadas para los nuevos indigentes y había que construir nuevas barracas temporales para dueños de tiendas y artesanos que habían perdido sus talleres de trabajo.

Poco después de firmado el armisticio, las fuerzas armadas licenciaron a nuestro padre. Para evitar ser capturado, se vistió con ropa de civil antes que el ejército alemán llegara a su unidad. Si lo hubieran capturado en ese momento, probablemente se hubiera salvado de ser deportado.

Papá apareció sorpresivamente en nuestro apartamento en París, sucio y agotado, según recuerda Rachel. Se sentía muy alegre de vernos nuevamente. Joseph Epelberg nos dijo que recuerda el momento en el que me lancé a los brazos de mi papá, sin dejar que me soltara.

«¡Se acabó la guerra!» repetía mi papá mientras nos abrazaba. «Todo volverá a la normalidad», decía lleno de alegría y esperanza.

«¿Pero qué harán los alemanes? ¿Qué pasará con nosotros los judíos? ¿Qué tan ciertos serán los rumores que se escuchan cada vez más?», preguntaba mi mamá.

«¡Bueno, tienen cosas más importantes de qué preocuparse que de nosotros!», le dijo mi papá.

Nos quedamos en París varios meses más.

Mi tío Charles Blum fue capturado por los alemanes. Todavía usaba su uniforme militar cuando lo capturaron. Para evitar que descubrieran su origen judío, había desechado sus documentos de identidad y verbalmente añadió una «i» a su apellido. Para los alemanes él se llamaba «Charles Blumi», un nombre que sonaba francés.

Fue detenido como prisionero de guerra en Köln, Alemania, en el «Stalag 12D». Apenas llegó al campamento, se declaró ebanista, una profesión que nunca había practicado, pero una que le llamaba la atención y esperaba que lo mantuviera fuera de los trabajos forzados.

Lo enviaron a un taller local que pertenecía a Herr Shumaker. Me imagino que este hombre apreciaba el hecho de contar con una mano de obra gratis, aunque para comenzar solamente podía realizar tareas de limpieza. Para esconder su acento y no manifestar su origen extranjero, tío Charles se mantenía en silencio el mayor tiempo posible. Los alemanes nunca se enteraron que él era judío.

Todos los prisioneros tenían que bañarse dos veces a la semana, lo cual representaba una situación bastante peligrosa para él. Siempre miraba hacia la pared para que nadie viera que lo habían circuncidado. En esos tiempos, la circuncisión solamente se hacía a los judíos. Milagrosamente sobrevivió a la guerra.

En 1941, volvimos a Compiègne junto con nuestro tío Joseph, su esposa Madeleine y su hijo, mi primo Charlot. Tío Zelman y el resto de la familia decidieron quedarse en París. Se discutió acaloradamente la idea de permanecer allá o volver a Compiègne. El futuro revelaría que ambas decisiones desembocarían en lo mismo.

«No confío en los nazis», repetía Zelman. «Son capaces de lo que sea. París es una ciudad grande. Sería más fácil escondernos aquí, si algún día invaden Francia».

«Pero conseguir alimentos sería más fácil en Compiègne»,

argumentaba mi papá. «Conozco a tanta gente allá. Los niños estarán mejor en el campo. La guerra seguirá en otras partes. ¿Qué nos pueden hacer los alemanes? Para ellos no existimos, ni siquiera pertenecemos a la raza humana», afirmó.

Finalmente, nuestras familias se separaron con mucho dolor y nos marchamos de París. Nadie hubiese podido imaginar que esa sería la última vez que volveríamos a vernos en la vida.

Lamentablemente tío Zelman, quien pensaba que París sería un lugar más seguro, fue testigo del arresto de su esposa y sus dos hijas durante la infame redada del 16 y 17 de julio de 1942, llamada en francés por el gobierno de Pétain* como el «Raffle du Vel' d'Hiv», codificado como la «Operación Brisa de Primavera».

No se sabe si mi tía y mis dos primas murieron en el viaje o tras llegar al campo de exterminio.

Cuando volvimos a Compiègne, la administración local francesa nos proveyó un apartamento donde vivimos durante casi un año. Cuando los dueños regresaron y reclamaron su propiedad, nos mudamos para 17, Rue Saint Fiacre.

---

* Después de la derrota de Francia y la votación por parte de la Asamblea Nacional el día 10 de julio de 1940, se le otorgaron poderes extraordinarios a Marshall Phillipe Pétain. Éste luego estableció el gobierno Vichy, que administró la zona norte ocupada por los alemanes, y la zona sur, que no estaba ocupada hasta agosto de 1944.

Capítulo 5

17 rue Saint Fiacre

La rue Saint Fiacre en Compiègne, donde vivíamos, es una calle de aproximadamente doscientas yardas de longitud. Está ubicada entre la Rue de Paris y la Rue St. Germain. En aquella época, la Rue de Paris era la ruta más directa entre la capital francesa y Bélgica; por lo cual, era la vía utilizada por todos los convoyes militares.

«17 Rue Saint Fiacre» era un edificio de ladrillos de tres pisos, ubicado en la mitad de la cuadra, con tres apartamentos similares. La puerta de la entrada principal estaba hecha, en su parte inferior, con madera color claro; y la parte superior era un vidrio opaco, protegido con rejas negras ornamentadas en hierro forjado.

Esta puerta conducía a un corredor angosto que llevaba al apartamento del primer piso, al patio y al jardín detrás del edificio. También permitía el acceso a las escaleras para el segundo y tercer piso, y al sótano donde estaban la lavandería y tres bodegas.

Vivíamos en el tercer piso. A la entrada del apartamento, había un corredor que llevaba hasta la cocina, el baño, el comedor, la habitación de mis padres y la pequeña habitación de mi hermana, donde había dos camas de niño y un armario. Mi cuna estaba al lado de la cama de mis padres. La única fuente de calor para todo el apartamento provenía de la estufa de leña en la cocina. Esta era mi parque de recreo. Mis únicos juguetes eran los trozos de leña. Pasaba la mayor parte del tiempo en ese lugar.

Nuestro estilo de vida era bastante simple. Mis padres compraban muebles de segunda mano en las subastas. La sala/comedor estaba vacía, excepto por una mesa de trabajo grande y dos máquinas de coser, que mis padres utilizaban para hacer alteraciones de ropa y coser nuevas prendas que vendían en los mercados abiertos.

Los domingos, mi padre intercambiaba ropa o servicios de costura con los campesinos a cambio de comida. Con su bicicleta, halaba un remolque de dos ruedas, lleno de mercancía, a una distancia de entre quince y treinta kilómetros diarios.

Marcel y Rolande Clausse, nuestros vecinos del primer piso, tenían

17 rue Saint Fiacre, Compiègne

tres hijas. La familia Ribouleau, Henri, Suzanne y sus dos hijos, René y Marcel, vivían en el segundo piso. La señora Clausse era enfermera en el hospital de Compiègne. Era una persona amable y discreta. Su esposo trabajaba en una sala de subastas. Era ésta una bodega grande que carecía de calefacción en el invierno y ventilación en el verano. Su trabajo consistía en labores manuales y era bastante exigente.

Gracias a una carretilla de mano, el señor Clausse recogía muebles y otros artículos de las residencias de los barrios. Tenía que cargar y descargar estas cosas pesadas todo el día. Era una persona «con los pies en la tierra» y siempre estaba dispuesto a ayudar a todos. Sin conocernos, ayudó a mi papá cuando nos mudamos para la 17 rue Saint Fiacre.

Al señor Clausse le gustaba mucho conversar con mi papá. Su esposa recordaba, mucho después, que fueron varias las veces que le advirtió a mi padre sobre los peligros que enfrentaba y sobre la continua persecución de los judíos. Recordaba que solía decirle: «Deberías esconderte con tu familia antes que sea demasiado tarde. La gente está desapareciendo, familia tras familia. Uno no puede confiar en estos criminales».

Aunque no era un hombre con mucha educación, el señor Clausse era muy sensato y tenía mucho sentido común, así como una visión amplia del mundo que lo rodeaba. Sin embargo, no tenía idea de cuán dementes podían ser los nazis en realidad.

Mi papá encogía los hombros y respondía: «¿A dónde iríamos? Están vigilando las calles y las estaciones de tren. Nuestras tarjetas de identidad muestran que somos judíos. A los judíos nos tienen prohibido viajar. No sé cómo conseguir tarjetas de identidad falsas. De todos modos, somos pobres, los alemanes no están interesados en nosotros. Persiguen a los judíos ricos, a quienes vale la pena robarles».

Lo que él no sabía era que las nubes negras se cernían, cada vez más, de forma amenazadora sobre el horizonte.

Con frecuencia jugaba con una de las hijas de los Clausse, Geneviève, en el patio de nuestro edificio. Teníamos más o menos la misma edad.

Por otro lado, Henri y Suzanne Ribouleau tenían unos cinco años más que mis padres. Al vernos, siempre nos mostraron mucho cariño. Eran muy amables. Ambos trabajaban como civiles para los «Aérostiers», una rama de la fuerza aérea francesa que manufacturaba paracaídas y dirigibles.

El menor de sus hijos, Marcel, de diecisiete años, trabajaba en un Banco. Adoraba a mi papá y se entendían perfectamente. Todos los domingos por la mañana, acompañaba a mi padre al campo a intercambiar ropa por comida. En esa época había que racionar de manera extrema los alimentos. El realizar trueques era considerado «mercado negro» y estaba estrictamente prohibido por las autoridades. Mi padre y Marcel arriesgaron su libertad y, posiblemente sus vidas, para alimentar a sus familias; ya que en caso de ser descubiertos, se exponían a ser enviados a prisión, deportados o hasta ejecutados.

Marcel siempre soñaba con trabajar como independiente y empezar su propio negocio. Mi papá lo animaba para que realizara su sueño que, al fin y al cabo, logró después de la guerra. El hermano de Marcel, René de veinte años, trabajaba para la compañía francesa de ferrocarriles *Société Nationale des Chemins de Fer Français* (SNCF).

Las tres familias de la 17 rue St. Fiacre nos la llevábamos muy bien, aunque vivíamos en un clima de incertidumbre, desconfianza, con escasez de comida y necesidades básicas insatisfechas.

Las denuncias anónimas comenzaron poco después de la ocupación alemana. Se podía denunciar a las personas por ser comunistas o por estar vinculadas con «actividades clandestinas».

Las cartas de denuncia se enviaban a la sede principal de la *Gestapo**. En la mayoría de los casos, lo que estaba detrás de las denuncias no era más que personas ejerciendo venganza contra sus enemigos y, a veces, contra sus propios vecinos, familiares, colegas, etc. Ese temor a ser denunciado duró hasta el fin de la guerra.

Un domingo de 1941, mis padres invitaron a los Ribouleau a comer postre, probablemente para fortalecer los lazos de amistad entre vecinos. También querían agradecerles por haberles ayudado a enviar paquetes al tío Charles Blum, prisionero de guerra en Alemania.

Mientras todos los adultos caminaban por el apartamento, yo me subí sobre una silla en la cocina y comí cuantas cerezas pude, de la torta que mi mamá había hecho para nuestros invitados.

Con frecuencia, mi hermana Rachel me recuerda lo travieso que era en ese entonces, pues la hacía reír. Imagino que mi malicia no vendría sin consecuencias por parte de mis padres. En octubre de 1941, empecé el kindergarten en la escuela *Saint Germain*, a poco menos de dos kilómetros de mi casa.

Después de la invasión a Francia, las primeras semanas de la Ocupación fueron tranquilas, aunque era una tranquilidad de opresión. Daba la sensación como si un enorme manto de niebla arropara todo el pueblo.

El miedo se iba filtrando poco a poco y se convertía en parte de la vida cotidiana. Mis padres continuaban con sus labores, seis días a la semana, vendiendo ropa en los mercados abiertos por las mañanas y arreglando prendas de vestir por las tardes. Las materias primas, como la tela, se volvieron escasas. La comida y los artículos de

---

* Gestapo: Geheime Staatspolizei, o policía secreta del estado de la Alemania nazi y Alemania Europa por el hombre ocupado. Fue administrado por funcionarios de la SS o Schutzstaffel, el brazo paramilitar del partido nazi.

primera necesidad tampoco estaban disponibles. Era muy difícil obtener las tarjetas de racionamiento y los precios del mercado negro no dejaban de incrementarse.

Los inviernos eran particularmente difíciles. Sufríamos de hambre y frío. Ya no se podía conseguir gasolina, así que se usaban mucho los bici-taxis. La gente tenía que ingeniárselas para poder sobrevivir.

Los alemanes se adueñaron de las propiedades más lujosas de la zona. La Gestapo (SS), expulsó a nuestro doctor de su hogar/oficina para instalar el cuartel general del *Kommandantur* de la policía secreta. Sobre la casa se colgó una bandera enorme con el símbolo nazi: la esvástica.

La policía militar alemana ocupó lo que anteriormente había sido las barracas de la Armada en el campamento Royallieu. Luego, dicho campamento fue utilizado para encarcelar políticos y luchadores de la Resistencia. El primer tren de deportados hacia Auschwitz salió de Compiègne en marzo de 1942.

El 27 de septiembre de 1940, por mandato alemán, se ordenó a los judíos registrarse en la Préfectura*. Junto a otros ochocientos judíos, mis padres tuvieron que esperar en fila durante varias horas para que les sellaran su tarjeta de identidad con la palabra *«JUIF»* (judío), y recoger sus estrellas amarillas, una etiqueta de infamia que los aislaría del resto de la sociedad. Días después, se anunció más medidas degradantes para ellos, como la prohibición para asistir a funciones públicas.

Desde el 18 de octubre, las empresas judías tenían que reportarse ante las autoridades. Todos los talleres y tiendas de dueños judíos debían colocar un letrero amarillo de determinado tamaño frente a sus locales. Poco tiempo después, las mismas autoridades, se apoderaron de estas empresas, que fueron puestas bajo el control de gerentes franceses.

A lo largo de 1941, se publicó la siguiente lista de oficios y profesiones prohibidos para los judíos: médicos, cirujanos, obstetras, dentistas, farmaceutas, abogados, notarios y arquitectos.

El día 25 de marzo de 1941, el gobierno francés de Pétain creó la Junta General de Investigaciones Judías. Esta medida fue responsable de la «arianización» o «purificación» de la economía y cultura

---

* La Prefectura, hasta la actualidad sigue siendo una administración del Ministerio del Interior. Está encargada de enviar las tarjetas de identidad, licencias de conducción, pasaportes, residencia y permisos de trabajo para extranjeros, registro de vehículos y la administración de la policía y los bomberos.

francesa con la idea de deshacerse de los «no-arios». De igual forma, se estableció una legislación estricta y restrictiva de índole antijudía.

En junio de 1941, surgió una medida aún más severa, que abarcaba aspectos más amplios de la vida cotidiana de los judíos; excluyéndoles de los trabajos en el área comercial, industrial y artesanal. Lo anterior incluía periódicos, radio e industria cinematográfica. Quienes no respetaran las nuevas prohibiciones serían castigados con multas, arrestos, deportación, o muerte.

Mi papá ya no tenía autorización para ser dueño de su propio negocio. Consiguió un trabajo excavando trincheras y arreglando huecos en las calles. Secretamente, seguía haciendo arreglos y cosiendo ropa en casa.

La señorita Dervillé, una mujer de Compiègne y cuñada del dueño de una tienda de ropa de la época, recuerda cuando le llevaba ropa a mi papá para que la arreglara. Mis padres y tío Joseph compartían el poco trabajo aún disponible.

Las restricciones antijudías continuaron:

- 13 de agosto de 1941: Se prohíbe a los judíos trabajar en las estaciones de radio.
- 7 de febrero de 1942: Se establece el toque de queda para los judíos de 8:00 p.m. a 6:00 a.m.
- Los judíos no se pueden mudar de casa.
- 29 de mayo de 1942: Los judíos de seis años de edad en adelante están obligados a portar una estrella amarilla, cosida y visible, en el lado izquierdo de su ropa en todo momento.
- 1 de julio de 1942: Los judíos no pueden utilizar el teléfono público o privado.
- 8 de julio de 1942: No se permite el ingreso de judíos al cine o a cualquier otro sitio público.
- Los judíos solamente pueden ir a las tiendas entre las 3:00 p.m. y 4:00 p.m.
- 13 de julio de 1942: Un nuevo decreto confirma todos los anteriores y reafirma la exclusión de los judíos de todos los lugares públicos, incluyendo: restaurantes, cafés, teatros, cines, cabinas telefónicas, mercados, piscinas, playas, museos, librerías, monumentos históricos, pistas de carrera, etc.

Los judíos ahora estaban completamente segregados del resto de la población no-judía, aspecto que no provocaba reacción alguna por parte de la comunidad, pero ¿cómo podía reaccionar?

La gente estaba esclavizada por el temor a los alemanes y a la propia administración francesa que colaboraba con ellos, esto incluía a la policía bajo la autoridad del gobierno francés (Vichy).

La Resistencia Francesa comenzó a organizarse tan pronto como llegó noviembre de 1940. Afiches clandestinos rojos se colocaban en las paredes de los edificios y las casas. Se publicaron panfletos que promovían la Resistencia y la lucha contra los «invasores». Ya existían algunas iniciativas individuales que, eventualmente, se convirtieron en redes clandestinas.

Un residente de Compiègne, Eugène Cauchois, murió baleado por los nazis el 4 de diciembre de 1941, después de ser acusado de realizar actividades clandestinas de la Resistencia y por posesión de armas.

A comienzos de 1941 la municipalidad de Compiègne, presidida por Jean Lhuillier, tercer diputado del alcalde, comenzó a colaborar con los alemanes y el detestado gobierno francés de Pétain.

Diez años antes de la invasión a Francia, mis padres nunca habían sentido el antisemitismo. No practicaban su religión de manera activa, aunque tampoco escondían sus raíces judías; de la misma forma en que ninguna persona común y corriente escondería su afiliación religiosa heredada.

Mi hermana, quien para ese entonces tenía nueve años, jamás se ponía la estrella amarilla. Si hubiera sido descubierta sin la estrella, nos hubieran deportado a todos de inmediato. Caminaba a una buena distancia detrás de mis padres y hacía como si no estuviera con ellos. Yo era, afortunadamente, demasiado joven para tener que portar la Estrella de David, interpretada como símbolo degradante en aquella época.

Hasta la mañana en que fue arrestado, mi papá estuvo seguro que nuestra familia se mantendría a salvo, a pesar de todas las medidas repugnantes en contra de los judíos y los numerosos arrestos conocidos. ¡Estuvo en un estado total de negación!

¿Cómo se puede explicar el proceso maquiavélico de aislar a un segmento de la población, paso a paso, para convencer al resto que, ésta, no sería afectada? Después de haber vivido legalmente en Francia durante más de diez años, mis padres se consideraban franceses. Sentían que Compiègne era su casa.

Jamás imaginaron que el 19 de julio de 1942, la policía local francesa los arrestaría y los entregaría a la Gestapo. Jamás imaginaron que serían esclavizados y luego enviados a la muerte.

Capítulo 6

Drancy

Drancy es un pueblo pequeño ubicado en las afueras de París. La mayor parte de sus habitantes pertenecía a la clase trabajadora. El gobierno Vichy de Phillipe Pétain creó el campo de internamiento de Drancy en 1941, además de otros centros de detención en diferentes partes de Francia.

Drancy estuvo bajo el control de la policía francesa desde 1941 hasta julio de 1943, cuando los Nazis se apoderaron de todos los centros de internamiento. Su objetivo era llenar los campos de exterminio creados alrededor de Europa Oriental. Estos centros de internamiento franceses eran, efectivamente, la «antesala» de los campos de muerte.

Antes de la guerra, el campo de internamiento de Drancy se había creado con el fin de hospedar a la policía nacional. En 1941, aún no se había terminado. Muchos de los edificios carecían de puertas y ventanas, los pisos de cemento aún estaban en construcción.

El último invierno había sido bastante frío, lo cual provocó la ruptura de los tubos centrales de la calefacción y, a pesar de su deterioro y deplorable estado, las autoridades francesas decidieron usarlo como un campo de internamiento para «indeseables», como los judíos, luchadores clandestinos, comunistas, homosexuales, secuestrados y una gran cantidad de personas inocentes que habían sido denunciadas o, simplemente, estaban en el lugar equivocado, a la hora equivocada, durante los acorralamientos.

El campamento estaba rodeado por un muro alto, acordonado en la parte superior con dos hileras de alambres de púas. Los edificios de cuatro niveles formaban una «U», y estaban diseñados para albergar a setecientos policías. No obstante, el internado en Drancy llegó a hospedar hasta siete mil detenidos, en determinadas épocas.

El campamento abrió, oficialmente, poco antes que la policía acorralara a cuatro mil judíos. De ahí en adelante, siguieron persiguiendo e internando a los «indeseables», en absoluta complicidad con los Nazis.

El proceso era así, primero llevaban a los arrestados – en masa – al patio del centro de internamiento y luego a los dormitorios, habitualmente repletos de gente. La mayoría tuvo que dormir sobre el piso de concreto durante días o semanas hasta que, finalmente, eran deportados hacia los campamentos de la muerte.

Los detenidos en Drancy tuvieron que tolerar condiciones infrahumanas. No había suficiente comida. Las instalaciones eran terriblemente insalubres y no había cupo para tantas personas. Las camas estaban hechas de tablas de madera podrida con colchones de paja donde dormían dos o tres personas a la vez.

Estas personas estuvieron hacinadas soportando, además, pulgas y piojos. No había casilleros ni armarios para guardar los artículos personales. Los inodoros estaban en el «castillo rojo», un edificio de ladrillo en el patio. Había sesenta de ellos para siete mil detenidos y tan sólo veinte grifos.

La privacidad no existía. Algunos de los dormitorios disponían de lavamanos, pero no había agua de 7:00 p.m. a 7:00 a.m. Solamente había dos lavaderos de ropa en el patio. Los detenidos tenían permiso para bañarse cada quince días, si es que alcanzaban a durar ese tiempo en el campamento.

Existe una lista sin fin de testimonios de la brutalidad ejercida por parte de la policía francesa en Drancy. Apenas llegados, los niños, sin importar su edad, eran separados de sus padres. A estos pequeños se les obligaba a permanecer en edificios sin ninguna ayuda ni supervisión. En tan terribles condiciones, muchos de ellos, por supuesto, no lograron sobrevivir a su estadía en aquel lugar.

En diciembre de 1941, cuarenta detenidos en Drancy fueron ejecutados en represalia por un ataque perpetrado fuera del campo, contra soldados alemanes.

En otro incidente el 6 de abril de 1944 Klaus Barbie, Teniente de la SS conocido como el «Carnicero de Lyon», lideró una incursión a un orfanato en Izieu, una pequeña aldea al pie de los Alpes cerca de Lyon, de donde sacó a la fuerza a cuarenta y cuatro niños judíos y a sus guardianes, a los que transportó posteriormente a Drancy.

Tiempo después, cuarenta y dos niños y cinco adultos fueron deportados a Auschwitz, donde murieron en la cámara de gas tan pronto llegaron. Dos de los niños mayores y la superintendente del orfanato, Miron Zlatin, fueron asesinados por un pelotón de fusilamiento en Tallin, Estonia.

El suministro de comida era reducido a un mínimo estricto. Por día eran: dos gramos de azúcar, una barra de pan para cuatro detenidos,

dos tazas de sopa de colinabo y un trozo de carne el domingo.

Un mercado negro creció dentro del campamento de Drancy. Los precios de la comida y otras necesidades básicas eran exorbitantes. Una copa de sopa llegó a costar cien francos, cuando en aquella época el salario mínimo era de ochocientos francos al mes.

La policía francesa fue la encargada de mantener el orden entre los detenidos. Muy pocos mostraban compasión hacia los internos pues, justamente, ellos estaban involucrados en el mercado negro de comida y necesidades básicas.

Algunos miembros de la policía robaban los paquetes enviados a los detenidos por sus familias que, en general, lograban conseguir estos artículos a un precio sumamente alto, ya que era extremadamente difícil conseguir comida desde afuera.

El comandante de la policía del internado obligó a algunos judíos seleccionados a dirigir la administración interna. Fue así como el campamento se dividió en secciones, con un detenido encargado de cada escalera. Ellos debían usar brazaletes blancos en la muñeca y sus diputados brazaletes azules con un diamante rojo. Los responsables de mantener el orden general usaban brazaletes rojos.

La agenda diaria consistía de varios llamados, muchas labores, poca comida y una hora treinta minutos en el patio, donde los prisioneros podían reunirse.

Se escuchaban muchos rumores. Las reglas eran muy estrictas. Era prohibido andar de unas escaleras a otras o visitar a un amigo o ser querido. La gran preocupación de los detenidos –además de combatir el hambre constante, preocuparse por el estado de sus familiares y tratar de sobrevivir bajo condiciones tan horrendas- era el interrogante de su destino final. Ese secreto se mantuvo durante la mayor parte de la guerra.

Cada detenido tenía autorización para escribir y recibir dos cartas al mes, aunque rara vez permanecían tanto tiempo en Drancy. También se les permitía obtener una porción de comida, sin exceder las cinco libras, una vez a la semana; así como un paquete de ropa dos veces al mes.

Los cigarrillos, medicinas, alcohol y utensilios para escribir, estaban prohibidos. De igual manera, la mayoría de los paquetes nunca llegaban a sus destinatarios.

Los nuevos detenidos llegaban casi todos los días. Tres veces a la semana, los domingos, los martes, y los jueves, se escogía a mil detenidos para ser deportados. Nadie tenía la menor idea de su destino. Los judíos, escogidos por la policía francesa, estaban obligados a seleccionar a los deportados. Sólo era cuestión de días o semanas, para que sus propios nombres también estuvieran incluidos en la lista.

¡Judíos obligados a escoger judíos!

Menos de dos mil, de los sesenta y cinco mil judíos deportados de Drancy, sobrevivieron al Holocausto.

Benjamin Schatzman*, reconocido autor quien había sido internado en Drancy, escribió en su diario que el día 15 de julio de 1942, se escucharon rumores de arrestos masivos en París. Antes de este acorralamiento, para abrir cupo a los nuevos detenidos, hasta ochenta y cinco internos fueron apiñados en cada cuarto, con cuatro o cinco personas obligadas a dormir en la misma cama de paja.

En la mañana del 16 de julio de 1942, todos fueron vetados del patio. Se ordenó cerrar ventanas y persianas. Nadie podía acercarse a ellas. Schatzman encontró un lugar para ver lo que sucedía allá fuera, tomando el riesgo de ser castigado brutalmente.

A las 7:30 a.m. vio entrar varios buses públicos de París. Hombres y mujeres se bajaron de los buses con maletas, paquetes, y bolsos, juntándose de manera apresurada, sin saber para dónde iban. Los hombres, las mujeres y los niños fueron separados, unos de los otros, inmediatamente. Escribió que las miradas de las mujeres lo dejaron pasmado. Dijo que parecían estar «horrorizadas, supremamente angustiadas, y las lágrimas no dejaban de brotar de sus ojos».

Los días 16 y 17 de julio de 1942, la policía francesa ejecutó una orden de decretos venidos de Alemania, con un código de nombre «Vent de Printemps» (Operación Brisa de Primavera).

Mediante la orden se llevó a cabo una ola de arrestos masivos de judíos por parte de la policía francesa, quien realizó la tarea con un entusiasmo que sorprendería a los alemanes. Ni un solo soldado alemán participó en esta operación. Durante los próximos dos días fueron acorralados 12.884 personas – 3.031 hombres, 5.802 mujeres y 4.051 niños, entre los dos y doce años. Fueron transportados al «Vélodrome d'Hiver» (Vel' d'Hiv'**).

---

* Benjamin Shatzman, *Journal d'un interné: Compiègne, Drancy, Pithiviers 12 décembre 1941 – 23 septembre 1942* (Fayard, 2006)

** Vel' d'Hiv' es la abreviación de «Vélodrome d'Hiver» (Estadio de Ciclismo) donde los arrestados fueron detenidos temporalmente los días 16 y 17 de julio de 1942.

Todos los arrestados, incluyendo los niños, fueron detenidos en ese lugar por cinco días, sin comida, sin cuidado médico, sin agua, sin inodoros en funcionamiento y sin instalaciones de aseo propio.

Después de esta primera parada en su camino hacia la muerte, fueron transportados a Drancy. Este campo de detención era aún peor que las terribles condiciones que tuvieron que soportar en Vel d'Hiv'.

La mayoría de los niños permanecieron en Drancy por varios días y otros por varias semanas, sin sus padres y sin comida adecuada. Muchos bebés y niños pequeños murieron en ese lugar. Eventualmente los sobrevivientes fueron deportados a Auschwitz. Los que sobrevivieron a las torturas del viaje, fueron forzados a entrar en las cámaras de gas e incendiados apenas llegaron. Solamente 811 personas sobrevivieron a toda esta cadena de infamias.

Más de 6.000 niños judíos de todas las regiones de Francia fueron arrestados y conducidos hacia la muerte, entre el 17 de julio y el 30 de septiembre de 1942.

Desde 1942 hasta 1944, más de 70.000 judíos fueron deportados desde Drancy, Bobigny, Compiègne, Pithiviers, y Beaune-la-Rolande hasta los campamentos de exterminio Nazi. Tan sólo sobrevivieron 2.500.

Mi mamá y mi papá llegaron a Drancy el día 20 de julio de 1942, en medio de una nube de pánico y terror, según los archivos del Ministerio de Veteranos y Víctimas de la Guerra.

Mis padres, junto con tía Madeleine y tío Joseph, fueron arrestados el mismo día, julio 19 de 1942. Estos últimos, tomados por sorpresa y de manera bruscamente apresurada, tuvieron que dejar a su hijo de tres años con sus vecinos, la familia Baugis.

Después de su partida el 19 de julio, mis padres, mi tío y mi tía, probablemente pasaron esa misma noche en la sede de la SS de Compiègne, antes de ser transferidos a Drancy.

Solamente puedo imaginar su angustia cuando llegados al campo de internamiento fueron separados, y su reacción, apenas descubrieron las condiciones de vida que les tocaría enfrentar. Su cabeza estaría seguramente llena de interrogantes ¿Cuánto tiempo durarían en ese lugar espantoso? ¿Volverían a reunirse, algún día, con sus hijos –mi hermana Rachel, de diez años, y yo, de tan solo cuatro años y medio?

Es posible que mi mamá se haya quedado con su cuñada, Madeleine, y mi papá con su hermano Joseph.

Tarjeta de mi madre escrita en Drancy, en julio de 1942. Dice lo siguiente:

«*Madame Malmed - Campamento Drancy, Staircase 8, Habitación 10*

Estimados amigos, mi esposo y yo nos encontramos en buen estado de salud. Mándennos algunas noticias de ustedes y de sus hijos. Ahora, ¿es posible que nos envíen una pequeña caja con ropa? Necesitamos las siguientes cosas: 1 par de medias para mi esposo, negras; 2 franelas; y 2 vestidos de noche para el frío. Para mí, dos calzones para el frío, 1 sartén pequeño, unos cuantos jabones, pasta dental, 1 cepillo de dientes y algo de comida. Todo se encontrará en la alacena. Creo que deberían encontrarlo todo. También, para mi esposo, agréguenle cinta métrica amarilla, 2 pares de medias y el pequeño delantal elegante -Espero que puedan enviar esto lo más pronto posible.

Les pido disculpas y agradezco por adelantado por este gran favor -Sé que son las únicas personas que tengo. Algún día les recompensaré. Me pueden responder con la misma carta. Por favor, agréguenle unas horquillas y la compresa que está encima de la mesa de noche y, para mi esposo, otra camisa, calzoncillos para el frío y pantuflas altas para los dos. Por favor, cuéntennos cómo están nuestros hijos. Les mando un beso a ustedes y a mis hijos con mucho cariño».

Se obligó a todos los detenidos en Drancy a abandonar sus pertenencias en mitad del patio. Fueron requisados de manera detallada y, sus papeles de identidad, confiscados. Aún no sabían que desde ese momento dejarían de ser personas con un nombre y una identidad.

Se les dio una cuchara, un tenedor, un vaso de metal y un trozo de pan duro y a veces enmohecido. En el patio había montañas de maletas, unas tiradas encima de las otras de manera desordenada. Después del proceso largo y denigrante del registro, la gente trataba de encontrar sus pertenencias.

Alrededor de una semana después que nuestros padres fueran raptados de nuestro hogar, recibimos una carta de Drancy con fecha julio 27, 1942. Nuestra madre la había firmado. Alguien le había hecho el favor de escribirla por ella, ya que no sabía cómo escribir en francés. Ese es el único mensaje que recibiríamos de nuestros padres, significó una débil luz de esperanza que duraría hasta el final de la guerra.

En la carta mi mamá nos pidió ropa, artículos de aseo personal, comida y algunos utensilios de primera necesidad.

Los Ribouleau enseguida mandaron el paquete con todos los artículos solicitados. Después de la guerra nos enteraríamos que cuando el paquete llegó a Drancy, mis padres ya habían sido deportados en vagones de ganado hasta Auschwitz. Mi mamá ya habría sido reducida a cenizas, mientras que mi papá seria esclavo del Reich. Mi hermana Rachel guardó esa carta con todo su corazón.

Mientras, nosotros pensábamos que aún permanecían en Drancy o que estarían en otra parte de Europa, probablemente en Alemania, trabajando en una fábrica. Creíamos sinceramente que serían liberados después de cierta cantidad de tiempo. Después de todo, eran inocentes, víctimas de un arresto injusto y arbitrario.

La noche antes de su partida, los deportados fueron requisados otra vez. Confiscaron sus pertenencias, incluyendo sus joyas, su dinero y todo lo que representaba algún valor. Se les dio un recibo a cambio de sus pertenencias. Se les dijo que su dinero francés sería devuelto en la moneda del país de su destino, apenas llegaran.

Fueron encerrados en cuartos sin camas ni sillas hasta la madrugada. Baldes sirvieron como inodoros. En la noche se oían cantos, rezos, y sollozos en diferentes idiomas. ¿Qué pensamientos correrían por la mente de mi mamá y mi papá esa noche, separados el uno del otro y de sus propias familias?

No tenían ni idea para dónde los mandaban. Probablemente estaban preocupados por nosotros, sus hijos, sin saber si el señor y la señora Ribouleau seguirían cuidándonos o si ya habríamos sido acorralados por la policía francesa o los SS.

Había niños de todas las edades en Drancy. Todos estaban separados de sus padres. ¿Será que podemos imaginarnos cómo estarían en aquellos momentos espantosos, aquellos pequeños solos, perdidos, confundidos y hambrientos?

Nuestros padres probablemente se habrían preguntado si nosotros también estaríamos entre ellos. Entre 76.000 judíos, 11.400 niños -2.000 de los cuales tenían menos de seis años de edad- fueron deportados, la mayoría desde Drancy, hacia los campos de exterminio. Ninguno sobrevivió.

Es doloroso pensar en el tormento, el sufrimiento y el temor que mis padres tuvieron que haber vivido. Debieron estar asombrados por el odio y la brutalidad que enfrentaron por parte de las mismas autoridades francesas.

Fueron deportados de Drancy a Auschwitz el día 29 de julio de 1942. En la madrugada, los buses públicos los recogieron y llevaron hasta la estación Bobigny o Bourget. Probablemente, como en el caso de sus desafortunados compañeros, mis padres se habrían aferrado a la pequeña esperanza de pronto poder volver a su hogar y reunirse con nosotros, sus hijos. Ese sueño tuvo que durar por lo menos hasta el momento en que se cerraron las puertas del vagón de ganado. Estaban en el Convoy número 12.

Ese tren transportó doscientos setenta hombres y setecientos treinta mujeres a la estación de la muerte.

Había rumores de guetos y campamentos de trabajo forzado. Con la ausencia de cualquier otra información, los deportados hablaban de un lugar misterioso llamado «Pitchipoi»*, un lugar imaginario donde estarían reunidos con sus familias después de abandonar Drancy. Pocos sospechaban que se dirigían hacia la muerte.

El verdadero «Pitchipoi» resultó ser un lugar donde se encontrarían con la muerte apenas llegaran o, peor aún, donde serían esclavizados. Los sobrevivientes de esa selección inicial sufrirían y, eventualmente, morirían de hambre, agotamiento, tortura y enfermedad o por la bala de algún guardia SS, en busca de diversión. O podría igualmente ser por vía de la cámara de gas y el horno de cremación, para mantener las cuotas diarias de muerte y abrir cupo a las personas que llegarían al día siguiente en vagones de ganado desde toda Europa.

Julio de 1942, fue un mes extremadamente caluroso. Cien o más deportados fueron apiñados en cada vagón de tren con muy poco aire para respirar. Tampoco había comida y solamente disponían de un balde lleno de agua y otro para higiene, el cual era inalcanzable para la mayoría. No había cupo para sentarse. Acostarse implicaría la muerte, ya que se terminaría pisoteado por la multitud. Las jornadas infernales duraban por lo menos tres a cinco días.

¿Será que mi mamá pudo sobrevivir a semejantes condiciones? ¿Será que murió ahogada por el calor o pisoteada? ¿Estaba sola? ¿Estaba con mi papá o con mi tía Madeleine? ¿Cómo les fue?

Mi papá era un hombre fuerte. Tenía mucho coraje. ¿Cómo podría un ser humano sobrevivir tres días de pie, cuerpo contra cuerpo, sin agua, sin comida, sin la posibilidad de defecar u orinar, con temperaturas que superaban los 33° grados centígrados? ¿Cuánto podrían soportar antes de llegar a la locura?

Entre doscientas y trescientas personas de cada mil deportados murieron durante cada viaje y muchos de ellos enloquecieron.

En el convoy número 12, 269 personas que llegaron a Auschwitz fueron tatuados con los números del 54153 al 54422. Mi papá era el número 54315.

Si mi mamá hubiera sobrevivido al viaje de tres o cuatro días, la hubieran tatuado, pero no fue así, lo cual implicaba que fue gaseada e incinerada apenas llegó. En este convoy todos los hombres fueron

* «Pitchipoi» es un lugar imaginario donde los judíos en el campo de internamiento Drancy creían que terminarían. Para algunos, Pitchipoi era un lugar de trabajo forzado. Era la política de los Nazis mantener a los judíos en un estado de ignorancia con respecto a su destino final, así que Pitchipoi fue inventado para llenar ese vacío de los judíos.

internados en el campo de esclavitud. Doscientas diez y seis mujeres fueron gaseadas e incineradas, probablemente vivas.

Después de estar de pie en el vagón de ganado durante varios días, compartiendo el mismo espacio con cadáveres humanos, puedo imaginar el terror de los deportados cuando los SS abrieron las puertas en Auschwitz o cualquier otro campo de muerte. Fueron sacados a la fuerza y bruscamente por ellos. Mientras lo hacían, les pegaban con palos y escopetas. Les gritaban y los insultaban mientras los perros ladraban y los mordían de manera salvaje.

Apenas llegaban a los campos de exterminio, los adultos y adolescentes seleccionados fueron esclavizados y obligados a trabajar turnos de doce horas, viviendo con menos de trescientos calorías al día. La mayoría murió de hambre, agotamiento o enfermedad, semanas o meses después de su llegada. Pocos sobrevivieron un año o más.

Poco tiempo después, mis padres desaparecieron hacia otro mundo, como si ningún hombre o mujer llamado Srul y Chana Malmed hubiesen existido, vivido, amado, reído, llorado, cantado y soñado. Sacados del mundo de los vivos, su derecho a la vida fue violentamente anulado. Se convirtieron en nada más que una serie de números, esclavos anónimos bajo el control absoluto del Reich, donde los SS tenían el poder para dejarlos vivir, torturarlos o matarlos, con absoluta impunidad.

En total, entre el primer transporte de agosto de 1941 y el último, del 31 de julio de 1944, fueron deportados 64.759 judíos desde Drancy, por vía ferroviaria.

Aproximadamente, 61.000 de ellos fueron llevados a Auschwitz-Birkenau. Otros 3.753 al campo de exterminio Sobibor. De los que fueron deportados de Drancy, solamente 2.000 sobrevivieron al Holocausto.

Capítulo 7

Henri y Suzanne Ribouleau

Mi hermana y yo entramos en las vidas de Henri y Suzanne Ribouleau el 19 de julio de 1942.

Cuando Henri y Suzanne Ribouleau estaban vivos, nunca me atreví a preguntarles cosas que pudiesen despertar recuerdos dolorosos entre nosotros. Evitábamos evocar el pasado por temor a provocar el resurgimiento de ciertas emociones. Nos daba miedo la idea de despertar los fantasmas de aquellos terribles días.

Como suele ser el caso con las personas que amamos, yo deseaba que fueran inmortales. Sabía que algún día abandonarían este mundo y no quería que ese día llegara jamás. Afortunadamente vivieron durante mucho tiempo. Papá Henri falleció a la edad de 84 y mamá Suzanne a la edad de 98.

Yo tenía 60 años cuando por fin me sentí capaz de controlar mis emociones y hablar acerca de esa época de la guerra. Desafortunadamente, ya era demasiado tarde. Papá Henri ya no estaba entre nosotros. Mamá Suzanne padecía un nivel avanzado de la enfermedad de Alzheimer. La enfermedad borró la mayoría de las respuestas que yo buscaba acerca de ellos mismos, por ejemplo, los detalles de sus años de juventud.

Sin embargo, sí tengo presente alguna información con respecto a sus vidas. Papá Henri provenía de una familia pobre. Nació en 1901 en Bracieux, cerca de Blois.

Cuando tenía doce años, se ganaba la vida haciendo sogas. Las sogas o cuerdas eran muy usadas para cualquier trabajo que requiriera alzar o halar algo, como los arneses para los caballos. En aquella época, los caballos eran el medio principal de transporte y de trabajo en las fincas.

Gracias a su habilidad y conocimiento para hacer sogas, consiguió trabajar como civil en una división de la Fuerza Aérea llamada la Aerostation, donde se manufacturaban aeronaves y paracaídas.

Mamá Suzanne era menor que Papá Henri. Su apellido de soltera era Mouton. Nació en 1905, también de una familia pobre. De niña,

Maman y Papa Henri Ribouleau, 1972

caminaba a la escuela todos los días; un recorrido de más de 11 kilómetros en cada trayecto, soportando el calor de los veranos y el frio
de los inviernos.

   Debido a la precaria situación económica de su familia, mamá
Suzanne se vio obligada a renunciar a sus estudios a la corta edad de
diez años. Se fue a vivir con una familia adinerada como empleada
sin sueldo, recibiendo tan sólo hospedaje. Allí vivió por muchos años.

Aprendió a coser y se convirtió en una costurera muy hábil.

Cuando fue adulta, su documento de identificación decía que era «técnica de zapatos». Es posible que en alguna época trabajara en una fábrica.

Papá Henri y mamá Suzanne se casaron en 1922, cuando los dos eran empleados en Aérostiers. Esta división estaba ubicada en Saint-Cyr-l'Ecole, a las afueras de París. Permanecieron allí hasta que la Fuerza Aérea Francesa los transfirió a otra instalación de manufactura en Compiègne, a unos sesenta y cuatro kilómetros al norte de París, en los años 1930. Allá alquilaron el apartamento en 17 Rue Saint Fiacre.

Cuando mi hermana y yo nos mudamos con ellos en 1942, recuerdo que yo admiraba su elegante comedor. Mis padres no tenían dinero para agregar muebles al comedor. Me fascinaba el bufet negro que tenían, elaborado en madera; parecía como de un castillo medieval. Yo duraba muchas horas jugando debajo de este «fuerte».

El 19 de julio de 1942, después de la partida de mis padres con los gendarmes, mientras mi hermana Rachel me sostenía la mano con firmeza, bajamos las escaleras desde el tercer piso hasta el segundo, donde vivía la familia Ribouleau.

Antes de partir, mi mamá me había entregado un frasco lleno de mantequilla, producto de lujo en aquella época de escasez. Cuando entré en el apartamento, le entregué el frasco a la señora Ribouleau. Me agradeció y, con todo el cariño que podía ofrecer, me sostuvo contra su pecho.

Yo lloraba, sin poder controlarme. Rachel se mantuvo en silencio. Todos estábamos en estado de shock. *¿Qué acaba de suceder en esta mañana, un domingo despejado?* Nos quedamos en la cocina durante un buen tiempo, angustiados, sin saber qué hacer. *¿Cómo puedo entender esto? ¿Por qué me quitaron a mis padres? ¿Cuándo volverán?*

«Volverán. Fue un error», repitió Henri Ribouleau varias veces. «¡Esta guerra ha traído tanta miseria! ¿Por qué arrestarían a gente tan buena, tan noble, trabajadores y con dos niños maravillosos? ¿Qué mal han hecho?», preguntó la señora Ribouleau.

Rachel logró, con mucho esfuerzo, contener sus lágrimas. Yo seguía llorando. Gritaba por mis padres aunque ya se los habían llevado. No estaba muy familiarizado con estos vecinos. ¿Vamos a tener que quedarnos con ellos?

La señora Ribouleau se sentó a nuestro lado y trató de consolarnos, hablándonos con gentileza y cariño. Tenía un acento regional con el que no estábamos familiarizados. El señor y la señora Ribouleau y sus dos hijos, René, de veinte y dos años, y Marcel, de veinte, eran sumamente amables con nosotros.

Todos guardaban silencio, excepto yo. Mis gemidos seguían sin cesar. Estábamos abrumados por los eventos que acababan de tener lugar y la aflicción pesaba en nuestras almas. Los días comenzaron a pasar sin ninguna noticia sobre mis padres. Nos manteníamos atados a nuestras sillas sin saber qué hacer. Los pensamientos corrían por nuestras cabezas. Cuando oíamos pasos por el andén, corríamos hacia la ventana llenos de esperanza, para luego sufrir una decepción.

Al acercarse la noche tuvimos que organizarnos, por lo menos por *una* noche, pensábamos. No había cupo para todos nosotros en el apartamento de los Ribouleau, así que se tomó la decisión de que René y Marcel dormirían en el apartamento de mis padres. No sabían que allá dormirían durante los siguientes tres años.

La primera noche que Marcel y René durmieron en el apartamento de mis padres fue el 19 de julio de 1942. Todos creíamos que esta situación solamente duraría por unos días nada más. «Los Malmed volverán, cualquier día de estos», seguía diciendo el señor Ribouleau.

Mientras tanto, armaron mi pequeña cama en la misma habitación donde dormían la señora y el señor Ribouleau. Rachel se mudó para el cuarto donde dormían René y Marcel.

En julio, Rachel estaba de vacaciones de la escuela. La señora y el señor Ribouleau organizaron su horario para que no estuviéramos solos en casa durante el día. Nos volvimos miembros de su familia. René y Marcel nos trataban como si fuéramos sus hermanos, aunque habíamos monopolizado, en parte, el cariño de sus padres.

Nos mudamos para su habitación. Ocupábamos el pequeño espacio en el que vivían y, por si fuera poco, estábamos quitándoles una porción de la poca comida que tenían y que sus cuerpos, en crecimiento, exigían. Éramos, sin lugar a dudas, un estorbo en su existencia y, aún así, nos aceptaron de manera natural, como si fuéramos parte de su familia.

La familia Ribouleau ganaba un sueldo muy modesto, apenas lo suficiente para alimentar a seis personas, o por lo menos hacer el esfuerzo. Al ser arrestados de manera tan inesperada, mis padres no tuvieron tiempo para dejarnos dinero en el apartamento. Como resultado de las pocas palabras que murmuró mi papá al ser arrestado, se sospechaba que había escondido dinero en el garaje, por si acaso.

Nunca se encontró. Seguros que mis padres volverían, los Ribouleau siguieron pagando las cuotas del arriendo de nuestro apto, durante casi tres años más.

A pesar del cariño que nos ofrecía esta familia, mi hermana y yo nunca dejamos de preocuparnos. Estábamos demasiado traumatizados por la brutal separación de nuestros padres, como para sentirnos total y repentinamente unidos a estos extraños tan bondadosos y llenos de amor.

Pasé de niño consentido y pequeño príncipe de los Malmed, a convertirme en un niño tímido y silencioso de casi cinco años de edad, que se levantaba cada mañana a las 5:00a.m, llorando y gritando. Pasaron varias semanas hasta que adquiriera la confianza para hablar de nuevo.

Mi hermana y yo éramos como cadáveres ambulantes. Sentíamos miedo y aprehensión por dónde íbamos. El hogar pequeño, cómodo y familiar para nosotros había sido destruido. Intentábamos, sin mucho éxito, esconder nuestra angustia para evitar incomodar a esta familia que tan atenta se mostraba con nosotros.

Nos atemorizaba la posibilidad de que nos echasen o, peor aún, que nos separaran al uno del otro. ¿Qué sería entonces de nosotros? No teníamos para dónde ir ni a ninguna otra persona que pudiese ayudarnos.

Entendíamos la magnitud de nuestro estorbo a esta familia y, por si fuera poco, de nuestra condición de judíos. Aunque yo ni siquiera entendía el significado de esta palabra, sabía que tenía una connotación negativa y llena de amenazas.

Los Ribouleau estaban arriesgándose demasiado al cuidarnos. Con excepción de los Clausse, una familia muy discreta que vivía en el primer piso de nuestro edificio, algunos vecinos empezaron a mostrar su preocupación. Decían a los Ribouleau:

«¿No les da miedo esconder a estos niños judíos? Se están arriesgando a ser arrestados, deportados o fusilados». Otros añadían: «Cuando termine la guerra, volverán con sus padres y ustedes jamás volverán a saber de ellos. Será un milagro si acaso les dan las gracias».

Nuestra presencia molestaba a estos vecinos. Les preocupaba la amenaza a su propia seguridad. Hubiesen preferido vernos lejos de allí.

Los Ribouleau seguían respondiéndoles: «Prometimos a sus padres que cuidaríamos a sus hijos. Cumpliremos esa promesa». La cumplieron.

Era estrictamente prohibido ofrecer posada, ayuda o esconder a cualquier persona judía, de cualquier edad. En caso de ser descubierto, se castigaba por medio de la prisión, probablemente la tortura, la deportación o fusilamiento en un bosque cercano. El temor a ser denunciados pesaba mucho sobre nosotros y todos cuantos sabían de nuestra existencia.

Demoré mucho tiempo para acostumbrarme a la vida con los Ribouleau. Todavía pensaba en mis padres, incluso, aún hoy lo hago. Sin embargo, varios meses después de habernos mudado con esta familia, una noche después de la comida, me subí en las rodillas del señor Ribouleau, de manera espontánea, y le dije «Papá». Fue un momento lleno de emociones para todos en la mesa, me dijeron. De ese día en adelante, empecé a llamar a estos maravillosos individuos «Papá» y «Mamá». Rachel los llamaba «tío Henri» y tía «Suzanne» y, aunque solamente tenía diez años, también me cuidaba con mucho cariño, como si fuera mi mamá.

A Mamá Suzanne le alegraba el hecho de tener una niña en la familia. Le hacía ropa a Rachel y la enseñó a coser, tejer, cocinar y limpiar. Cuando Rachel no se portaba bien, le daba pañuelos para cortar. Rachel siempre completaba sus labores. Yo jugaba mucho con el leño que quedaba sobre una canasta cerca de la estufa.

Con el tiempo, nos acostumbramos a la rutina diaria y actuábamos como si siempre hubiésemos vivido ahí. Nos volvimos parte de la familia Ribouleau. Todos los tíos, tías y amigos con los que vivimos nos veían y trataban como si fuésemos sus sobrinos.

En las mañanas me gustaba observar a Marcel, mientras se peinaba antes de ir a trabajar. Tenía una rutina inusual. Utilizaba aceite de ensalada para moldear su cabello negro y darle más brillo.

Como estábamos escondidos, mi hermana y yo no teníamos tarjetas de racionamiento. Estas tarjetas eran la única manera de conseguir comida en los mercados. Los seis tuvimos que subsistir con cuatro tarjetas, lo cual implicaría hambruna, de no haber contado con nuestros jardines.

Varias veces a la semana, Papá Henri se levantaba temprano e iba hasta la carnicería donde esperaba en la fila a las 4:00 a.m. para tratar de conseguir carne o pescado. Cuando llegaba con las manos vacías nos tocaba llenar nuestros platos con la comida que no nos gustaba, como las espinacas del jardín.

A pesar de las restricciones, que empeoraban durante el transcurso de la guerra, papá Henri y mamá Suzanne se aseguraban de que siempre pudiéramos comer. Los cuatro miembros auténticos de la familia Ribouleau tuvieron que comer menos, para poder sostenernos a nosotros, dos niños que ni siquiera eran familiares, prácticamente extraños.

Papá Henri y Mamá Suzanne prometieron a mis padres que nos cuidarían. Los peligros y la escasez de comida para toda la familia, dificultaba la supervivencia misma de todos ellos.

¿Cumplirían su promesa?

Capítulo 8

Nuestras Escuelas

Empecé a ir a la escuela preescolar en el otoño de 1942. Tenía cinco años de edad. Desde el momento en que se llevaron a mis padres hasta cuando empezamos a ir a la escuela, Rachel y yo nunca estábamos solos. Mamá Suzanne se quedaba siempre en casa con nosotros. Durante todo ese tiempo no me permitieron salir a jugar afuera, así que me tocaba jugar silenciosamente en la cocina con los pedazos de leña, lápices de color y periódicos viejos, mientras Mamá Suzanne cosía, lavaba, planchaba, limpiaba los dos apartamentos y preparaba la comida, con lo poco que había disponible.

No tengo recuerdo alguno de mi primer día en la escuela preescolar. Supongo que mamá Suzanne me llevó al kindergarten «Saint Germain». Había tres escuelas, una al lado de otra: el kindergarten, la escuela de las niñas y una escuela separada para los niños.

Desde el segundo día en adelante, Rachel me acompañaba a la escuela, de ida y regreso. Siempre estaba pendiente de mí. La preocupación -resultado del amor que sentía por su único hermanito- era inmovible. Ninguno de los dos llevaba la estrella amarilla. Rachel estaba quebrantando la ley, ya que los niños mayores de nueve años estaban obligados a ponérsela.

En la escuela, la mayoría de los niños se ponía un delantal gris. Nosotros nos camuflábamos con ellos. Cada mañana llamaban a los alumnos en la lista de asistencia. Sentía ansiedad y temor cuando la profesora llamaba «Malmed». Me daba miedo que alguien hiciera algún comentario o mencionaran la palabra «judío».

Cuando papá Henri no estaba en su trabajo, hacía otras labores como recolectar leña en el bosque para la estufa o cosechar en los jardines cuando el tiempo lo permitía. También iba a los prados para conseguir grama para los pocos conejos, gallinas y patos que tenía o a las fincas para tratar de conseguir algunos huevos, aves de corral o cualquier cosa comestible.

Siempre le preocupaba la posibilidad de no poder alimentar a su familia, ahora agrandada. Entre sus labores típicas, reparaba la suelo de nuestros zapatos. Utilizaba pedazos de llantas de bicicletas viejas y las unía con pegamento o con clavos.

Yo duré mucho tiempo siendo introvertido. Hablaba muy poco y vivía despavorido ante la posibilidad de ser separado de esta familia que tanto me quería. Sentía pánico ante la idea de ver a los gendarmes volver por nosotros. Hasta el final de la guerra, viví atemorizado. Cada vez que veía a un policía el terror se apoderaba de mí y la adrenalina se disparaba en mi pequeña humanidad, llenándome de angustia.

Todas las personas de religión judía, incluyendo los niños, debían haber sido registradas en la Prefectura durante el comienzo de la Ocupación. Papá y mamá Ribouleau estaban enterados de esa ley y tener que violarla seguramente pesaba mucho sobre sus conciencias. Pero la promesa que hicieron a mis padres era sagrada para ellos. Nunca nos registraron.

Por encima de todo, papá Henri y mamá Suzanne estaban dispuestos a cumplir su promesa.

Los días eran monótonos y llenos de distintas emociones: temor, esperanza y tristeza. El amor que sentía por los que llamaba «mamá» y «papá», aumentaba cada día. Seguíamos a la espera de otra carta o comunicado de mis padres.

Papá Henri y mamá Suzanne jamás se atrevieron a contactar a las autoridades para indagar acerca de la ubicación y el estado de mis padres; eso implicaba llamar la atención de indeseados. *¿Dónde estarían?*

Varias veces a la semana había una congregación de prisioneros que se veía miserable, desnutrida y sucia. Cada uno cargaba una maleta o un bulto y marchaban sobre la calle principal en camino desde o hacia la estación de tren de Compiègne, a unos cuantos kilómetros de distancia de nuestro hogar.

El Campamento de Internamiento de Royallieu estaba ubicado a menos de un kilómetro de donde vivíamos. No podíamos hacer nada, pero siempre teníamos la esperanza de encontrar a nuestros padres en medio de esas personas.

Estaban vivos -ni siquiera habíamos considerado otras posibilidades- y volverían pronto. Al menos, estábamos convencidos de eso.

Para ir a la escuela, no teníamos otra opción que caminar sobre la «Rue de Paris», la calle principal que conectaba el centro del pueblo con el Campamento de Internamiento Royallieu. Esa calle siempre estaba llena de soldados alemanes que andaban a pie, en motocicletas, carros o camiones.

En aquel tiempo, caminábamos cerca de las casas o de las rejas. Esperábamos camuflarnos de alguna manera entre ellas para hacernos invisibles. Esa caminata, obligada dos veces al día, era tortuosa para nosotros. Cada vez que un camión, un carro o una motocicleta desaceleraba cerca de nosotros, jurábamos que nos arrestarían. Paralizado por el temor, me aferraba al brazo de mi hermana mientras ella se aseguraba que camináramos de manera casual, sin generar sospechas. Así que yo seguía en marcha como un robot, un pie detrás del otro, hasta que llegábamos a nuestro destino, la escuela o el apartamento.

Aún estando en el hogar o en la escuela, jamás me sentí a salvo. Nuestra asistencia a clases fue interrumpida en repetidas ocasiones cuando oíamos rumores de un acorralamiento cercano. Papá y mamá Ribouleau nos mantenían en el apartamento o escondidos en el sótano.

En una ocasión, no fui a la escuela por un potencial acorralamiento y perdí un examen importante. Cuando volví, al día siguiente, el profesor me hizo fallar el curso.

Le expliqué la razón por la cual no pude asistir a clase el día del examen y le pedí que me dejara hacerlo ese día. Tenía rabia y me dijo que no.

«¿Pero por qué, señor?» le pregunté. «Puedo tomar el examen ahora mismo si me permite. Me he preparado y sé que puedo aprobarlo»

«No, estabas ausente. Fallaste el examen. Siéntate», me dijo, claramente irritado.

Yo tenía ocho o nueve años. No le insistí. Sin embargo, aún me acuerdo de la desesperación y la sensación de injusticia que sentí y contra la que me hubiera gustado expresarme en ese momento. Preferí callar, pues no quería llamar la atención.

Tenía la sensación que a algunos profesores les incomodaba mi presencia. Todos sabían que yo era judío y me temía pensar que alguno de ellos me denunciara. Quería que me entendieran, pero nunca lo hicieron. Lo cierto es que mi presencia en el salón ponía en peligro, incluso, sus propias vidas.

La escuela de los niños estaba a la vuelta de la esquina de la escuela de las niñas y el kindergarten, en el «Boulevard Gambetta», una calle rodeada de árboles de castaño.

Cada otoño los niños se lanzaban castaños el uno al otro. En el invierno siempre había nieve. Los dueños de las casas quitaban la nieve y hacían caminos frente de sus hogares. Jugábamos en el hielo y nos deslizábamos. Todavía escucho los gritos de alegría de los niños durante los momentos de receso. Corríamos y nos perseguíamos el uno al otro por todo el parque de recreo. Uno de mis juegos favoritos se llamaba «motocicleta». Requería a dos personas. El que estaba atrás, «el conductor», se aferraba a su compañero que se sentaba adelante, que lo llamaban «el motor». Los dos corrían con rapidez, en busca de otros jugadores que trataban de evitar ser tocados por ellos.

También jugábamos con bolitas rojas de arcilla. Al otro lado del muro – que separaba el patio de las niñas del de los niños- las niñas jugaban rayuela y saltaban cuerda. Volvíamos al salón con las caras rojas y sin aliento.

Durante el recreo, la guerra parecía estar lejos. Curiosamente, nadie hablaba de ella; el tema se consideraba tabú. Supongo que los profesores no querían añadir más miedo y estrés a nuestras vidas. Ya teníamos suficiente con el sufrimiento que traía el diario vivir. Varios días a la semana llegaba la Cruz Roja y nos distribuía un vaso con leche y una galleta después del medio día.

Entre los niños, discutíamos sobre la existencia de Papa Noel. Yo creía en él, aunque nunca me traía casi nada. Algunos decían que no existía. Yo estaba convencido que ellos estaban mintiendo y me daba mucha rabia.

Todas las escuelas estaban bajo la jurisdicción del Gobierno Francés Vichy de Pétain*. En el salón de clase, había un cuadro grande del General Phillipe Pétain, Jefe de Estado. Una vez al día, teníamos que cantar «Maréchal nous voilà», «Mariscal, aquí estamos» y otras canciones, supuestamente, patrióticas que no tenían sentido para nosotros. Yo cantaba a la par con los otros niños.

El papá de uno de mis compañeros era dueño de una pequeña empresa. Vaciaba los pozos negros y los tanques sépticos. Era un hombre con mucha valentía. Muchas veces ayudaba a los internados en el campamento de Royallieu. A escondidas, les traía y les llevaba mensajes, poniendo en riesgo su vida. Los niños en la escuela se burlaban de mi compañero por el oficio de su padre. Éste no sabía cómo responderles ni dónde esconderse. Caminaba con los hombros hacia abajo, claramente afectado por las burlas de los otros niños. Afortunadamente

---

* Después de la derrota de Francia y la votación por parte de la Asamblea Nacional el 10 de julio de 1940, se le otorgan poderes extraordinarios al Mariscal Phillipe Pétain quien, a la postre, estableció el gobierno Vichy y dirigió la zona norte, ocupada por los alemanes, y la zona sur, ocupada hasta agosto de 1944.

no recuerdo que ninguno de ellos se hubiese burlado de mi situación, pero me sentía muy unido a este amigo.

Rachel también tenía unas amigas cercanas. Marie Leseur, una niña tranquila y tímida, que vivía en una de las cuatro calles que rodeaban el campamento, era su amiga íntima. Otra se llamaba Ginette Coppée y vivía al otro lado de la calle. En ocasiones caminábamos todos juntos a la escuela. Ginette era hija única y sus padres eran muy estrictos. Mi hermana también andaba con Micheline Vallée, quien vivía en nuestra calle. Su padre se ganaba la vida reparando radios. Rachel duraba muchas horas en esa casa y, con sus amigas, pudo mitigar el estrés de la guerra y vivir casi como una niña normal.

Mi hermana era una niña bonita, que siempre sonreía a pesar del miedo constante. Le costaba trabajo acostumbrarse a la vida bajo el techo de unos extraños, en un ambiente ajeno y a la necesidad de adoptar nuevos hábitos. Mamá Suzanne le pedía que ayudara con las labores de la casa como lavar la loza, el aseo general del hogar y coser la ropa. Ella nunca había tenido que hacer este tipo de cosas cuando vivía con mis padres; era obediente y dispuesta a ayudar, aunque de vez en cuando se rebelaba. Hubo algunos conflictos entre ella y mamá Suzanne.

Rachel recibía una revista semanal llamada «Lisette» y quería otra llamada «Fillettes». Se había acostumbrado a mis padres que nunca le dijeron «no», cuando pedía algo, supongo. Se enojaba cuando mamá Suzanne le decía «no», probablemente por no disponer del dinero suficiente. Rachel se acuerda, arrepentida, de haberle dicho alguna vez a mamá Suzanne «¡Usted no me quiere comprar esta revista porque no soy su hija!».

Rachel y yo, cuando estábamos juntos, nunca hablábamos de nuestros padres, pero siempre los teníamos en nuestras mentes y nuestros corazones. Era un tema sumamente emotivo. Los habíamos colocado en un «nicho», que no queríamos perturbar. Indagar sobre el tema hubiese sido demasiado doloroso y sensible. Si lo hubiéramos intentado, ni siquiera hubiéramos podido completar la frase, antes de ponernos a llorar.

Yo era un niño estudioso y no hablaba mucho. Mi hermana era más animada y habladora. En las fotos de la escuela, siempre sonreía. Es posible que su sonrisa haya sido un poco exagerada para hacerla parecer feliz, camuflarse con los demás y no atraer la atención. Les dijo a nuestros compañeros que nuestros padres estaban de viaje y que los Ribouleau eran nuestros tíos. No sé si todos le creían. Yo nunca hablaba acerca de mis padres y nadie nunca me hizo preguntas con respecto a ellos.

Por las tardes hacíamos nuestras tareas en el comedor. Papá Henri nos ayudaba de cualquier manera que pudiera. Ni mamá Suzanne ni él tenían un diploma de bachiller. Marcel y René habían adquirido el «Certificat d'Etudes», obtenido a los catorce años.

Cuando Rachel terminaba sus tareas, leía su revista o cosía. Durante casi un año, a pesar de todo el afecto que me daba mi nueva familia, yo lloraba todas las noches hasta que me dormía.

Debido a la falta de jabón y material de limpieza, hubo una proliferación de piojos y otras enfermedades a lo largo del país durante la guerra. Representantes de la Cruz Roja iban a nuestra escuela una vez al mes y nos inspeccionaban a todos. Cuando encontraban piojos, quitaban todo el pelo del niño o de la niña inmediatamente. Mamá Suzanne también nos inspeccionaba regularmente, por lo general un día o dos antes de que llegara la Cruz Roja a nuestra escuela. Cuando Mamá encontraba piojos, quitaba los huevos y las larvas con mucho cuidado y precisión.

Un día después de la inspección oficial, llegué a la casa con mi boina hacia abajo, cubriendo mis oídos. No se veía mi pelo. Apenas Rachel me vio, empezó a gritar: «¡Le quitaron el pelo!».

Muy apresurada, me quitó la boina y, aliviada, empezó a reírse cuando se dio cuenta que todavía tenía mi cabello oscuro y ondulado. Había caído en mi broma.

En 1944, la escuela «St. Germain», junto a otras escuelas en el pueblo, fueron tomadas por tropas alemanas y convertidas en hospitales militares. Nuestros salones fueron convertidos en apartamentos vacíos. Con la escasez de carbón y leña, no era posible calentarlos bien. Los inviernos eran fríos. No podíamos darnos el lujo de quitarnos los abrigos ni los guantes durante las clases.

Cuando los niños se portaban mal o no completaban sus tareas, algunos profesores los mandaban al corredor y los obligaban a ponerse un gorro llamado «un bonnet d'âne», o «gorro de burro». Tenían que quedarse en ese lugar, al lado del salón, con el gorro puesto hasta que terminara la clase. Todos los niños que pasaban por allí, se burlaban del castigado.

Yo tuve la suerte de escaparme de esa humillación.

¿Cuándo volveríamos a tener una vida normal?

Capítulo 9

Nuestra Vida Diaria

Mamá Suzanne pasaba gran parte de cada sábado lavando la ropa de seis personas. Unas escaleras llegaban hasta el cuarto de aseo al lado de los sótanos. Solamente lo iluminaba la luz natural de las ventanas pequeñas, cerca del techo. Un lavamanos estaba pegado a la pared. En el piso vacío había una estufa de gas. Encima de ésta había una tina redonda de tamaño mediano. Otra tina, redonda y más grande, utilizada para lavar y enjuagar, se encontraba encima de un trípode de madera.

Tener que llevar el agua hervida, desde la estufa hasta la tina, era una labor bastante peligrosa y estresante para la espalda. Además de la ropa, había que lavar las sábanas pesadas. Mamá Suzanne tenía que enjuagarlas, refregarlas, exprimirles el agua y luego colgarlas sobre un alambre, afuera, en el jardín. Los sábados eran agotadores. Las labores de la familia Ribouleau se habían multiplicado por nuestra presencia, y sé que Mamá Suzanne era consciente de esto.

El jabón que todos utilizábamos en el hogar se llamaba Savon de Marseille. Hasta este jabón de pobre calidad tenía que ser racionado. La barra no era más que una mezcla de ácidos grasos y aserrín.

Rachel y yo hacíamos lo posible para ayudar a Mamá Suzanne con las labores. Exprimíamos la ropa y las sábanas y la ayudábamos a colgarlas sobre los alambres, para secar al aire.

El cuarto de aseo no tenía calefacción. El único calor provenía de la estufa que servía para calentar el agua para lavar la ropa, pero el frío volvía rápidamente. Mamá Suzanne luchaba con sus dedos adoloridos y entumecidos por las bajas temperaturas.

Después que Rachel y yo empezáramos la escuela, Mamá Suzanne volvió al trabajo, donde laboraba para la Fuerza Aérea Francesa, ahora bajo el mando de los alemanes. Allá cosía paracaídas. Además de tener que lidiar con la larga jornada de trabajo, tenía que preparar la comida, aplanchar la ropa, arreglar las camas, y limpiar dos apartamentos. Todos ayudábamos. Mamá Suzanne jamás se quejó de los encargos adicionales que Rachel y yo le imponíamos. Todos nos reuníamos en la casa para almorzar. A pesar de tantas obligaciones, ella sacaba tiempo para coser y tejer.

Como era imposible encontrar materiales para tejer, Mamá Suzanne desembrollaba suéteres viejos. Yo la ayudaba con ese proceso. Enrollaba la lana en una bola, una labor que yo me tomaba en serio. Luego se envolvía alrededor de mis brazos extendidos. Después de eso se lavaba, y apenas se secaba, lo enrollábamos en bolitas para de nuevo desenrollarlo. De estos suéteres tejía suéteres nuevos y bufandas. Para nosotros esta ropa era como si fuera nueva.

Mamá Suzanne también hacía ropa, de sábanas de segunda mano, que Papá Henri conseguía en el mercado negro. Esas sábanas eran caquis del ejército. Después de teñirlas, las convertía en abrigos, chaquetas y faldas. Su máquina de coser era inestimable en esos tiempos tan difíciles.

Una vez al año, se restauraban los colchones. Una mujer que le decían la «matelassière», realizaba esta labor. Traía un aparato extraño al patio del edificio. Este equipo me intrigaba. Parecía como una máquina de tortura. Cada colchón estaba desensamblado. Me aterraba la cantidad de lana de oveja que salía. Se lavaba y se secaba todo el material del colchón. Por medio de la «máquina de tortura», se cogía la lana y se moldeaba para que volviera a su estado original. Yo observaba este proceso desde una distancia segura. Al final del día, los colchones estaban re ensamblados. Lucían como nuevos.

Nuestras vidas tenían un orden. Cada uno de nosotros tenía obligaciones que cumplir. Pelábamos los vegetales, barríamos y limpiábamos los pisos de las habitaciones y del comedor, encendíamos la estufa, traíamos la leña o las papas desde el sótano, entre otros. Instintivamente, Rachel y yo nos sentíamos culpables por la carga adicional que implicábamos para esta familia. Nuestra seguridad dependía de todos ellos.

Hacer el mercado era una de mis responsabilidades. Cada tarde, iba a la tienda con una lista. Ésta quedaba a media cuadra de nuestro hogar. Siempre había una larga fila de personas que llegaba hasta la acera, a veces había que esperar en esa fila por una hora o más. Muchas veces, yo llegaba a casa con menos de lo que Mamá había pedido, porque no había suficientes tarjetas de racionamiento o porque los productos simplemente no estaban disponibles.

Comprábamos pan a diario. Yo caminaba hasta la panadería, a poco menos de dos kilómetros del apartamento. El panadero, el señor

Hac, un hombre amable, había emigrado de España a Francia. Siempre me regalaba un pedazo de pan adicional que yo comía camino a casa. «Aquí, mi niño», decía guiñándome el ojo mientras sonreía. «Gracias, señor», le respondía.

Para mí el sabor del pan era delicioso, aunque los adultos se quejaban de él.

Tenía hambre y, para rematar, no sabía la diferencia entre el pan bueno y el pan no tan bueno; era demasiado joven para acordarme del pan que existía antes de la guerra. Para reemplazar la harina, de disponibilidad bastante limitada, se usaba salvado y aserrín. El mismo salvado era utilizado para alimentar a los cerdos y para hacer el jabón.

Sostenía el pan, con mucho cuidado, entre mis manos y contra mi pecho, mientras salía de la panadería. El señor me lanzaba una mirada de compasión, ya que estaba enterado de mi situación. Me sentía avergonzado. ¿Por qué?, aún hoy es difícil explicar. Me imagino que no me gustaba la sensación de ser diferente a los demás y no quería que la gente sintiera lástima por mí.

Puesto que no teníamos refrigeración en el apartamento, había que conseguir la carne todos los días. El señor Legrand, el carnicero, vivía en la esquina de nuestro hogar. Tenía dos niños, Maurice, el mayor, y Jacques. Papá Henri tenía que esperar, varias veces a la semana, en la fila de la carnicería durante dos o tres horas, antes que abriera. Se levantaba a las tres o cuatro de la mañana, tratando de hacer la menor cantidad de ruido posible, para no despertar a nadie. La mayoría de veces llegaba a la casa con las manos vacías. Una vez se presentó con un pedazo de pescado envuelto en papel periódico y una expresión de orgullo en su rostro.

«¡Miren lo que traje!» dijo con alegría. Enfatizó su placer con un gesto de la mano. Puso su paquete sobre la mesa y quitó el papel. Todos rodeamos el pescado, emocionados. Me paré sobre los dedos de mis pies para poder ver mejor. El fuerte olor a amoníaco nos picó las narices.

«¡Este pescado huele feo! ¡Huele a orina!» dijo Mamá Suzanne, sus manos sostenidas sobre sus caderas.

«¡Uyyy! ¡Debe estar pasado! Definitivamente no se pescó ayer,» añadió.

«¿En serio piensas eso?» Papá Henri preguntó, pensativo. Su cara de alegría se había desvanecido y observaba su premio con decepción.

«Creo que eso es normal. Todos los pescados de agua salada tienen este olor,» dijo.

Rachel y yo nos quedamos callados. A todos nos picaba el hambre en el estómago. Mamá Suzanne agarró el pescado maloliente, lo enjuagó durante un buen tiempo, lo metió en una hoya llena de agua caliente y lo cocinó con cualquier sazón que había disponible.

Ese día comimos algo que para nosotros era delicioso, nuestros estómagos estuvieron satisfechos, y nadie se enfermó.

Para poder alimentar a la familia, Papá Henri cultivó tres jardines de vegetales. Uno detrás de nuestro edificio de apartamentos, otro a unos cuántos kilómetros de distancia, cerca del río «Oise» y otro más en «Maison Blanche» (Casa Blanca) sobre la Rue de Paris, al otro lado del Campamento de Internamiento.

En la primavera y el verano cosechábamos todo tipo de vegetales como papas, tomates, zanahoria, lechuga y colinabo. Poder lograr salvar al menos alguna parte de la cosecha durante los inviernos, era un desafío. Las papas se mantenían en la esquina más oscura del sótano, para que no brotaran con demasiada rapidez.

Por falta de insecticidas y de cualquier otro modo de combatir las plagas, nuestros cultivos enfrentaban un peligro, los escarabajos. Estos insectos nocivos atacaban y destruían las plantas de papas, y encima de todo, se multiplicaban rápidamente. La única manera de controlar el problema era sacarlos con la mano desde las hojas, uno por uno, dos veces al día. A decir verdad ¡No era una actividad muy agradable!

Después de la escuela y durante los fines de semana, yo acompañaba a Papá Henri a nuestros jardines. Para ir al llamado «La Maison Blanche», había que pasar cerca del Campamento de Internamiento. Caminábamos sobre el lado contrario de la calle donde estaba localizado, porque era prohibido, para los civiles, caminar sobre el andén que lo bordeaba. Estaba rodeado de altos muros hechos en madera y, encima de ellos, había un cordón de alambres de púas. Varias torres de vigilancia, alrededor, reforzaban la seguridad. Los soldados alemanes rodeaban la acera, siempre armados con metralletas, lo cual me provocaba mucho temor.

A toda esa zona la llamaban «La Maison blanche» por una sola casa, de color blanco, en mitad de los jardines.

Yo agarraba la mano de Papá Henri con tanta fuerza que seguramente le dolía. Siempre me decía, en voz baja, «No tengas miedo, Leon. Estoy aquí. No tienes por qué preocuparte».

Después de superar este obstáculo, había otros por delante. Para llegar al jardín, debíamos pasar por la Maison Blanche, donde una manada de gansos, tan pronto nos veía, corría hacia nosotros, moviendo sus alas bruscamente, tratando de morder mis piernas. Estaba convencido que los alemanes los habían entrenado para ser agresivos. No podía correr con la suficiente velocidad como para escapar de ellos. Mi corazón latía fuertemente. Por supuesto, de los tres jardines, este era al que nunca quería venir.

En una de las esquinas de nuestra calle, donde se unía «Saint Fiacre» con «Saint Germain,» había una finca que pertenecía a un holandés. Cada tarde, como a las seis, Rachel y yo caminábamos hasta ese lugar para comprar leche fresca. Mi hermana cargaba el frasco de aluminio para recibir la leche. A veces dejaba que yo lo cargara. Me llenaba de alegría este gesto, porque significaba que ella confiaba en mí. Caminábamos por el borde de la finca, llena de telarañas y musgo. Para divertirnos, arrastrábamos nuestros pies por el suelo de tierra. La entrada de la finca era cerca de la «Rue Saint Germain.»

Para ingresar allí, habia que cruzar un pórtico alto, cuyas puertas estaban siempre abiertas. Se atravesaba entonces un patio barroso, lleno de aparatos para la finca, en donde deambulaban a su antojo, dos perros pastores alemanes. Mientras cruzábamos, nos ladraban de una manera espantosa, mostrándonos sus dientes, aparentemente dispuestos a atacarnos. Casi todas las tardes, mientras entrábamos al patio de la finca, veíamos a una o dos motocicletas del ejército alemán y a un carro parqueado al lado de la puerta de entrada de la casa principal, donde se conseguía la leche.

«Mira», le decía a mi hermana, en voz baja, mientras señalaba hacia las motocicletas. La mano con la que señalaba temblaba. «Están aquí».

«¡Quédate callado y no señales!», Rachel me ordenaba.

No podíamos dar la vuelta y largarnos. Nuestra familia necesitaba la leche. Me aferraba a la mano de mi hermana mientras nos acercábamos a la puerta de entrada, mi cabeza hacia abajo y mi corazón latiendo con mucha fuerza. La entrada daba paso a un cuarto grande, con una mesa larga a la derecha y otra mesa pequeña a la izquierda, con varias latas de leche encima. El granjero se sentaba en frente de una de las mesas, junto con varios soldados alemanes, y tomaban botella tras botella de vino mientras hablaban alemán y se reían. Todos tenían los cachetes rojos y parecían estar embriagados. Apenas entrábamos nos miraban. Nos dirigíamos, inmediatamente, hacia la otra mesa donde estaba la esposa del granjero, siempre de pie y nunca con una sonrisa, lista para llenar nuestra jarra con leche.

Nos daba pánico la posibilidad que el granjero, en su estado de embriaguez, dijera a sus amigos alemanes que éramos judíos. Era un hombre alto con un rostro largo y rojo. Cuando lo veíamos de pie me daba cuenta que tenía botas largas de caucho que casi llegaban hasta sus rodillas. Su esposa, siempre vestida con una bata negra, lucía infeliz. Se mantenía de pie en el mismo lugar todos los días. Observaba a su esposo en plena borrachera con los detestables soldados alemanes. Nos llenaba la jarra, de apenas un cuarto de galón, sin sonreír ni decir ni una sola palabra. Pagábamos inmediatamente y nos íbamos lo más pronto posible. No nos atrevíamos a correr para no atraer la atención. Pasábamos por donde los perros con la mayor rapidez que podíamos, pensando que en cualquier momento los soldados nos ordenarían detenernos, para luego arrestarnos. Nos tranquilizábamos un poco, solamente cuando pasábamos por la esquina de la «Rue Saint Germain» y la «Rue Saint Fiacre.»

Lamentablemente, teníamos que pasar por esa tribulación casi todos los días.

Papá Henri siempre mantenía una pila de leña al lado de nuestro edificio. Medía unos doce metros de largo por dos metros de alto. Le tocaba traer la leña desde el bosque, a unos tres o cuatro kilómetros de distancia, por medio de un carrito de mano con dos ruedas, y un arnés atado al carrito y envuelto alrededor de su cuerpo. René y Marcel lo ayudaban con frecuencia. Yo también los acompañaba en esas expediciones de búsqueda y corría al lado del carrito.

Se prendía la estufa de leña cada mañana. Se utilizaba para cocinar y calentar la cocina, donde todos permanecíamos cuando no estábamos durmiendo. Una segunda estufa en el comedor se prendía solamente los domingos y los festivos durante el invierno. La mayoría del tiempo, la puertas que desembocaban al corredor permanecían cerradas.

Las habitaciones eran muy frías en el invierno. Una hora antes de dormirnos, se solía calentar ladrillos en el horno de la cocina. Metíamos agua caliente en sacos de caucho y éstos, a su vez, se metían entre las sábanas frías y húmedas.

En el fondo del jardín había un gallinero donde criamos tres gallinas, unos cuantos patos y cinco conejos. Las gallinas se mantenían vivas mientras podían poner huevos, eventualmente terminaban en la olla. Para alimentar a los conejos tuvimos que coleccionar dientes de leon y grama, por las orillas de las calles, cerca a los prados. De vez en cuando, Papá Henri mataba uno de nuestros conejos para una cena un domingo, o festivo.

¡Qué festín! El aroma se difundía por todo el edificio. Sin duda, el olor producía cierta envidia por parte de nuestros vecinos. ¡Estos eventos eran excepcionales para nosotros!

Mientras escribo estas líneas, siento nostalgia al recordar el exquisito aroma del conejo, cocinado a fuego lento. En ocasiones he pedido conejo en los restaurantes que ofrecen ese menú, con la esperanza de volver a saborear esa misma delicia que hacía Mamá Suzanne, en aquella época. Siempre he terminado decepcionado. No he vuelto a encontrar ese sabor tan especial del que me acuerdo tan vívidamente.

En esa época no se botaba nada. Se vendían las pieles de los conejos al señor «Père Lapinpeaux» (Padre Piel de Conejo). Una vez a la semana este anciano, de cabello blanco y bigote largo, se acercaba a nuestra cuadra. Gritaba mientras andaba en su carreta de caballo:

«¡Pieles ... pieles de conejo! ¡Pieles ... pieles de conejo!»

Todos los niños, cuyas familias tuvieron la suerte de poder comerse un conejo, corrían hacia su carrito con las pieles de los conejos en las manos. Él les daba una moneda a cambio de las pieles.

«¡Gracias, señor!», gritábamos orgullosos de la moneda que guardaríamos con el alma.

Un día, para un festivo especial, se decidió matar un pato. Había un tronco de árbol en el patio, que servía para ese mismo propósito. Papá Henri trajo el pato de la gallinera y lo puso sobre el tronco. Mantuvo la cabeza con una mano mientras agarró el hacha con la otra. También nos acompañaba nuestro vecino, Marcel Clausse, quien sostuvo las piernas del pato. Yo me mantuve a una buena distancia, mi espalda contra la pared de nuestro edificio mientras veía, con cierto nivel de angustia, la ejecución del pato.

Papá bajó el hacha y decapitó el pato con rapidez y eficacia. Ambos hombres soltaron a la víctima sin cabeza, cuando de repente, inesperadamente, el pato sin cabeza se puso en pie y voló hacia el fondo del jardín.

«¡El pato! ¡El pato se está escapando!» gritaron.

Corrimos detrás del pato que volaba a unos seis metros por encima de nosotros. Voló sobre el muro del jardín y se desapareció en medio del prado extenso.

«¡Dónde está! ¡Carajo!» gritaba Papá Henri.

Nunca se halló el ave decapitada. Ese día nos tocó comer vegetales. La historia quedó plasmada en el libro de recuerdos de las familias Ribouleau y Malmed.

Salíamos a pescar una o dos veces a la semana en dos lagos pequeños conocidos como los «Etangs de Saint-Pierre», a unos dieciséis kilómetros de nuestro hogar, ubicados en medio del bosque. También pescábamos a orillas del río Oise. La mayoría de veces conseguíamos suficientes peces para la comida, y a veces, cuando contábamos con suerte, había incluso para uno o dos días más. Nuestras excursiones de pesca llegaron a su fin cuando los alemanes idearon su propio método para extraer los peces de los lagos. Empezaron a utilizar granadas y, por ende, agotaron la población de peces y nos privaron de una fuente importante de comida y de momentos de paz y descanso, una verdadera necesidad en una época tan estresante.

Papá Henri conocía bien el bosque. Los fines de semana, en el otoño, andábamos en busca de hongos, que servían para hacer, con huevos y otros vegetales, una receta que me encantaba.

Después de las noches lluviosas, salíamos por la mañana a buscar caracoles, que eran abundantes en algunas áreas conocidas por pocas personas.

Todas estas medidas eran indispensables para mantener la comida sobre la mesa.

Pasaban los días, las semanas, meses y años mientras esperábamos le Liberación de Francia y el regreso de nuestros padres.

Mamá Suzanne y Papá Henri se preocupaban por la falta de comida, el frío de los inviernos, la necesidad de conseguir ropa, y lo más crítico, el temor constante a ser denunciados.

Los alemanes habían confiscado todos los vehículos motorizados después de la ocupación. Mamá Suzanne y Papá Henri no tenían automóvil antes de la guerra, solamente utilizaban sus bicicletas para llegar al trabajo. Las bicicletas eran consideradas un lujo.

Entre las numerosas restricciones de la época, nuestra vida estuvo dominada por el toque de queda, desde las 8:00pm hasta las 7:00am.

Las únicas noticias que recibíamos, provenían de la radio. Aunque fuese estrictamente prohibido sintonizar Radio London, cada tarde, a las 7:00pm, los adultos la escuchaban con sus orejas pegadas al aparato. Casi todas las noches hablaba el General de Gaulle. Su discurso empezaba de la siguiente manera: «¡Français, Françaises!» (Franceses y francesas).

Era la voz de la esperanza. Radio London transmitía muchos mensajes en código Morse o mensajes codificados dirigidos a los Luchadores de la Resistencia. También transmitía mensajes destinados a subir la moral a las personas. Pocos días después que las Fuerzas Aliadas tocaran tierra en Italia y luego en Normandía, empezamos a plasmar sus posiciones en un mapa, con chinches de diferentes colores, marcando sus avances. Esta actividad diaria era imperativa para nuestras mentes y contribuía a mantener viva la esperanza de la existencia de una luz al final del túnel. También servía para unirnos con las personas que nos rodeaban y crear conversaciones entre las demás familias y los amigos. Cuando veíamos que las Fuerzas Aliadas avanzaban de manera significativa, sabíamos que derrotarían a los alemanes. ¿Pero dentro de cuánto tiempo?

Estábamos convencidos que pronto regresarían mis padres. Esta era nuestra gran esperanza cuando nos acostábamos cada noche y nos levantábamos cada día.

¿Pero cuándo? ¿Los reconocería?

Capítulo 10

Escasos Momentos de Paz

En 1944, la vida era extremadamente difícil y llena de tensión. No sólo debíamos permanecer bajo el temor constante de ser denunciados, sino soportar el hecho de no tener ni idea de dónde estaban nuestros padres. Esta situación era, sin duda, la que más dolor e incertidumbre nos causaba.

Sin embargo, entre los acorralamientos que logramos evitar y los rumores terroríficos, pude, en ocasiones, disfrutar con mis amigos en nuestra calle. Después de todo, yo era un niño normal. Me gustaba jugar con balones, correr detrás de los aros, o tratar de volar cometas. Me tocaba hacer mis propios juguetes. Pude convertir un viejo rin de bicicleta en un aro. Hacía cometas con ramas de árboles y papel usado o periódico.

Muchas cometas se destruían en sus primeros vuelos. Las volaba entre nuestro edificio y la casa de los vecinos, donde una corriente de aire las ayudaba a despegar, hasta un punto en que se estrellaban contra una pared. A veces las reparaba, pero en la mayoría de casos me tocaba hacer una nueva, con la esperanza de esta vez superar el techo de nuestro edificio.

Teníamos carreras de aros. Ocasionalmente perdíamos el control sobre ellos y terminaban en medio de donde jugaban las niñas. Ellas nos regañaban por haber interrumpido su momento de diversión. Les encantaba burlarse de nosotros, los niños, cuando veían nuestros rostros rojos y nuestros cometas rotos.

A veces pasaba un camión o motocicleta conducido por un alemán e interrumpía nuestros momentos de recreación. Los diez o veinte niños que jugábamos, de repente huíamos como una bandada de pájaros y nos escondíamos en lugares secretos.

Durante las Navidades o en la época de Pascua, Papá y Mamá Ribouleau invitaban al señor y la señora Renouard, sus amigos favoritos.

Se habían conocido en una época cuando Mamá y Papá Ribouleau vivían y trabajaban cerca de París. La amistad duró de por vida. Los Renouards vivían en Viroflay, un pueblo en las afueras de París.

Josette, Mrs Renouard, Rachel, Maman Suzanne, Leon, Papa Henri

Llegaron a Compiègne por tren. Admirábamos su vestuario «pre-guerra». La señora Renouard era asistente de un odontólogo. Había nacido en Alsace, un departamento francés cerca de la frontera con Alemania. Hablaba con un acento regional. Su esposo era pintor en la fábrica de Renault en París. Ambos eran personas muy amables.

Los acompañaba la hermana de la señora Renouard, Blanche, su hija bonita de 20 años Josette y, a veces, su hermano Lucien. Traían consigo un ambiente parisiense, que rompía la monotonía de nuestra cotidianidad. Nos traían regalos que nunca hubiéramos podido conseguir un nuestra pequeña ciudad de Compiègne. Siempre está-bamos muy felices de verlos. Era una fantástica diversión tenerlos, ya que hacia menos dura la vida gris que tuvimos que soportar. Para no-sotros, la familia Renouard era como de otro planeta y dadas nues-tras circunstancias, París, el centro del universo. ¡La capital de Fran-cia nos parecía tan remota y tan especial en aquella época!

Muchas de las personas que no vivían en París sufrían de un com-plejo de inferioridad hacia los parisienses. Se sentían inferiores a ellos. Nosotros, cuando se mencionaba París, pensábamos en nuestros pa-dres, ya que habían sido llevados a Drancy, en las afueras de París.

¿Aún estarían allá?

Para mí, Josette era una princesa. Me encantaba observarla cuando miraba hacia otro lado. Era tan hermosa, tan elegante. En muchas ocasiones se vestía de colores brillantes. Usaba guantes y un bolso moderno. Creo que Marcel estaba enamorado de ella, pero seguramente le intimidaba su belleza, su elegancia y su confianza capitalina. Nunca salió con ella, algo que hubiera gustado a ambas familias. Sé que a Papá y Mamá Ribouleau les hubiera encantado tenerla como nuera.

También nos reuníamos mucho con la familia Mouton. Éstos vivían en Compiègne. George Mouton era el hermano de Mamá Suzanne. Su esposa, Lucie, era enfermera en el hospital donde yo nací. Mi hijo, Olivier, nacería unos veinticinco años después en el mismo hospital.

George y Lucie tenían tres hijas. La mayor, una niña bonita llamada Georgette, había contraído el virus del polio cuando era joven. La enfermedad la dejó con la columna deformada. Las otras dos, Lucette y Jacqueline, tenían más o menos la misma edad que Rachel y yo. Todos nos entendíamos muy bien. Ellos vivían a la vuelta de nuestra esquina, en la «Rue de Paris». A veces jugaba con Jacqueline en su casa, el mismo lugar desde donde veíamos a los prisioneros deportados hacia los campamentos de exterminio.

La hermana de Mamá Suzanne, la tía Marie Germain, también vivía en Compiègne, pero casi nunca la veíamos. Era una persona controladora. Cada vez que nos encontrábamos con ella, Rachel y yo nos manteníamos en silencio, por miedo a que nos regañara por ninguna razón. Su esposo, André, era muy inteligente pero también era muy tímido, hablaba en voz baja y tartamudeaba. Muchas personas culpaban a su esposa por la condición de André. Su hija, Jeanine, le tenía pavor a su propia madre. Jeanine, en cambio, era bastante amable con nosotros.

Cuando teníamos visita, Mamá Suzanne se estresaba por tener suficiente comida para todos. La mayoría de las veces, comíamos un conejo o una gallina de nuestro gallinero, con vegetales de nuestros jardines. Siempre se hacía una torta casera con frutas provenientes del jardín. Me encantaba cuando nos visitaban; las conversaciones, los juegos con cartas, los paseos de pesca. Por unas cuantas horas al día, tratábamos de olvidarnos del estrés y la angustia de nuestra vida cotidiana bajo la sombra oscura de la ocupación alemana.

Había pocas distracciones y tiempo para descansar.

Pese a las circunstancias, Marcel Ribouleau iba a una sala de baile llamado Pinson. Aquí tocaban los músicos, principalmente los

acordeonistas y los pianistas. Era de las pocas fuentes de entreteni-
miento en el pueblo los fines de semana, con la excepción de los dos
teatros a los cuales nunca íbamos ya que era demasiado costoso y, por
lo general, mostraban películas de propaganda.

En ese entonces, René estaba saliendo con su futura esposa, Cécile,
una persona gentil e inteligente. Planeaban casarse después de la liberación. La boda se llevó a cabo el día 27 de octubre de 1945, pocos meses después de que Francia retomara su libertad. Después de trabajar
en un banco por dos años, René comenzó su carrera en la SNCF (Société Nationale des Chemins de Fer), el Ferrocarril Nacional, en 1943.

Jamás me acuerdo de haber celebrado mi cumpleaños durante los
años oscuros de la Ocupación, pero sí que siempre me emocionaba
la época de las navidades. Papá y Mamá Ribouleau eran católicos no
practicantes, como la mayoría de los franceses. Nunca supe si creían
en Dios, o no. Había un crucifijo colgado sobre sus camas. Solamente
asistían a la iglesia en ocasiones especiales como los bautizmos, las
bodas y los funerales. A Papá Henri le incomodaba ir a la iglesia en
estas ocasiones. No era partidario de la religión organizada.

A mí me gustaba ir con Mamá Suzanne a la misa de medianoche,
durante la Navidad, en la iglesia pequeña de Saint Germain. El interior de la iglesia era decorado e iluminado con velas. Esta celebración
nos entretenía y nos servía para salir un poco del ambiente oscuro y
sombrío del invierno. Hacia el final de la guerra era prohibido pren-
der las luces del hogar, cuando bajaba el sol, para evitar que las Fuerzas Aliadas nos descubrieran.

Cuando la señora Renouard nos visitaba con su esposo, durante la
época de las Navidades, nos acompañaba a la misa nocturna. Su esposo, que también se llamaba Henri, detestaba cualquier cosa que tu-
viese que ver con la religión. A mí me gustaba escuchar la música del
órgano y las canciones Navideñas del coro, aunque no conocía ninguna de ellas.

Hacia el final de la misa, la mayoría de las personas se ponía de pie
e iba hacia el sacerdote para recibir la comunión. Me sentía incómodo
y siempre me quedaba sentado, excepto una vez, en que para evitar
llamar la atención, decidí seguir a todas las personas hasta donde el
sacerdote. Recuerdo haberme sentido bastante incómodo mientras
esperaba en la fila. No tenía ni idea de que era la comunión y sentía
como si estuviera haciendo algo prohibido, aunque ni siquiera entendía por qué. Seguramente la respuesta estaba en la necesidad interior

de ser igual a los demás. Estaba cansado de sentir el rechazo.

El sacerdote no me prestó ninguna atención especial cuando puso la hostia sobre mi lengua, mientras mis ojos estuvieron cerrados. Volví a mi silla, confundido y con una sensación de culpabilidad.

Nuestra familia cristiana nunca trató de convertirnos. El tema de la religión nunca fue causa de ningún problema en la casa. Jamás se mencionó siquiera.

No obstante, a mi hermana y a mí nos inspiraba pánico el uso de la palabra «judío». Detestábamos esa palabra. Estaba ligada a las malas noticias. Provocaba recuerdos del arresto de nuestros padres y el peligro constante al que estábamos expuestos, día tras día. Borré la palabra «judío» de mi vocabulario durante muchos años, aún después de que la guerra llegara a su fin.

Después de la misa nocturna, nos congregábamos en el comedor y celebrábamos «le Réveillon» o la Nochebuena. Cada año, Papá Henri traía un pino pequeño desde el bosque cercano. Lo decorábamos con pedazos de hilado de diferentes colores y bolitas de algodón para simular la nieve. También se ponía algodón frente a la chimenea en la sala.

Mamá Suzanne sacaba el mantel más bonito para cubrir la mesa del comedor. Yo nunca esperaba recibir regalos, ya que no había. La cruel realidad mostraba que las fábricas donde antes se hacían juguetes para los niños habían sido convertidas en fábricas de elementos de guerra.

Pero yo siempre esperaba que Papa Noel me trajera alguna sorpresa. Creía mucho en Papa Noel.

Una mañana de Navidad, cuando tenía seis o siete años, hallé una naranja debajo del algodón alrededor del árbol de Navidad. ¡Qué regalo tan extraordinario! Había sido la primera vez en mi vida que había visto una naranja. La levanté con mucho cuidado, como si fuera un objeto bastante delicado. Tenía miedo que se me cayera. Le di varias vueltas en mi mano, cuidadosamente, mientras respiraba esta fragancia novedosa. No tenía ni idea de dónde venían las naranjas, pero presentía que venían de un lugar con mucho sol y el cielo azul. Cuando cerré mis ojos, sentí como si me hubiera transportado a un país exótico y lleno de colores.

¿Crecerían en árboles como las manzanas y los duraznos, o en la tierra como las papas y las zanahorias?

No había duda alguna de que Papa Noel había bajado por la

chimenea la noche anterior para traérmela. ¡La naranja emitía un olor que me generaba tanto placer! Encima de eso, su piel y su color eran tan extraordinarios que me negaba a comerla. La observaba todos los días, por mucho tiempo.

Mantuve mi naranja preciosa en un cajón. Eventualmente se endureció y se pudrió y nunca tuve la oportunidad de comérmela. Me dio tristeza, pero, a la vez, estuve agradecido por haber recibido un regalo tan novedoso. En otras Navidades recibí un suéter y una bufanda tejida por Mamá Suzanne o por Rachel. También recibí libros de nuestros amigos, los Renouards.

Cuando Papá Henri tenía tiempo, me llevaba a pescar al río. Había pocos botes comerciales en ese entonces. La calma del río inspiraba tranquilidad. Me daba una sensación de alegría cuando llegábamos a la casa con varios peces, que freíamos y comíamos desde la cabeza hasta la cola. Eran deliciosos. Para el señuelo, utilizábamos pan fresco que enrollábamos en bolitas pequeñas. No era fácil mantener estas bolitas de pan sobre el anzuelo. También usábamos gusanos que habíamos criado en de carne y aserrín en una lata. En ella se hicieron huequitos donde las moscas entraban y dejaban sus huevos.

A veces nos posicionábamos al lado de un tubo que botaba sangre de animales, desde el matadero hasta el río. Allí se mataban las vacas, los caballos, los corderos y los cerdos. Su sangre iba directamente al río a través de este tubo y atraía a los peces, mientras contaminaba este río hermoso. En ocasiones llegaba un soldado alemán vestido de civil y pescaba en ese mismo río. Hablaba con Papá Henri en francés. Una vez preguntó a Papá cómo se llamaba. Tenían conversaciones simples y de poca profundidad.

Ocasionalmente, en el verano, íbamos al lago Saint Pierre los domingos, a unos dieciseis kilómetros de nuestro hogar. ¡Era toda una expedición! Mamá Suzanne preparaba un picnic. Papá Henri halaba un remolque pequeño de dos ruedas con su bicicleta. Rachel y yo nos sentábamos encima del remolque, rodeados de la comida y los equipos para pescar. Papá Henri tenía las piernas fuertes. Las necesitaba para tirar de algo tan pesado con una bicicleta. Cuando era joven, había competido en carreras. Mamá Suzanne nos acompañaba en su propia bicicleta, mientras que René y Marcel pedían a sus amigos y vecinos que les prestaran sus bicicletas para ir con nosotros.

Salíamos temprano para asegurarnos de conseguir un buen puesto. Esperábamos que no se nos desinflara una llanta o que lloviera. Poníamos nuestra manta y todas nuestras cosas a la orilla del lago.

Antes del almuerzo, cuando el clima permitía, nos metíamos en la parte del río donde se podía nadar. En esa época se creía que había que esperar tres horas después de haber comido para poder sumergirse en el agua. Era fría y oscura. Yo no sabía nadar, pero de igual manera disfrutaba mientras brincábamos y nos echábamos agua el uno al otro.

Después del almuerzo, íbamos a pescar. Para pescar en el lago utilizábamos gusanos y lombrices de tierra como señuelo, los que hallábamos encima de las pilas de excremento en el fondo del jardín. Para atraer a los peces hacia nuestra área del lago, Papá Henri preparaba una receta «secreta». Luego me confesó los ingredientes. Usaba harina de salvado y a eso le añadía unas cuantas gotas de alcohol de Pastis o Pernod, que había sobrado de la época antes de la guerra. La mezcla se enrollaba en bolitas que lanzábamos preciso donde manteníamos nuestros flotadores.

Las mujeres se sentaban a nuestro lado, mientras tejían y hablaban.

Los peces que atrapábamos se mantenían en una canasta de alambre, la que asegurábamos atando a un palo, pegado a la ribera. Una tarde, logramos llenar la canasta hasta arriba con peces vivos. Mientras nos alistábamos para ir a casa, yo jugaba con la canasta y admiraba nuestra pesca excepcional. De repente se cayó de mis manos y terminó en el río. Entré en un estado de pánico apenas vi que cayó hasta el fondo del lago. El sol ya estaba muy bajo, y no podíamos ver la canasta con los peces adentro.

«Leon. ¿Por qué tuviste que jugar con la canasta llena de peces?» dijo Papá Henri, claramente enojado.

No sabía qué decirle. Estaba avergonzado de lo que había hecho. Había decepcionado a toda la familia. Quería perderme en el bosque que rodeaba el lago.

«Es hora de irnos. Debes volver mañana por la mañana cuando haya sol. Quizá lo puedas ver y sacarlo de alguna manera. Vamos», dijo Mamá Suzanne.

Durante todo el viaje de regreso escondí mi cara, atormentado por la deshonra que les había causado a todos. Había arruinado un día espectacular al perder una presa perfecta.

¿Qué comeríamos esta noche?

Al día siguiente nos levantamos bien temprano. Era un día brillante y con mucho sol. A las 6:00 a.m. estábamos en el mismo lugar. ¡Qué alegría! Veíamos a los peces moviéndose dentro de la canasta al fondo del lago. Papá Henri, recuperó la canasta sin problemas con una línea de pesca y un anzuelo grande. ¡Yo estaba tan feliz y aliviado! Todos los peces aún estaban vivos.

Todas estas salidas nos daban un respiro de las preocupaciones de la guerra, al menos durante unas cuantas horas.

Capítulo 11

Temor Constante

Milagrosamente, sobrevivimos y superamos los peligrosos obstáculos que tuvimos que enfrentar durante casi tres años.

Los alemanes, con la colaboración de las autoridades francesas, sabían donde vivíamos. Ya no había posibilidad alguna de fugarnos del pueblo. Igualmente, si lo pudiéramos hacer *¿Para dónde iríamos? ¿Quién nos cuidaría?*

La policía francesa había arrestado a nuestros padres en el mismo apartamento donde seguíamos viviendo durante toda la ocupación alemana. Mi hermana tenía casi diez años cuando deportaron a nuestros padres y, de acuerdo con las leyes de esos tiempos, ella debía portar la Estrella de David. Nunca lo hizo. Yo tampoco me la puse jamás. *¿Cómo lo hicimos sin ser detectados?* Estábamos escondidos en plena vista. Seguíamos nuestros estudios en la escuela. Jugábamos en la calle con los niños del vecindario e íbamos a la tienda de mercado o a la finca a conseguir la leche, diariamente.

Todas las personas que nos rodeaban estaban enteradas de nuestra terrible situación. Nunca cambiamos nuestros nombres. El pueblo estaba repleto de soldados alemanes y *SS*. Estábamos a merced de una denuncia por parte de cualquiera: de nuestros vecinos, nuestros profesores, los empleados del ayuntamiento y de otros posibles colaboradores. Cada momento de cada día nos sentíamos aplastados por el temor y el estrés. Algunos vecinos continuaban mostrando su preocupación a Papá Henri y Mamá Suzanne:

«¿Por qué siguen con estos niños? Están arriesgando sus vidas, junto con las de sus hijos. Pueden terminar deportados o hasta fusilados por andar escondiendo judíos. De todos modos los van a encontrar».

Ellos, en pocas palabras, estaban suplicándoles a Papá y Mamá Ribouleau que nos entregaran a la Gestapo. Por su parte, ellos daban siempre la misma respuesta:

«Les prometimos a Monsieur y Madame Malmed que cuidaríamos

a los niños hasta que volvieran. Estos niños no le están haciendo daño a nadie. Nos necesitan. Los protegeremos».

Cumplirían con su palabra hasta la liberación. Para ellos, el hecho de arriesgar sus propias vidas para protegernos se veía como natural. Estaban conscientes de los peligros que conllevaban sus acciones, pero la idea de entregarnos a los alemanes o a la policía francesa sería como entregar a uno de sus propios hijos. ¿Sería que, en algún momento, dudaron de los méritos de su decisión? No lo creo.

René y Marcel, ya adultos jóvenes, también estaban bien enterados del peligro de tenernos bajo sus hombros. Sin embargo, nunca dejaron de tratarnos como si fuéramos sus propios hermanos. Jamás demostraron celos ni rencor por nuestra ocupación de su espacio, aún sabiendo que había menos comida por nuestra culpa y que tenían que vivir, con nosotros, dentro del apretón del terror.

La familia Clausse, nuestros vecinos del primer piso, jamás compartieron la preocupación de algunos de nuestros otros vecinos. Al contrario, siempre nos mostraron amabilidad y apoyaban las decisiones de los Ribouleau.

Entre los vecinos a quienes incomodaba nuestra presencia había una pareja que vivía al lado de nuestra casa. Su esposo era cartero. Me acuerdo que tenía un bigote «a la Hitler» que le daba una sonrisa llena de ironía. Sonreía cada vez que nos veía y, de manera respetuosa, nos decía: «Bonjour monsieur». El rostro de su esposa siempre estaba rojo. Ella nunca sonreía y nosotros le teníamos miedo, porque parecía estar rabiosa todo el tiempo. En ocasiones, cuestionaba nuestra presencia con Papá Henri y Mamá Suzanne.

Un día, en un momento cuando estaba demasiado ocupada, Mamá Suzanne le preguntó si ella podría estar pendiente de nosotros durante media hora. Se negó con vehemencia. Nos inquietaba la idea de que nos denunciara. Aparentemente nunca lo hizo, a pesar de su comportamiento indiferente. Afortunadamente, muchos vecinos simpatizaban con nosotros.

La familia Bataille vivía a unas cuantas cuadras de nosotros. Tenían dos hijos, Paul y Jacques. Jacques era unos años mayor que yo y también mi compañero en la escuela. Su papá era veterano de la Primera Guerra Mundial; padecía de problemas pulmonares como resultado de los daños causados por las armas químicas, utilizadas durante la guerra. Murió en 1944, menos de un año antes de la liberación de nuestro pueblo. Varios años después, Paul Bataille me dijo que su papá le había dicho a la familia que jamás deberían hablar acerca de mi hermana y de mí cuando estuvieran fuera de la casa, para evitar problemas.

Dos veces al año la escuela daba a cada estudiante cierta cantidad de estampillas «anti-tuberculosis», diseñadas con el fin de obtener fondos para las investigaciones médicas para combatir dicha enfermedad, la cual mataba a miles de personas cada año.

Madame Bataille era una de las pocas personas que me dio la bienvenida con una sonrisa genuina y compró una buena cantidad de mis estampillas. Yo estaba ansioso por vender todas las que me habían entregado. Los profesores se enojaban si llegáramos a devolverlas. Me enorgullecía el hecho de poder participar en una recaudación de fondos para un fin tan positivo.

Después de haber vendido las estampillas, me encantaba escuchar el tintineo de las monedas en mi bolsillo y anticipaba, con emoción, la sonrisa del profesor cuando le dijera que las había vendido todas.

La familia Savouret vivió a unas cuantas casas de la nuestra. Monsieur y Madame Savouret vendían flores en la Plaza de la ciudad. Ella hablaba con un acento que se asemejaba al sonido de una avispa, típico de su pueblo de origen. Todos los residentes de ese lugar, ubicado a unas diez millas de Compiègne, hablaban de la misma manera. Confiábamos mucho en esa familia.

A menudo, mi hermana era invitada a jugar en la casa de Micheline Vallée, su amiga. El papá de Micheline tenía un taller para reparar radios, junto a su casa. Mientras trabajaba, usaba un delantal. A mí me parecía como un doctor de radios. En esa época aún no había televisores.

Durante la ocupación, a los judíos se les prohibió ser dueños de una radio, medida que no pesaba sobre las demás personas. Sin embargo, estaba estrictamente prohibido escuchar la señal de Radio London por las tardes. Esta prohibición correspondía a todos los ciudadanos franceses, no solamente a los judíos. Nosotros nos asegurábamos que nadie pudiera oír el sonido de dicha señal fuera del cuarto, donde permanecía el aparato.

En una ocasión, Monsieur Vallée fue arrestado y llevado al cuartel general de los SS donde lo interrogaron. Lo más probable es que algún cliente insatisfecho o persona celosa lo hubiese denunciado. Eran pocas las personas que salían del cuartel general para volver a su hogar. No obstante, él lo logró, y ello provocó una gran sensación de alivio entre su familia y todas las personas del vecindario. Eran muchas las personas que dependíamos de sus habilidades para mantener activa la señal de la radio, bastante frágil, mediante un sistema llamado «TSF» (inalámbrico), en funcionamiento.

En la esquina de la calle entre la Rue de Paris y la Rue Saint Fiacre se encontraba el carnicero, Monsieur Legrand. Su casa y su tienda estaban juntas. Me acuerdo de su cara roja y redonda. Era inusual ver a una persona con los cachetes rojos en ese entonces. La carne era escasa, casi inexistente, y la mayoría de nosotros vivía con menos de mil calorías al día. Ser carnicero le facilitaba, a Monsieur Legrand, alimentar a toda su familia. Dicha familia también arriesgaba su vida ya que estaban escondiendo a un niño judío, durante la guerra.

La familia Coppée vivía al otro lado de nuestra calle. Monsieur Coppée trabajaba para la Oficina de Correos, encargada del correo, el teléfono y el telégrafo. Su hija Ginette, iba a la misma escuela y estaba en el mismo salón con Rachel. Monsieur y Madame Coppée eran muy reservados y casi nunca socializaban con sus vecinos. Confiábamos en ellos también.

Nuestra libertad y, como ahora sabemos, nuestras vidas, dependían de todas estas personas. El error de dirigir una palabra a la persona equivocada implicaba la pérdida de nuestra libertad y nuestras vidas.

En ocasiones nos preguntábamos quién sería capaz de denunciarnos. ¿Será que todas las personas enteradas de nuestro caso eran nuestros amigos de verdad? ¿Alguno de ellos sería capaz de delatarnos a cambio de favores? ¿Se atreverían a romper el silencio a cambio de una tarjeta adicional de racionamiento? Obtener comida era una preocupación constante. Los jardines solamente ayudaban en el verano. Era imposible conseguir comida sin conexiones o algo de valor para canjear.

Seguíamos con el temor incesante que alguien, así fuera alguno de nuestros profesores, nuestros compañeros de escuela o nuestros vecinos de la misma cuadra, hablara acerca de nosotros con alguien que fuese capaz de denunciarnos o, peor aún, que algún conocido nuestro hablara directamente con las SS.

¿Quiénes eran nuestros amigos de verdad? ¿Quién podría ser simpatizante del régimen Nazi? ¿Cómo podríamos saber si una sonrisa era auténtica o si disfrazaba oscuros motivos? Nunca estábamos en paz.

Rachel y yo también vivíamos intranquilos al pensar que papá Henri y mamá Suzanne pudieran cansarse de cargar un peso tan agotador, como el que nosotros representábamos. Pero, a pesar de toda la presión recibida, ellos mantuvieron su promesa a nuestros padres y nos protegieron de los rumores, el temor, el hambre, los arrestos y la posibilidad de ser fusilados.

Casi al otro lado de la calle donde vivíamos, había una mujer que mantenía relaciones románticas con un oficial alemán. Un soldado de menor rango lo llevaba en un coche lateral a su apartamento, varias veces a la semana. Aunque siempre nos daba una sonrisa cuando nos veíamos por la calle, nos inspiraba mucho miedo la idea que ella pudiese contar a su amante acerca de los Ribouleau, la familia que escondía a dos niños judíos.

El día de la liberación de nuestro pueblo, los luchadores de la Resistencia la arrestaron, junto con todas las demás mujeres que fraternizaban con el enemigo. Se les despojó de todo el cabello. Luego fueron obligadas a ingresar en un coche de caballos, normalmente utilizado para cargar excrementos, en el que fueron llevadas en desfile a través del pueblo durante varias horas, mientras, a su paso, las personas las insultaban y abucheaban. Algunas terminaron presas. Nunca volvimos a saber nada de nuestra vecina. Hasta donde sabemos, no nos denunció o su amante decidió mantenerse en silencio.

Como vivíamos perpetuamente congelados del pánico, nos asustaba cualquier ruido. Los vehículos motorizados de los alemanes eran los únicos vehículos en las calles. Mucho tiempo después de mis padres haber sido detenidos por la policía francesa, me levanté en una ocasión al sonido de mis propios gritos -alrededor de las cinco de la mañana, justo la misma hora en que mis padres habían sido arrestados- convencido que había llegado mi turno.

Cada vez que veía un uniforme en la calle, el pánico se apoderaba de mí. Pero, a pesar de todo esto, nos vimos forzados a actuar de manera «normal» y enfrentar las miradas desagradables y, a veces, hostiles de las personas.

Iba a la escuela. Papá Henri y mamá Suzanne trabajaban cuando no estábamos bajo alerta. Seguíamos con la esperanza puesta en que los Aliados nos liberarían y que nuestros padres volverían por fin a casa. Estábamos desesperados con esta pesadilla y anhelábamos el día en que llegara a su conclusión, el día en que nuestras vidas volvieran a la normalidad para estar juntos de nuevo, viviendo una vida plena. Sin el temor de lo que podría suceder durante el próximo minuto, la próxima hora o el próximo día.

La posible victoria por parte de los Aliados nos llenaba de esperanza, aunque no sabíamos cuándo sucedería, si acaso nunca. A pesar de todo, seguimos viviendo en un mundo que estaba totalmente al revés.

Yo jugaba en la calle con los niños del vecindario. Cada tarde, la familia se agrupaba alrededor de la radio, con el nivel de sonido reducido para evitar ser descubiertos. Radio London (Londres) nos daba las últimas noticias sobre la guerra. También oíamos palabras de ánimo por parte del General De Gaulle*. Su optimismo alentó nuestra esperanza acerca del progreso logrado en batalla por las Fuerzas Aliadas y su inminente próximo triunfo. «La liberación vendrá pronto», decía.

Tal día era un sueño que parecía tan cerca, en ocasiones, pero realmente estaba muy lejano.

Papá Henri y mamá Suzanne permanecían en alto estado de alerta. Todo tipo de rumores circulaban regularmente. Siempre tenían que estar vigilantes. Cada vez que se enteraban de un acorralamiento potencial, nos sacaban de la escuela y nos escondían, a veces durante varios días.

Estábamos listos para fugarnos a través de los prados detrás de nuestro jardín, aunque no teníamos ni idea para dónde iríamos. Nadie se quería encargar de nosotros.

En esos tiempos, cada hora que pasaba era eterna. No nos movíamos casi, ni hablábamos. No nos acercábamos a las ventanas por miedo a que alguien nos viera. Cuando escuchábamos un motor en la calle, dejábamos de respirar. Nuestra calle, por lo general, era silenciosa. Esperábamos que, ni a los gendarmes, ni a los soldados, se les ocurriera venir por nosotros.

En ocasiones nos tocaba escondernos en uno de los tres sótanos, uno para cada apartamento. El olor a carbón y papas, ambos muy escasos, era fuerte. Solamente un bombillo colgaba de una cadena desde el techo. Lo manteníamos apagado por temor a que la luz nos delatara. Este pequeño espacio era oscuro y húmedo. Papá Henri había creado una estructura de madera para apoyar el techo en caso de caer una bomba directamente sobre nuestro edificio. Solamente cabían dos personas pequeñas, como mi hermana y yo.

Durante el invierno, teníamos que cubrirnos con una manta gruesa

---

* Charles de Gaulle (1890-1970) era el oficial francés de mayor rango que no aceptó el armisticio alemán. Se fugó para Londres, desde donde organizaba las Fuerzas Libres Francesas y divulgaba información por medio de la radio a los luchadores clandestinos y a la población general francesa.

para combatir el frío. A veces nos quedábamos en ese lugar durante varias horas. Cerraba mis ojos, aunque esto no era necesario ya que ningún rayo de luz jamás entraba en este lugar. Gracias a esto, no tenía que ver los ratones, las ratas ni los monstruos que seguramente vivían ahí. Cuando trataba de hablar, Rachel me callaba con un «chito». Sentía su mano sobre mi hombro, lo cual me tranquilizaba de inmediato.

La espera era angustiosa en este lugar tan oscuro, húmedo y frío. Me quedaba en silencio y, en mi mente contaba o recitaba algunos poemas que aprendí en la escuela. Pensaba en mis cometas. Pensaba qué rico sería si pudiera convertirme en uno de ellos en ese momento, para volar lejos de esta ciudad, llevado por la brisa. Quizá hubiera volado sobre la tierra y los océanos hasta el campo de labores donde me habían dicho que podrían estar detenidos mis padres.

Mi papá era sastre y mi mamá costurera. Seguramente estarían trabajando en una fábrica de ropa en ese lugar. Yo los podría ayudar. Quizá podrían aferrarse a mi cometa y venirse conmigo, yo los llevaría a un país libre donde todos seriamos libres y felices; reunidos de nuevo, por fin, las familias Malmed y Ribouleau.

Cuando la alerta terminaba, Papá Henri venía y nos sacaba de este agujero oscuro. Primero oíamos la puerta del sótano mientras abría. Papá Henri prendía la luz, que penetraba nuestros ojos acostumbrados a la oscuridad. Nos llamaba desde la parte superior de las escaleras para asegurarnos que todo estaba bien.

«Leon, Rachel, soy yo. Todo está bien. Se acabó la alerta. Salgan», nos decía con alegría.

Dejaba que mi cometa se escapara en el cielo lleno de nubes oscuras y espantosas y abriría mis ojos. Papá Henri nos daba la bienvenida con los brazos abiertos. Corríamos hacia él y nos acomodábamos entre sus brazos. «Todo está bien. ¿Tienen hambre?», nos preguntaba.

Subíamos las escaleras hasta el nivel de la tierra y después íbamos hasta el primer piso. Tambaleábamos por haber permanecido tanto tiempo sin movernos y, además, cegados por la luz brillante del día.

Mamá Suzanne nos recibía con una sonrisa enorme. En la mano cargaba un pedazo de pan o de fruta, generalmente una manzana del jardín cuando estaban disponibles. Nos sentábamos sobre nuestras sillas, masticando la comida lentamente, tratando de disfrutar cada mordisco lo más posible.

Volvíamos a pertenecer al mundo de los vivos. Así era nuestra vida hasta el final de la guerra.

Capítulo 12

Royallieu

El campo de internamiento y deportación de Royallieu quedaba cerca de la Rue Saint Fiacre, donde vivíamos. La única entrada y salida era por la calle principal de la Rue de Paris con la Rue du Mouton, por el costado norte; y la Rue Saint Germain, en el costado de atrás.

Los alemanes bautizaron a este campo de detención durante la guerra como Frontstalag 122.

Construido en 1913 sobre treinta y siete acres, sirvió de hospital militar francés durante muchos años. En junio de 1940, los alemanes se apoderaron del campamento y lo convirtieron en barracas del ejército. Pocos meses después, los soldados alemanes se mudaron para otra lugar y convirtieron este sitio en un campamento de internamiento para prisioneros franceses y británicos.

Frontstalag 122 fue dirigido exclusivamente por el ejército alemán, el Sicherheitsdienst. En poco tiempo llegó a ser un campo de internamiento enorme para prisioneros políticos, luchadores de la Resistencia y otros extranjeros capturados, como británicos, rusos e italianos. Además, a esta lista se sumaban los antifascistas y otro tipo de personas consideradas peligrosas por los Nazis. En general, entraban todos aquellos contemplados bajo las leyes raciales alemanas*.

Alrededor de un diez por ciento de los detenidos en el campamento era judío. Se mantenían en un área llamada el Campamento C. Las condiciones en este lugar eran similares a las de los campamentos de exterminio: hambruna, condiciones antihigiénicas y ningún tipo de cuidado médico.

Durante el terrible invierno de 1941-1942, no había calefacción y la comida y el agua eran escasas. Muchos de los judíos detenidos murieron antes de ser deportados. A partir del año 1942, todos los judíos

---

* Las Leyes de Raza de Nuremburg de 1935 privaron a los judíos alemanes de su derecho a la ciudadanía, otorgándoles el estatus de «sujetos» en el Reich de Hitler. De acuerdo a estas leyes, también era ilegal para los judíos casarse o tener relaciones sexuales con alemanes étnicos. También era ilegal emplear a mujeres alemanas con menos de 45 años de edad en los hogares de los judíos.

arrestados fueron enviados directamente a Drancy.

Entre marzo de 1942 y agosto de 1944, alrededor de 54,000 hombres y mujeres fueron internados en Frontstalag 122 durante varios días, semanas y meses. Durante la guerra, alrededor de 50,000 personas fueron deportadas a campos de concentración y exterminio, nombres que resuenan en nuestras mentes de manera siniestra: Auschwitz, Ravensbrück, Buchenwald, Flossenburg, Dachau, Sachsenhausen, Mauthausen y Neuengamme.

Desde la estación ferroviaria de Compiègne partieron cincuenta y cuatro convoyes con un promedio de mil personas por convoy y cien por cada vagón de ganado cerrado, 8.5 × 2.6 ó 2.7 metros por persona.

En la escuela, muchos de los compañeros de Rachel se habían distanciado de ella, como si mi hermana hubiera contraído una enfermedad contagiosa. Me imagino que se preocupaban por el hecho de estar asociados con una niña judía. La mejor amiga de mi hermana, Marie Lesueur, vivía sobre la Rue du Mouton, una de las calles que rodeaba el campamento. Marie era amable y gentil y bastante afectuosa con mi hermana. Este cariño le ayudaba a Rachel a soportar las difíciles condiciones.

La mayoría de las veinte o más casas al otro lado de la calle, que quedaban casi al borde del campamento, tenían un segundo piso, desde donde uno podía ver más allá de la reja del campamento. Los dueños de estas casas dejaban que entraran los familiares de los internados, quienes iban hasta el segundo piso con la intención de comunicarse con sus seres queridos, al otro lado de la reja. En muchos casos, ni siquiera contaban con la seguridad de saber si sus familiares estaban en ese campamento.

La Cruz Roja tenía poco éxito al tratar de obtener los nombres de los internados en cualquiera de los cincuenta o más campamentos de detención en Francia. Cuando al fin conseguían la información, se contactaban con los familiares de los internados y les proporcionaban información con respecto a la locación de sus parientes. Las familias venían hasta Compiègne, en muchos casos desde pueblos muy lejanos, que requerían uno o dos días de viaje, con la esperanza de poder ver y comunicarse con sus seres queridos.

Los internados provenían de todas partes de Francia y también del extranjero. Eran comunistas, curas, ricos, pobres y, todos, inocentes de algún crimen. Muchos habían sido denunciados por razones atribuidas a la envidia o la simple enemistad de otro. Algunos habían

sido acusados de canjear en el mercado negro, lo cual era una necesidad para sobrevivir en ese entonces. Entre los internados había intelectuales como el poeta Robert Desnos*[6].

Cada vez que un soldado fue asesinado o lesionado en al campo
de guerra por parte de la Resistencia, los alemanes acorralaban a una
cantidad de prisioneros civiles, al azar, entre 1 y 40, y los fusilaban.

Los alemanes acabaron con el único medio de comunicación entre los internados y sus familias cuando vetaron el uso de los segundos pisos de todas las casas que rodeaban Frontstalag 122.

Mi hermana y Marie empezaron a utilizar un subterfugio. Hacían
como si estuvieran jugando en la calle mientras gritaban los nombres
de los internados que algunas familias les habían dado. En ocasiones,
algún internado escuchaba su nombre y tiraba una bolita de papel a
través de la cerca para confirmar su existencia. Los contratistas que
suministraban comida y servicios también arriesgaban sus vidas -en
ocasiones- al divulgar mensajes a los internados.

En frente del campamento, sobre la Rue de Paris, los alemanes habían instalado unas barreras para impedir que los vehículos supera-
ran los ocho kilómetros por hora. También había una reja de madera
de tres metros y medio de altura que rodeaba el campamento. Servía para impedir ver hacia dentro desde afuera. Encima de la reja había tres alambres de púas. Los soldados permanecían en las torres de
vigilancia, día y noche, equipados con linternas inmensas y ametra-
lladoras. Los prospectos de escape eran casi nulos. Los civiles no podían caminar sobre las aceras que bordeaban el campamento. Los avi-
sos decían: «cualquier persona que se acerque a la reja será fusilado».

A pesar de todas estas medidas, hubo muchos intentos de escape
y cien detenidos lograron conseguir su libertad, gracias a los túneles
hechos durante el transcurso de la guerra.

Como la mayoría de los niños de esa edad, Rachel y su amiga estaban llenas de curiosidad. Se les había dicho en numerosas ocasiones que no se acercaran a la reja que estaba a unos diez metros de la
puerta principal de la casa de Marie-apenas al otro lado de la calle.

Una vez, sin poder soportar más la curiosidad, cruzaron la calle y
se asomaron por un hueco pequeño en la reja. Quizá Rachel esperaba

---

* El poeta francés Robert Desnos nació el 4 de Julio de 1900 en París. Fue arrestado
   en 1944 por la Gestapo como miembro de la Resistencia y murió de tifoidea el 8
   de junio de 1945 en un campo de concentración en Terezin, Checoslovaquia poco
   después de su liberación. Sus libros «Waking» (1943) y Country (1944) son entre
   los monumentos más poderosos de la poesía trágica y heroica de esa época.

un milagro al hallar a nuestros padres. Ambas niñas vieron varias barracas alrededor del patio donde la gente deambulaba. De repente llegó un soldado alemán y usó su rifle para asustarlas mientras les gritaba. Las niñas huyeron inmediatamente. Duraron mucho tiempo sin contarle a nadie lo que había sucedido ese día.

Los internos franceses estaban separados de los ingleses, los rusos, los belgas y los demás extranjeros. Tenían prohibido comunicarse con los otros grupos. La mayoría de los detenidos en Frontstalag 122 habían sido torturados después de su arresto. No sabían nada con respecto a su destino. Ningún internado sabía cuánto tiempo duraría en este campamento. Tampoco sabían para dónde iban los que salían de allí. Sin embargo, las condiciones precarias de este campamento no eran tan horribles como lo que habían sufrido en las cárceles francesas bajo el mando de las SS (los Nazis).

Pensaban que los mandaban para campamentos de trabajo en Alemania u otros países bajo ocupación. Mientras esperaban su partida, algunos jugaban cartas, fútbol con balones improvisados o cualquier otro tipo de juego para mantenerse ocupados. Otros organizaban presentaciones de teatro y realizaban conferencias –sin mencionar temas relacionados con la política ni la guerra.

Las condiciones en el campamento eran precarias. Había poca comida. No había ayuda ni equipos médicos. Las condiciones eran antihigiénicas y las camas estaban infestadas de bichos. No había la suficiente calefacción en las barracas. Cualquier actividad ayudaba a mantener la esperanza y prevenir la locura. Mantenerse activo era la única manera de subir la moral de hombres y mujeres, quienes no tenían la menor idea qué les traería el próximo día, la próxima semana o el próximo mes.

No recibían ninguna noticia de afuera y no tenían ni idea acerca de quién podría estar ganando la guerra. Si hubiesen estado enterados sobre lo que les esperaba al final de la jornada, muchos más hubiesen tratado de escaparse, y habría aumentado el número de rebeliones.

Parecido al proceso en Drancy, los internados en la lista tuvieron que pasar sus últimas horas en un edificio vacío antes de volver a embarcar en un tren a su próximo –y último- destino. Durante la noche se podía escuchar el sonido de rezos, cantos y gemidos. Algunos tenían esperanzas de mejores condiciones. Muchos escribían mensajes y los lanzaban del vagón del tren con la ilusión puesta en que alguien los hallara y los entregara a sus familiares. Muchos de dichos mensajes sí llegaban a sus destinos.

Los deportados no hubieran podido imaginar que estarían viajando en vagones de ganado, encerrados con cien personas más. Mucho menos que una gran cantidad de ellos moriría durante los próximos cinco días de sed, ahogo, agotamiento por el calor o al ser pisoteados por la misma muchedumbre, alterada y fuera de sí.

En ocasiones, familiares, informados por la Cruz Roja sobre la partida de sus seres queridos, llegaban hasta Compiègne para tratar de comunicarse o simplemente ver, así fuera por un instante, a su ser querido mientras caminaba desde el campamento hasta la estación ferroviaria.

Los mil deportados tenían que hacer el viaje de más de seis kilómetros a pie, rodeados de soldados alemanes acompañados de sus feroces perros pastores alemanes y también de los gendarmes franceses. Algunos de los deportados cargaban una maleta o un bolso, algunos una sábana, algunos llevaban pan -muchas veces enmohecido- y una salchicha que se les había dado la noche anterior. Los deportados eran conducidos desde el campamento hasta la estación ferroviaria como si fueran una manada de vacas. Esto se hacía por la mañana -bastante temprano- para evitar que los ciudadanos los vieran.

Los alemanes ordenaron a las personas –los que vivían por las calles principales- a cerrar sus ventanas y cortinas cuando los convoyes pasaban por esas calles. Los soldados en motocicletas que precedían los convoyes aseguraban el cumplimiento de esa ordenanza.

Había pocos peatones civiles a esa hora de la mañana. Sin embargo, nunca faltaban las personas valientes que intentaban, a veces con éxito, entregarles un pedazo de pan o cualquier cosa de comer a los deportados mientras susurraban la palabra «valentía» en sus oídos. Otros peatones miraban hacia abajo o dirigían la mirada en otra dirección, por miedo a que alguien los lastimara o simplemente porque no podían con la lástima que sentían por estos individuos.

Un día, cuando estábamos en la casa de tío Mouton, nos asomamos por las cortinas cerradas. Vi a una gran cantidad de estas pobres personas, en partida. No sabíamos que marchaban hacia una vida de esclavitud y luego –probablemente- a una muerte dolorosa. Muchos de ellos cantaban el himno nacional de Francia «La Marseillaise», o la composición de Beethoven «Hymne à la Joie» (Himno a la alegría), para tratar de animarse. Los familiares de los deportados, llegados allí con la esperanza de poder ver, abrazar y besar a sus seres queridos, lloraban y les soplaban besos desde la distancia. Las SS y la policía francesa (con sus perros bravos a la mano) los mantenían a raya.

El tren -con sus diez vagones vacíos- los esperaba en la estación para el viaje al infierno. Durante los próximos cinco días tratarían de permanecer vivos en un espacio estrecho, sin cupo para sentarse, con un balde de agua y un balde para excrementos por cada vagón. Por la ventana pequeña no entraba suficiente aire para que todos pudieran respirar. En las plataformas, muchos soldados con rifles automáticos y perros, impedían el acceso al ferrocarril de los propios trabajadores franceses, que debían trabajar en ese mismo lugar.

Los únicos que sabían el destino de estos convoyes eran los alemanes. Antes de partir, obligaban a los deportados a escribir en una tarjeta: «Me están transfiriendo a otro campamento. No me envíes nada. Espera hasta que tengas mi nueva dirección». Esta tarjeta sería enviada a sus familiares.

Apenas en el campamento, si es que sobrevivían a las selecciones, pocos de los deportados fueron autorizados a mandar una tarjeta o una carta -estrictamente controlada- a sus familias. Esto renovaba las esperanzas -ya agotadas- de muchos de los familiares y perpetuaba el delirio de bienestar, «là-bas», allá. Apenas los deportados llegaban a Auschwitz-Birkenau, u otros campamentos, tuvieron que lidiar con el terror de ver a los soldados de la SS y sus perros bravos, que se desaparecían entre la neblina de las noches oscuras en los campos de exterminio.

Las pobres almas, que pasaban por nuestras ventanas hacia los infiernos artificiales del Reich, ya parecían agotados por la falta de comida e higiene durante su estadía en Royallieu y la prisión francesa. Aún faltaba su llegada al campamento de detención. Nadie se podía imaginar los horrores que tendrían que soportar si aún estuviesen vivos después del transporte y la primera selección. ¿Quién se hubiera imaginado el trato tan salvaje que recibirían, al punto que sólo unos pocos sobrevivirían para contar la historia?

Hoy, más de sesenta años después y a pesar de todas las evidencias indiscutibles, de los miles de testigos, testimonios y confesiones, algunos aún se atreven a refutar el hecho de la existencia del Holocausto.

Durante la guerra, antes de dormir, pensaba en el día cuando mis padres volverían de este «là-bas», de dónde quizá vendrían los soldados con uniformes verdes por mi hermana y por mí. No sabía que este «là-bas» sería el lugar donde todas las personas, marchando desde Frontstalag 122 hasta la estación de tren, terminarían. El mismo lugar donde terminaron papá y mamá.

Capítulo 13

Acorralados

Miércoles, 19 de enero 1944. Vinieron a arrestarnos a Rachel y a mí. Tengo seis años y Rachel once.

Yo tenía gripe y no había ido a la escuela ese día. Papá Henri no fue a trabajar para quedarse conmigo. Rachel estaba en la escuela. Mamá Suzanne venía en camino al apartamento en su bicicleta a almorzar, como acostumbraba todos los días. Sin embargo, esta vez decidió tomar otra ruta, por alguna razón.

Mientras pasaba por el hogar de la familia Baugis, donde estaba escondido mi primo Charlot desde que sus padres fueron arrestados el día 19 de julio de 1942, vio el camión negro con varios soldados SS y otros con el uniforme de la milicia -abrigos largos de cuero y gorros negros- enfrente de la puerta de entrada. De repente Mamá Suzanne tuvo la sensación premonitoria de que su próxima parada sería en 17 rue St. Fiacre, nuestro hogar. Pedaleó con toda la fuerza que tenía en sus piernas para llegar cuanto antes. Unos cinco minutos más tarde estaba subiendo las escaleras –dos a la vez- hasta nuestro apartamento, sin aliento y gritando:

«¡Vienen en camino! ¡Escóndanse ya! ¡Rápido, rápido!».

Papá Henri y yo bajamos inmediatamente por las escaleras y nos fuimos para la casa de los vecinos. Eran las mismas personas que se habían negado a cuidarnos en una ocasión anterior. No había tiempo para irnos para ninguna otra parte. Tocó la puerta. La abrieron, pero solamente un poquito. Papá Henri explicó, de manera apresurada, la situación y preguntó si me podrían cuidar por un rato. Se negaron expresamente: «No insistas. No queremos problemas por culpa de estos niños. Ya te dijimos eso».

Volvimos al patio de nuestro edificio. Papá Henri, desesperado, miró hacia el muro de piedra al final del jardín y dijo: «Apúrate, Leon, sáltate sobre el muro. Atraviesa el prado hacia la rue Saint Germaine. Allá nos encontraremos en mi bicicleta. Si no me ves, vete para donde Tía Beauchard. No regreses. No hables con nadie. No demuestres miedo. ¿Me entiendes?»

«Oui, oui Papa, j'ai compris» - «Sí, sí, papá, entiendo», le contesté, pasmado del terror. «¡Corre, corre, corre!», dijo papá Henri. Me ayudó sobre la pila de excremento que se encontraba contra el muro y el gallinero. Me salté y aterricé al otro lado del muro. Corrí los otros dos kilómetros y medio, desesperadamente, atravesando el prado de trigo que estaba desnudo durante esta época del año.

Mientras corría, escuché el sonido del motor del detestable camión junto con las voces horrendas de los soldados SS. Papá ya se encontraba al otro lado del prado, esperándome. Me limpié del excremento sobre mis manos y el barro sobre mis pantalones antes de sentarme sobre la silla de su bicicleta.

Después de andar con la mayor rapidez posible, cubriendo unos siete kilómetros de distancia, llegamos a la casa de Tía Beauchard, la cuñada de papá Henri, la esposa de su medio hermano que había fallecido de cáncer unos años antes de la guerra.

Tía Beauchard era una persona frágil de unos sesenta años. Casi nunca sonreía. Su piel era amarillenta y crecían grupitos de barba sobre su quijada. No nos gustaba besarle, principalmente por esa razón. Siempre se vestía de gris o de negro. Las pocas ocasiones cuando la veíamos, nos miraba con desagrado y sospecha. Nunca nos demostró cariño. No entendía por qué su cuñado y su esposa estaban arriesgándose por unos niños que ni siquiera eran parte de la familia.

Era un día lluvioso. Llegamos emparamados. Cruzamos el patio enfrente de su edificio y subimos las escaleras hacia el apartamento en el tercer piso. Papá Henri tocó la puerta. Ella abrió pero no nos invitó a entrar. Papá Henri explicó la situación y preguntó si nos podíamos quedar por unos días. Yo mantenía la miraba hacia el piso para no ofenderla. De manera reacia, nos dejó entrar en su apartamento de una sola habitación.

«Solamente sería por unos días», repitió papá Henri. «¿Esconder a estos niños, estás loco? ¡Tú y tu esposa no están pensando de manera lógica!», gritó la Tía Beauchard.

Mientras tanto mamá Suzanne se había devuelto, todavía montada sobre su bicicleta, hacia la escuela de Rachel, con las esperanzas de poder interceptarla antes de que llegara a la casa para almorzar. La encontró caminando a unas cuadras de nuestro hogar. También vio mientras el camión SS cruzaba por la esquina de nuestra calle. Afortunadamente Mamá Suzanne logró recoger a Rachel en su bicicleta.

Ella y mi hermana se encontraron con nosotros en el apartamento de Tía Beauchard, quien estaba temblando de la rabia y el miedo.

Papá Henri sacó a mamá Suzanne del apartamento y le explicó la terrible situación. Rachel y yo permanecimos sentados, en silencio. Rachel estaba al lado mío mientras Tía Beauchard repetía: «No, no se pueden quedar conmigo. Es demasiado peligroso».

Mamá Suzanne decidió no volver al trabajo ese día. Alrededor de las 4 p.m. papá, con la ansiedad de saber qué sucedía en rue St. Fiacre y la necesidad de asegurarse de que las SS no dejaron a ningún vigilante cerca del edificio donde vivíamos, volvió a nuestro apartamento en su bicicleta. Se detuvo por el fondo de nuestra calle y vio que el camión permanecía enfrente de nuestro hogar y, algo que lo llenó de terror, vio mientras agarraron a su hijo René y lo metieron dentro del camión.

Paralizado de temor por su hijo, se mantuvo en la misma posición, mientras -seguramente- un sinfín de pensamientos horribles pasaban por su cabeza. Papá Henri pudo haber ido hacia los soldados alemanes y habernos ofrecido a cambio de su hijo. No lo hizo.

Él se mantuvo ahí durante mucho tiempo. Parecía como si las SS estuvieran esperando nuestro retorno o intentando obtener alguna información –interrogando a nuestros vecinos- con respecto a nuestra ubicación en el momento. Después de un tiempo -que pareció una eternidad, nos diría después- Papá Henri vio mientras René salió del camión, se montó sobre su bicicleta y pedaleó hasta el fondo de la calle donde estaba Papá Henri, sin saber que lo hallaría allí.

René se había enterado de que las SS tenían previsto arrestarnos a Rachel y a mí más temprano ese mismo día, pero por alguna razón milagrosa, había un tachito sobre nuestra dirección y no la pudieron leer. Decidieron ir a la siguiente dirección y volver después. Volvieron a la hora de almuerzo pero no estábamos. Nos habíamos salvado por unos pocos minutos.

Mientras René venía en camino a casa, vio a las SS enfrente de nuestro hogar. Era el acorralamiento agresivo del cual habíamos temido, y René decidió mejor no detenerse. Los soldados alemanes, seguramente enojados por no habernos encontrado, lo detuvieron mientras pasaba por ahí. Le preguntaron si sabía acerca de los niños Malmed. «No me suena ese apellido», les dijo. De todos modos lo obligaron a meterse al camión sin haberle pedido su tarjeta de identidad.

Había varias personas en el camión que él conocía y que lo conocían a él. Nadie dijo nada. Era un milagro que los SS no le hubiesen pedido sus documentos de identidad. Si lo hubiesen hecho, se habría descubierto su mentira y muy seguramente lo habrían llevado hasta el cuartel de las SS para ser interrogado y después deportado, o algo peor. El nombre Ribouleau estaba asociado con el nombre Malmed. ¡Quizá las SS estaban de prisa para ir a almorzar! Lo soltaron. Estuvo al borde de la tortura y luego la muerte.

El camión todavía estaba enfrente del edificio cuando Papá Henri, después de tener la seguridad de que su hijo estaba a salvo, decidió volver al apartamento de Tía Beauchard. Ella estaba parada en frente de su puerta con los brazos cruzados cuando dijo: «No quiero que ni tú ni estos niños duren ni un minuto más en mi apartamento. Has perdido la razón. Tienes que entregar a estos niños a los alemanes. ¡Vete ya o te denunciaré!».

Estaba asustada. Más asustada que nosotros. Su voz espantosa y sus gritos nos hicieron temblar. Los vecinos la escucharon, de eso estábamos seguros.

La noche se aproximaba. Seguramente los soldados nos estaban esperando en nuestro hogar. Se acercaba la hora del toque de queda. Había que tomar una decisión. De todos modos, la Tía Beauchard no quería tener absolutamente nada que ver con nosotros. No teníamos para dónde más huir. Estábamos en el mes de enero, pleno invierno, y hacía demasiado frío para poder dormir afuera. «Vámonos para la casa», dijo Papá Henri.

No había otra solución. Lo seguimos hasta la calle. Logró contener su rabia y decepción. Volvimos al apartamento a pie, llevando nuestras bicicletas al lado de nosotros sin montarnos encima de ellas, sin decir ni una sola palabra. Estábamos seguros de que los soldados nos esperaban.

Sin embargo, no había ni un soldado enfrente de nuestro edificio ni en el corredor adentro. Subimos las escaleras –lentamente- a la espera de escuchar un «¡Deténganse!» en cualquier momento. Nunca llegó. Entramos. René y Marcel nos esperaban. Dijeron que las SS no regresaron y que tampoco dejaron un centinela.

Nos acostamos con nuestra ropa puesta, convencidos de que las SS volverían a cualquier hora de la noche o temprano por la mañana. Nadie durmió esa noche. Cualquier ruido que oíamos nos hacía estremecer.

No fuimos a la escuela la semana siguiente. Nos quedamos en el apartamento, aislados del mundo externo, mientras permanecíamos en la sala o en el sótano a la espera de los soldados de la SS que seguramente llegarían en cualquier momento, gritándonos y dándonos órdenes. Cada sonido de motor en la calle nos dejaba paralizados. Me aferraba a mi hermana. Ella trataba de alentarme, como era de costumbre.

¿Cómo podríamos escaparnos de esta terrible situación? ¿Quién se arriesgaría para salvarnos, unos niños judíos?

Nadie por fuera de esta familia nos quería. No teníamos papeles de identidad. El único transporte era el ferrocarril, y las SS tenían todas las estaciones bajo vigilancia. Cada persona que se montaba en un tren tenía que mostrar su identificación. De todos modos ¿para dónde iríamos?

Al recordar que nuestros padres no tuvieron casi tiempo para empacar sus cosas, Mamá Suzanne preparó un paquete para cada uno de nosotros con ropa limpia, dos pares de zapatos, jabón y comida en caso de que volvieran las SS.

Después de varios días con un nivel de ansiedad incontrolable, Papá Henri fue hasta el cuartel de las SS y solicitó hablar con el soldado alemán Hoffman, el hombre con que había tenido varias conversaciones casuales a la hora de pescar.

Hoffman le había dicho a papá Henri que se acercara a su oficina en caso de tener cualquier problema. Solamente había visto a este soldado alemán en ropa civil. No tenía ni idea cuál era su rango, pero, teniendo en cuenta la manera como se comportaba, imaginó que era un oficial. Después de varios minutos, papá descubrió que Hoffman era el comandante del Cuartel Alemán, el Kommandantur, en Compiègne. Nunca supimos si era parte de las SS o del Wehrmacht*.

Éste aparentemente sabía que la familia Ribouleau nos estaba escondiendo. Cuando Papá Henri explicó por qué fue a verlo, Hoffman le dijo: «No se preocupe. No se le harán nada ni a su familia ni a los niños. De ahora en adelante, no enfrentarán peligro mientras yo esté aquí».

Papá Henri sintió como si le acabaran de aliviar de un peso enorme sobre sus hombros. Estaba pasmado de ver a este hombre, que solamente había conocido en ropa civil, que parecía como una persona civilizada, que le gustaba ir de pesca igual que a él, ahora detrás de un escritorio enorme, uniformado de tal manera y con un cargo tan importante.

Volvimos a la escuela y seguimos con nuestra vida común y corriente. Papá Henri y Mamá Suzanne volvieron a sus trabajos. ¿Por qué será que este hombre nos protegió? Jamás lo sabremos.

---

* Los Wehrmacht eran las fuerzas armadas regulares de Alemania. Los Waffen SS era la rama militar del Partido Nazi.

Algunas semanas después, una mujer bien vestida con muchas joyas puestas vino a nuestro apartamento. Le explicó a papá Henri que era su responsabilidad proteger a los niños judíos. Quería llevarnos a un lugar seguro hasta que terminara la guerra. Papá Henri no se sintió cómodo hablando con esta señora y ésta no le generó confianza alguna. No dijo cómo sabía acerca de nosotros y papá Henri negó su oferta de manera categórica. Se acordó de la promesa que les había hecho a nuestros padres el 19 de julio de 1942.

La señora estaba un poco molesta dijo: «Está mal». «Estos niños no están seguros con usted. Las SS los van a encontrar fácilmente».

«Por favor no insista», dijo Papá Henri. Y casi la echó a patadas. Nunca volvimos a saber nada de ella y jamás nos enteramos quién era o para quien trabajaba.

Años después, en 1953, Josette y Lucien Zinc, amigos de París, decidieron visitar el castillo de Compiègne*. Eran las 4:45 p.m. Cuando se acercaban a la entrada del castillo, el asistente les dijo que las visitas eran hasta las 4:30 p.m. Tendrían que venir el día siguiente. Mientras salían, decepcionados, de repente vieron que el asistente dejó entrar a una pareja que hablaba en alemán.

Lucien, quien hablaba el alemán con fluidez, volvió donde el asistente y le preguntó: «¿Por qué dejó que ellos entraran al castillo y nosotros no?».

«Ese es el señor Hoffman, el ex-comandante del Kommandantur de Compiègne», dijo el asistente, mientras levantaba sus manos en el aire como si dijera: «¿Cómo no vas a saber quién es él? ¿No es obvio?».

Lucien, sorprendido por lo que había sucedido, se lo contó a Papá Henri. No tenía ni idea que Papá conocía a esta persona. Es posible que este hombre haya salvado mi vida y la de mi adorada hermana. Papá Henri recordó cómo lo había conocido, mientras pescaba por el río Oise, sin saber quién era hasta que fue a verlo en el Kommandantur.

«Estoy convencido que él protegió a Leon y Rachel. Jamás sabremos por qué, pero no fue por accidente que logramos sobrevivir a los acorralamientos por más de dos años», dijo papá Henri.

Desafortunadamente, este no fue el caso de nuestro primo Charlot y veinte miembros más de nuestra familia.

---

* El Château de Compiègne era una Residencia Real Francesa durante el verano. Fue terminada en 1786.

Capítulo 14

Charlot

Sucedió el día domingo, 19 de julio de 1942, el mismo día y a la misma hora en que mis padres estaban en el proceso de ser arrestados. Un equipo de gendarmes franceses, trabajando en colaboración con la Gestapo, estaba arrestando a Tío Joseph y Tía Madeleine Malmed.

Vivían sobre la Rue du Puget, a unos quince minutos –a pie- de nuestro hogar. Su hijo Charles (Charlot), como era su apodo, estaba a tres meses de cumplir cuatro años de edad. Mis tíos tenían una muy buena relación con sus vecinos de al lado, la familia Baugis.

El señor y la señora Baugis tenían dos hijas, Yvette, de veintidós años de edad, y Rolande, de diecinueve. Su hijo, Roger, el mayor de todos, tenía veintiséis años. En ocasiones Tío Joseph le pedía ayuda con los arreglos de la casa a Monsieur Baugis, quien era muy hábil con sus manos y, a cambio, mi tío hacía todos los arreglos de la ropa para su familia. Se complacían ayudándose unos a otros.

Poco después de las cinco de la mañana de ese día, rodeados por varios policías franceses, Tío Joseph y Tía Madeleine tocaron la puerta de sus queridos vecinos, los Baugis. El señor y la señora Baugis ya se habían despertado por el alto sonido de las voces. Tío Joseph, claramente estremecido, se lanzó a los pies de sus vecinos y les rogó que cuidaran a su hijo, Charlot. Los Baugis aceptaron sin reservas. Tío Joseph les entregó la llave de su casa. Si no hubiera sido por la compasión del señor y la señora Baugis, Charlot, un niñito de cuatro años, hubiera tenido que vivir solo en la casa. Encontrarse en semejante situación es la peor pesadilla de cualquier padre.

Tío Joseph y Tía Madeleine, alterados por la emoción, besaron al señor y la señora Baugis antes de ser halados y llevados por las autoridades. Éstas no les permitieron volver a entrar en su propio hogar para despedirse de su hijo.

Jamás lo volverían a ver.

Charles («Charlot»), Rachel, y Leon, 1941

Después de su partida, los Baugis corrieron hasta la casa de mis tíos, donde el pequeño Charles estaba durmiendo. Con el paso del tiempo, la familia Baugis llegó a sentir una fuerte conexión con Charlot. Era un niño precioso que se portaba bien. Todos los días acompañaba a Yvette, la mayor de las dos hijas, a la escuela Notre-Dame-de-Bon-Secours, una institución privada de índole religioso, donde ella era profesora de pre kínder. Cada vez Yvette se encariñaba más con el niño, y ese cariño era recíproco. Charlot también la quería mucho. Yvette se convirtió en la segunda madre de Charlot, literalmente.

Los hermanos de Yvette, Rolande, y Roger, trabajaban en el pueblo.

Toda la familia llegó a adorar a Charlot como si fuera su propio hijo. Los Baugis estaban totalmente comprometidos con el bienestar de Charlot. Dicho compromiso se asemejaba al que Papá y Mamá Ribouleau tenían con nosotros. Monsieur Baugis también trabajaba con la organización, los Aérostiers, con Mamá y Papá Ribouleau.

Pasaron más de dos años. El día 19 de enero de 1944, un vecino de los Baugis vio hombres en ropa civil observando la calle. El vecino se montó sobre su bicicleta y pedaleó velozmente hasta donde trabajaba el señor Baugis con el fin de alertarlo del peligro potencial. Sospechó que alguien tenía la intención de llevarse a Charlot. Todas las personas en esa cuadra adoraban a Charlot y sabían de su precaria situación.

Cuando el señor Baugis llegó a su casa los SS ya estaban enfrente de su residencia para arrestar al niño Charlot. Pero Charlot no se encontraba. Estaba con su adorada Yvette en la escuela. Un vecino, sin darse cuenta de lo que en verdad sucedía, le dijo al SS donde lo podría encontrar en ese momento.

Los soldado fueron hasta el colegio. Irrumpieron en el salón de Yvette Baugis y le ordenaron a ella y a Charlot seguirlos hasta el camión. Yvette, claramente pasmada, protestó por la interrupción tan agresiva de su clase, provocando pánico en los niños.

«¡Silencio!» ordenó el oficial de la SS. «Estás escondiendo a un judío en tu hogar. ¿Conoces el castigo por esconder a judíos?».

Yvette continuó en protesta: «Ni siquiera tiene seis años; es un bebé. Llévame a mí mejor. Yo puedo trabajar. Puedo servirles de algo», les dijo.

«¡Cállate! Tú no tienes sangre judía. ¡Él sí!», respondió el oficial.

«¿Y mi clase?», preguntó Yvette.

Los niños en la clase estaban tan trastornados y asustados que algunos se mojaron en los pantalones. Los oficiales se llevaron a Yvette y a Charlot para su hogar en la Rue du Puget, donde los esperaban los colaboradores franceses y más soldados alemanes.

De alguna manera, toda la familia Baugis había regresado a la casa. Cuando vieron que Yvette y Charlot bajaban del camión de las SS, sabían la dimensión del peligro que enfrentaban.

Madame Baugis le rogó al oficial SS para que la dejara quedarse con Charlot: «Ni siquiera tiene seis años. Míralo. ¿Tiene el semblante de un criminal?».

Monsieur Baugis, al igual que su hija y su esposa, les rogó: «Solo es un niño. No ha cometido ningún crimen. Llévame a mí mejor. Yo puedo ser útil para el ejército alemán. Deje al niño con mi esposa».

«Bien», dijo el oficial con un tono de arrogancia. «Métanse todos al camión, el judío también. Los voy a arrestar a todos por andar escondiendo a judíos».

Finalmente, el oficial de la SS, careciendo de una orden oficial para arrestar a más personas además de las personas en la lista, soltó a la familia Baugis y solamente se llevó a Charlot.

De manera apresurada, Yvette agarró una bolsa y metió ropa, comida, unas galletas y unos dulces dentro de ella. «Aquí, mi amor, llévate esto. No lo sueltes. Volverás pronto. Sé valiente», le dijo Madame Baugis, ahogándose en sus propias lágrimas que no podía controlar, tratando de no asustar más al pequeño Charles. Lo besaba de manera continua mientras lo mantenía contra su pecho como solía hacer en el transcurso de los últimos dos años. Charlot era la adoración de la familia Baugis. Cada miembro de esta familia estaba dispuesto a ofrecer su propia vida por él. Un soldado SS arrancó el niño de sus brazos y lo metió en el camión como si fuera una pila de ropa sucia.

En ese mismo momento, Yvette tuvo la premonición que jamás volvería a ver a Charlot.

Rolande Baugis, la hija menor, agarró su bicicleta y siguió al camión cuanto pudo. Cuando el camión se detuvo, pudo alcanzarlo y le preguntó al conductor para dónde iba. Le dijo a Rolande que iban para Chantilly, un pueblo de veinticinco mil personas a una hora de distancia, como seguramente le habían instruido los alemanes que dijera.

Rolande corrió hasta la estación de tren donde tenía previsto embarcarse en el primer tren hacia Chantilly. De alguna manera, notó que el tren no iba hacia Chantilly sino hacia Creil o Drancy. Ambos pueblos quedaban a más o menos una hora de Compiègne. Dejó su bicicleta atrás y se embarcó en el tren. Terminó en Drancy. Allá estaba Charlot, pero ella no sabía. ¡Estaban separados por un muro!

Rolande no pudo entrar en el centro de detención, que estaba bajo el control de la Gestapo. Ni siquiera pudo confirmar que Charlot estuviera allí.

Los documentos muestran que Charlot, quien aún no había cumplido sus seis años de edad, partió de Drancy en un tren hacia Creil el día 20 de enero de 1944, en el convoy Nº 66. En este convoy había 221 niños, 515 mujeres y 632 hombres, un total de 1368 personas. Un convoy típicamente transportaba alrededor de mil deportados. Este estaba excepcionalmente repleto.

Es difícil imaginar cómo este niño de seis años, con menos de un metro de estatura, hubiera podido lidiar con semejante estrés, estando totalmente solo, dentro de este vagón para ganado, encerrado durante tres o cuatro días. ¿Qué pudo haber pasado con este niño quien no tenía espacio ni para sentarse, con cuarenta niños más y probablemente más de sesenta adultos?

Según Suzanne Birnbaum*, quien sobrevivió Auschwitz y estaba en el mismo convoy con Charlot, el tren partió a las 6:00 a.m. el jueves por la mañana y llegó a Auschwitz alrededor de las 12:30 a.m el domingo por la mañana, 23 de enero. Cien o más deportados habían viajado por tres días en un vagón de tren mientras las temperaturas bajaban a menos de cero grados, sin comida y prácticamente sin agua.

Birnbaum se acuerda que un niño seguía repitiendo: «Mama, me va dar mucho miedo, mamá, me va dar mucho miedo».

¿Habrá sido Charlot? ¿Logró sobrevivir el transporte? ¿Fue pisoteado en este vagón de ganado repleto de personas? ¿Habrá muerto de miedo o de estrés? ¿Murió de sed o en la cámara de gas o será que lo lanzaron, vivo, en un hoyo de fuego abierto? Jamás lo sabremos. Lo repito. ¡Tantas preguntas sin respuestas!

Las puertas del vagón de ganado, cerradas con candado en Creil, Francia, de donde habían partido, volvieron a abrir tres días después en Auschwitz-Birkenau, una noche oscura y helada en enero de 1944. Los detenidos, cegados por las luces de los focos inmensos, oyeron el sonido de los perros que ladraban y vieron los centenares de soldados de la SS mientras gritaban órdenes y los golpeaban indiscriminadamente.

Los que permanecían con vida fueron forzados a montarse encima de una rampa con sus maletas, o lo que sobraba de éstas. Si Charlot todavía estaba vivo en ese entonces, lo cual es dudoso, ¿cuál habrá sido su reacción? ¿Cómo llegó del tren hasta la plataforma? ¿Qué pensamientos rondarían por su cabecita tan joven, al ver la imagen terrorífica de esqueletos vestidos con piyamas a rayas?

Las personas nuevas, agotadas y horrorizadas, estaban obligadas a brincar sobre la plataforma mientras los soldados los golpeaban.

¿Será que Charlot gritaba los nombres de sus padres, esperando encontrarles al final de esta terrible jornada? ¿Lloró? ¿Gritó? Con el fin de callarlo ¿le habrían proporcionado un golpe mortal? ¿Lo habrían lanzado a un hoyo donde tiraban a los niños para matarlos? ¿Murió, acaso, en el horror de la cámara de gas entre adultos deshumanizados, desnudos, y niños, pisoteándose los unos a los otros en un esfuerzo desesperado para respirar?

---

* Suzanne Birnbaum escribió sus memorias: *Une française juive est revenue* (Paris: Éditions du Livre français, 1946)

Espero con todo mi corazón y mi alma que haya partido de este mundo durante el transporte sin haber tenido que enfrentarse a los horrores de Auschwitz-Birkenau.

Cada vez que me encuentro con mis nietos, no puedo dejar de pensar en el final trágico de Charlot. En esos momentos se me hace muy difícil controlar la tristeza que aún corroe mis huesos, cuando me llegan pensamientos de aquella época.

Hasta ahora, no he hablado con nadie acerca de las posibles atrocidades que pudo haber enfrentado el pequeño Charlot. Nunca hablé con mi familia acerca del destino de los niños judíos bajo la ocupación alemana. No quería asustarlos y meter una espina en sus momentos de felicidad. Mis nietos han crecido y espero algún día poder hablarles acerca de las increíbles atrocidades que fueron cometidas en contra de nuestra familia y de millones de personas inocentes.

Es importante que aprendan la historia del Holocausto. Es importante que aprendan sobre el destino de seis millones de judíos, y de los veinte miembros de nuestra familia que perdieron sus vidas, en condiciones tan salvajes, que muchos, hoy en día, ni siquiera podrían imaginarlas.

Charlot, mi primo,
3 años de edad

Capítulo 15

La Liberación

Junio 6, 1944. El aterrizaje de las Fuerzas Aliadas en Normandía nos llenó de esperanza. La victoria parecía estar cercana. Papá Henri, con un tono de nerviosismo mezclado con alegría, sonrió y dijo: «La guerra acabará pronto. Estamos ganando».

Las tropas alemanas estaban recibiendo un golpe duro, perdiendo muchos soldados por muerte o lesiones graves. Las escuelas, convertidas en hospitales, se llenaban rápidamente con soldados alemanes en malas condiciones. Fue ésta la primera vez que vimos la vulnerabilidad del enemigo. Nos producía alegría saber que no eran invencibles y el hecho de ¡al fin! verlos sufrir.

Los bombardeos aéreos, ahora más frecuentes, interrumpían nuestras clases. Compiègne, centro ferroviario estratégico, era un blanco de las fuerzas Aliadas.

Aunque los bombardeos eran extremadamente peligrosos, irónicamente nos producía alegría saber que las fuerzas Aliadas estaban causándoles grandes pérdidas a los alemanes (los «boches», como les decíamos), a pesar de los potenciales daños colaterales a los civiles.

Cuando sonaban las sirenas que nos advertían sobre la llegada de los aviones de los Aliados, corríamos hasta los refugios subterráneos. Habíamos perfeccionado esta práctica y estábamos conscientes del peligro.

Algunos de los niños lloraban. Algunos mantenían los ojos cerrados, aterrorizados por el sonido de las bombas que estallaban cerca de nosotros y el polvo que caía del techo. Siempre existía la posibilidad de que ese mismo techo en algún momento cayese encima de nosotros, al detonar una bomba. Radio London nos mantenía enterados sobre el avance de las fuerzas Aliadas.

Cada vez circulaban más rumores. ¿Qué tan lejos estaban las tropas? ¿A un día de distancia? ¿Una semana? ¿Un mes? Sentíamos la emoción de la liberación que venía en camino, al tiempo que se escuchaban rumores desalentadores sobre una posible contraofensiva por parte de los alemanes. Las preguntas que surgían con frecuencia eran: ¿Cuándo se rendirá Hitler? ¿Cuándo abandonará su proyecto diabólico?

Estábamos confiados en que los últimos cuatro años de ocupación y represión tortuosa estaban a punto de llegar a su fin. Durante varios días, olas de aviones Aliados soltaban bombas desde diez mil pies de altura, día y noche, sobre la estación ferroviaria a poco más de tres kilómetros de nuestro hogar. Esto paralizaba las posibilidades de transporte urbano y ferroviario, lo cual impedía el rearmamento de las tropas alemanas.

Algunas bombas, que no caían sobre su blanco intencional, causaban muertes a civiles y la destrucción de muchos hogares. Los aviones de los Aliados volaban a gran altura para evitar ser disparados por las armas antiaéreas alemanas. Sin embargo, esto dificultaba la precisión de los bombardeos por parte de los Aliados.

En las noches, escuchábamos el sonido de los aviones de los Aliados, camino a Alemania. Las sirenas de alto sonido advertían a la población del peligro. Bajábamos las escaleras inmediatamente, saltando varios escalones a la vez, hasta llegar al fondo del jardín donde Papá Henri había construido un refugio subterráneo. Excavó una trinchera grande enfrente al gallinero. El techo era una placa de metal corrugada, cubierto con tierra y ramas de árboles para camuflarlo, y era tan bajo que papá Henri tenía que agacharse. Entrábamos por una pequeña abertura. Nos sentábamos encima de unas pequeñas bancas de madera. Allí se había guardado una caja pequeña llena de botellas de agua y unas latas que guardaban vegetales preservados de nuestro jardín.

Oíamos el silbido de las bombas cayendo durante diez o quince segundos, que para nosotros eran una eternidad. No teníamos ni idea dónde caerían. Estábamos asustados, pero al mismo tiempo nos sentíamos seguros. Para fortuna nuestra, este refugio nunca se puso a prueba.

A pesar del miedo a las bombas, nos sentíamos felices porque las fuerzas Aliadas estaban tomando acciones agresivas, lo que alimentaba nuestras esperanzas de reunirnos muy pronto con nuestros padres. Soñábamos con el día en que los soldados alemanes, los «doryphores» o escarabajos, como les decíamos, desaparecieran de nuestro país.

Como a veces nos tocaba despertarnos a cualquier hora de la noche, dormíamos con la ropa puesta. Cuando no teníamos tiempo para correr hasta el refugio, nos escondíamos en el sótano donde nos encontrábamos con nuestros vecinos del primer piso, la familia Clausse.

Las mujeres se sentaban, mientras los hombres permanecían de pie. Papá Henri y mamá Suzanne nos obligaban a quedarnos debajo de la estructura de madera, que papá Henri había construido para reforzar el techo.

Las incursiones militares duraban unos treinta minutos. La luz permanecía apagada. Oíamos el sonido de las ratas escurriéndose entre nosotros, aunque no las veíamos en la oscuridad. Esto aterrorizaba a mi hermana, más que las propias bombas, que hubiesen podido caer encima de nosotros en cualquier momento. Cuando la sirena señalaba el final de la alerta, respirábamos de nuevo y volvíamos a nuestras camas en el apartamento. Era común que poco después de habernos acomodado en nuestras camitas, volvieran a sonar las sirenas durante el transcurso de la noche y nos tocara refugiarnos una y otra vez.

A mediados de 1944, apareció otra invención de destrucción masiva. Empezamos a ver misiles V-1 y luego V-2 volando en el cielo.

Al principio no teníamos ni idea de qué se trataba. Producían un sonido muy peculiar, como una mezcla entre un silbido y un zumbido. Luego aprendimos que eran cohetes, esencialmente bombas que volaban. Fueron diseñados por parte de los alemanes para llegar hasta Inglaterra, particularmente Londres, donde destruirían las vidas de cuantas personas fuera posible.

El primer V-1 se lanzó hacia Londres el día 13 de junio de 1944. Tenían alas muy cortas y escupían fuego. Causaron mucho daño y muchas muertes. A veces estallaban antes de llegar a sus destinos. Nos asustaban. Cuando oíamos el zumbido en el cielo, nos tocaba refugiarnos de nuevo, por si acaso uno de ellos cayera sobre nuestro vecindario.

Una instalación de lanzamiento de los V-1 y V-2, ubicado en un túnel subterráneo, estaba situado a unos treinta kilómetros de nosotros.

Después de un ataque aéreo de varios días, las fuerzas Aliadas destruyeron las instalaciones de lanzamiento de los alemanes. Oíamos las explosiones y sentíamos cuando temblaba la tierra, así las bombas cayeran lejos de nosotros.

A partir de agosto de 1944, los bombardeos se intensificaron. El 5 de agosto, cuatro olas de veinticuatro bombarderos, soltaron bombas sobre la estación ferroviaria de nuestro pueblo, la cual había sido destruida y reconstruida varias veces. El sonido de cada ola, que se asemejaba a la de una fuerte tormenta eléctrica con muchos truenos, era espantoso. Luego, en lugar de edificios y casas había nada más que cráteres, tierra y cenizas. El humo era tan extenso que el pueblo entero permaneció oscuro durante varias horas. No tuvimos electricidad por unos días. En esa incursión militar murieron treinta y siete civiles y hubo más de cien heridos. Familias enteras estaban enterradas en los escombros. Era el triste resultado de la guerra.

Al día siguiente, los oficiales de la SS llevaron a doscientos internados del campamento Royallieu a reparar el ferrocarril que estaba dañado. Mientras realizaban los arreglos, llegó otra ola de bombarderos y soltaron otras cien bombas sobre ese lugar. Los prisioneros trataron de refugiarse, pero los soldados los detuvieron y les dispararon, matando a diez internos. Otros cincuenta murieron como resultado de los bombardeos. Durante el pánico de los disparos y los bombardeos, algunos internados lograron escaparse, con la ayuda de valientes civiles.

Tres días después, las fuerzas Aliadas bombardearon el aeródromo de Margny-les-Compiègne, a unos cuantos kilómetros. Era éste el mismo lugar donde Hitler aterrizó en 1941, después de ordenar la destrucción de nuestro pueblo, con el fin de vengarse de la capitulación de Alemania en 1918.

El transporte ferroviario de Compiègne fue interrumpido temporalmente. Las avionetas de guerra de las fuerzas Aliadas tenían como meta destruir los motores de los ferrocarriles. A pesar de toda la destrucción, los alemanes pudieron ensamblar un convoy de deportación.

El 17 de agosto de 1944, dos luchadores de la Resistencia interrumpieron la partida del tren, al provocar la explosión de la vía férrea, a unos cuántos kilómetros al norte de la estación.

Los deportados fueron transferidos a otro tren, ubicado más allá de la vía férrea dañada en una estación pequeña en el bosque llamada Bellicart, no muy lejos de Compiègne. Otra vez, cien o más deportados fueron forzados a entrar en cada uno de los pequeños vagones de ganado. Sería el último transporte que llegaría a un campo de exterminio.

En medio del caluroso verano los deportados permanecieron cuatro días en el tren de las pesadillas, teniendo que soportar las típicas condiciones: sin agua, sin comida, sin inodoros.

Los sobrevivientes de este convoy infernal pisotearon a muchos de los que estaban muertos o a punto de fallecer. Caminaron sobre excremento. Pocos llegaron hasta su destino, Buchenwald. Entre los que sobrevivieron al viaje, eran muy pocos los que seguían con vida cuando las tropas americanas, lideradas por el General George Patton, liberaron el campamento el 11 de abril de 1945.

El 1 de agosto de 1944, se escucharon enormes explosiones en Compiègne. Los alemanes estaban destruyendo sus propios depósitos de municiones junto con edificios, camiones, carros, y cualquier cosa que no pudiesen llevar consigo mismos. Algunos civiles fueron fusilados por reírse de los soldados en retroceso.

El mismo día de la liberación de París, el día 25 de agosto de 1944, los SS en Drancy siguieron con la organización de un convoy de deportación, con destino a un campo de exterminio. Afortunadamente, los empleados del ferrocarril francés pudieron sabotear el sistema de cambios y enviaron el tren a otro destino.

Los alemanes no sabían que el tren había sido desviado hasta Péronne-Montdidier, un pueblo que había sido liberado -uno o dos días antes- por las tropas inglesas. Cuando los soldados se dieron cuenta que el tren no estaba sobre la vía férrea, era demasiado tarde. Intentaron escaparse, pero la mayoría fueron capturados. Los soldados ingleses forzaron las puertas y lograron abrirlas, liberando a más de cien mil deportados.

Por todo Compiègne se veían multitudes de soldados alemanes mientras huían. Robaron bicicletas y coches de bebé para poder llevar lo que tenían acumulado. Un soldado alemán se apropió de la bicicleta de papá Henri, quien, claramente enojado por esto, caminó hasta el Kommandantur, la estación policial de los alemanes, para quejarse del robo. Allá le dijeron a Papá que podía llevarse cualquier bicicleta que encontrara en el edificio. Cuando se dio cuenta de lo que había hecho, recogió la primera bicicleta que vio en el corredor, con muchísima urgencia para irse de allí lo más pronto posible, y pedaleó hasta su casa, evitando la calle principal.

Tenía entonces conciencia del peligro que había corrido. Los alemanes hubieran podido haberle fusilado igual que a otros civiles solamente por mostrar alegría al ver a los soldados en retroceso o por acusar a un soldado alemán de robo.

En los días que precedieron a la Liberación, los bombardeos fueron reemplazados por fuerte artillería desde ambos lados. Las tropas americanas avanzaban por el flanco izquierdo del río Oise mientras los alemanes retrocedían por el flanco derecho.

Las balas atravesaban el aire noche y día. La situación era bastante preocupante. Nos tocó permanecer en el sótano durante tres días, veinticuatro horas al día. En la tarde escuchábamos a Radio London. Este medio de comunicación nos confirmó la posición de las fuerzas Aliadas, a tan sólo unos cuantos kilómetros de nuestro pueblo.

La noticia nos llenó de alegría. Sin embargo, el tiempo pasaba lentamente o, por lo menos, así parecía. Nos atemorizaba la posibilidad de terminar enterrados entre los escombros de nuestro propio edificio. La falta de alguna distracción, algún juego, algún libro para leer, pesaba sobre nuestras mentes. ¿Cuándo seríamos liberados? ¿Cuándo acabaría esto? En medio de la alegría, aún nos preocupaba la posibilidad de una contraofensiva por parte de los alemanes.

Los seis estábamos acampando en el sótano, un espacio de cuatro metros por cuatro metros con un solo bombillo que colgaba desde el techo, que no producía suficiente luz para ver bien, mucho menos leer. Una ventana pequeña, al mismo nivel que el andén afuera, dejaba entrar muy poca luz de día. Se habían instalado seis colchones sobre la tierra debajo de nuestros pies. No había casi espacio para caminar. Era casi imposible dormir con el ruido incesante de la artillería. Usábamos ollas para inodoros y un grifo para obtener agua al lado de la lavandería. No nos atrevíamos a salir del sótano y subir hasta el apartamento. Estábamos prácticamente sepultados y sin comida.

El día 31 de agosto de 1944 un silencio opresivo se cernió sobre el pueblo. No más artillería. No más motores. Nada. Se percibia un fuerte olor a quemado. Luego supimos que el olor venía del ayuntamiento. Los empleados estaban incinerando documentos que probaban su colaboración con el enemigo. Hacía mucho viento con lluvias torrenciales ese día. Pero la noche sería inolvidable.

Había cesado de repente el sonido de la artillería. Alrededor de las dos de la mañana oímos algunos disparos intermitentes, seguidos por un período de silencio. Luego, un sonido rompió el silencio misterioso: pasos en la calle. No reconocíamos ese sonido ya que los soldados alemanes, cuando marchaban, producían un ruido horroroso que reconocíamos por su dureza contra el asfalto, parecido al sonido de gente aplaudiendo. Éstos no eran los alemanes. Sus pasos producían un sonido mucho más suave ya que estaban amortiguados por el caucho en sus botas. Todos los productos de caucho habían dejado de existir en Francia durante los últimos tres años. Solamente podía ser una cosa: las fuerzas Aliadas.

Apenas se sintió el primer indicio del amanecer esa mañana, los adultos se acercaron a la pequeña ventanilla ubicada al lado del techo del sótano. Su vista era limitada, apenas alcanzaron a ver las botas de los que atravesaban la calle.

Nos preguntábamos. ¿Quiénes andan por ahí? Tienen que ser los soldados de las fuerzas Aliadas. ¿Quién más se atrevería a salir a esta hora mientras aún está en efecto el toque de queda?

No reconocíamos las botas que veíamos. René preguntó: «¿Serán soldados americanos?». Papá Henri respondió, en voz baja: «No estoy seguro, pero deben ser ellos». No nos atrevíamos a gritar hacia afuera por miedo a que pensaran que habíamos puesto una trampa.

Alrededor de las 6:00 a.m. sin poder resistir más el deseo de saber quiénes estaban caminando por las calles, Papá Henri salió del sótano y lentamente abrió la puerta de la calle. Escuchamos un grito desde afuera: «¡Montez vite, les Americains sont là!» ¡Suban ya. Los americanos están aquí!

A las 4:45 a.m. la división número 28 de la Armada Estadounidense había irrumpido en nuestro pueblo a través del bosque y habían bajado por el Boulevard Gambetta. Posteriormente, a este lugar se le llamó «Boulevard des Etats-Unis», Boulevard de los Estados Unidos.

Todos subimos por las escaleras del sótano y salimos a la calle. ¡Estábamos libres! Sí, ¡los americanos estaban aquí! Los «Boches» se habían ido.

A menos de sesenta metros de nuestro hogar, en la calle principal, Rue de Paris, se veía una cantidad de tanques gigantescos, camiones que halaban armas enormes, jeeps que parecían juguetes grandes y soldados, hombres blancos y negros, que marchaban hacia delante, persiguiendo al enemigo que huía hacia el noreste.

Las banderas francesas y americanas aparecieron en las ventanas de cada casa y en las manos de las personas. Las campanas de las iglesias sonaban por todo el pueblo. Una ola de alegría contagió a todo Compiègne en cuestión de segundos.

Los niños corrían por todos lados, riéndose. Había una explosión de felicidad al saber que el enemigo diabólico había sido derrotado. *¿Sería posible? ¿O estábamos soñando?*

Queríamos tocar a los soldados. Queríamos abrazarlos. Queríamos agradecerles por habernos salvado de los Nazis y sus motivos siniestros. La guerra había durado cuatro años, cuatro años de miseria, cuatro años de hambre, cuatro años de vivir paralizados de miedo cada minuto de cada día, cuatro años de desespero, anhelando el momento en que este día, por fin, llegara.

Compiègne fue liberado el 1 de septiembre de 1944. Dentro de un mes yo cumpliría siete años de edad. Me fui corriendo hasta nuestro hogar, recogí unos tomates y zanahorias de nuestro jardín y después me fui hasta donde estaban los soldados para regalárselos. Se los comieron de una vez. Desde los tanques y los camiones, nos lanzaban chocolates y chicles, cosas que yo jamás había visto ni mucho menos probado.

Fue difícil comprender y creer que estábamos libres. Yo era demasiado joven cuando comenzó la guerra y la sensación de ser libre era algo ajeno para mí.

Muchas personas se tocaban, se besaban y lloraban juntos, sin jamás haberse conocido. «¡Leon! ¡Nuestros padres volverán pronto!», dijo Rachel mientras gritaba, las lágrimas deslizándose por las mejillas de su rostro hermoso, mientras me apretaba y me abrazaba.

Nos aferramos el uno al otro y lloramos por mucho tiempo, incapaces de controlar nuestras emociones. ¡Habíamos sufrido tanto! Finalmente, nos dejamos llevar por un nivel de felicidad que no habíamos sentido desde hacía mucho tiempo.

«¡Se acabó la pesadilla, mis queridos hijos!», dijo Mamá Suzanne con una voz llena de aliento. «Volveremos a vivir. Sus Padres volverán pronto».

La alegría y el revoltillo de emociones eran tan fuertes que no pude dejar de temblar. Mi cuerpo se estremecía con la risa nerviosa, cegado por las lágrimas.

Por primera vez, desde que se habían llevado a mis padres el día 19 de julio de 1942, no sentía miedo.

Capítulo 16

«No volverán»

Durante varias horas vimos mientras pasaban cientos, quizá miles, de tanques, jeeps y camiones llenos de soldados americanos por las calles. La multitud de civiles cantaba, se reía y les ofrecía frutas y vegetales frescos a los soldados. Compiègne estaba libre. ¡Por fin!

El enemigo fue derrotado, pero Hitler se negaba a rendirse. Las fuerzas Aliadas seguían atacando. Hitler persistía. Nunca abandonó la búsqueda de su sueño diabólico, la erradicación de la raza judía y la hegemonía alemana. Sin embargo, se notaba el regreso a la normalidad –hasta cierto grado- en las zonas liberadas. La gente caminaba por las calles y se detenía para hablar entre ellos. Se reabrían los cafés. Íbamos a la escuela todos los días, sin interrupciones. El miedo se había disuelto. Estábamos a la espera del regreso de nuestros padres, que para nosotros, podría suceder en cualquier momento. La anticipación de su regreso consumía mis pensamientos.

Mis primeros recuerdos empiezan con el día cuando fueron arrestados. Desde ese momento, tuve que durar gran parte del resto de mi niñez escondido, viendo alimentadas mis pesadillas nocturnas por el terror a los alemanes y el miedo a ser denunciado.

¿Qué era la vida normal? Jamás la había vivido. Todas las personas a nuestro alrededor estaban felices. La gente por fin se reía y hablaba del futuro. Entonces. Una vida normal debería ser cuando la gente está feliz, cuando puede reír sin miedo.

Ya no brincábamos por cualquier ruido en la calle o cuando escuchábamos a una persona subiendo por las escaleras. Dejamos de temerles a nuestros vecinos, a nuestros amigos, a nuestros profesores o a las personas del pueblo.

Queríamos saber acerca de nuestros padres y estábamos perdiendo la paciencia. Lo más probable es que ya los hayan liberado o, por lo menos los liberarán muy pronto, pensaba. En cualquier momento tocarían la puerta. Es posible que mandaran una carta o una tarjeta diciéndonos algo. Pero el servicio de correo aún no se ha normalizado. No, seguramente llegarían ellos antes que la carta.

No teníamos ninguna noticia acerca de ellos desde que habíamos recibido la carta de Drancy, escrita el día 23 de julio de 1942, cuando nuestra mamá nos pidió que le mandáramos ropa limpia, cubiertos y comida. Más de dos años habían transcurrido desde entonces.

En esa época horrenda estábamos seguros que mis padres sufrían por falta de comida, como nosotros, o peor incluso, ya que, a diferencia nuestra, no tenían un jardín. Seguramente habían perdido mucho peso. *¿Los reconoceríamos?*

La Alemania Nazi aún no había caído, pero estábamos seguros que faltaba poco para que Hitler pidiera un armisticio. Radio London reportó la destrucción sistemática de todas las ciudades grandes e industriales de Alemania.

Estábamos cautelosamente optimistas. Seguíamos escuchando rumores de una gran contraofensiva por parte de Alemania. Sabíamos que, de regresar los alemanes a nuestro pueblo, casi nadie sobreviviría.

Los trenes no operaban. El transporte por carretera estaba bloqueado, mientras las fuerzas Aliadas reparaban las calles y quitaban las barreras y minas puestas por los alemanes. Aún no había regresado ningún deportado de Compiègne. Según papá Henri, faltarían unas pocas semanas más antes que volvieran todos. Sus palabras alentadoras nos llenaron de alegría y esperanzas.

El día después de la liberación de Compiègne, por primera vez desde que nuestros padres habían partido, Rachel y yo subimos hasta nuestro apartamento antiguo. René y Marcel aún dormían allí todas las noches. Todo permanecía en el mismo orden de cuando nuestros padres se habían ido: los muebles, la ropa en los cajones y en el closet pequeño, y los utensilios para cocinar en la cocina. Todo estaba limpio y listo para el regreso de nuestros padres.

Duramos mucho tiempo en nuestro apartamento, mirando fotos de la familia. Fueron momentos muy emotivos para los dos. Pronto estaríamos mirando las mismas fotos junto a papá y mamá. Tenía menos de cinco años la última vez que los había visto. Recuerdo que mi papá era alto y fuerte y mi mamá era hermosa con su pelo largo y trenzado. Sus rostros se habían desvanecido de mi mente de manera paulatina. No obstante, mientras observaba las fotos volví a acordarme de ellos. Escuchaba sus voces, sus risas y las canciones de mi mamá cuando estaba libre y tranquila.

Volví a tener dificultades conciliando el sueño de noche. No tenía paciencia y estaba muy ansioso por volverlos a ver. Pero al mismo tiempo, me decepcionaba no saber porque aún no estaban con nosotros.

¿Dónde están? Vendrán mañana o al día siguiente, seguramente.
¿Qué voy a hacer cuando los vuelva a ver? ¿Debería correr hacia ellos
y lanzarme a sus brazos? No, no debería hacer eso. Estarían agotados
por su largo viaje, dos años de trabajo duro, la degradación física. Sí,
yo sé. Me les acercaría lentamente. Los abrazaría de manera delicada
y gentil. Nos quedaríamos así, la mirada mía fijada en la suya. Dura-
ríamos así por un buen tiempo. Luego, me montaría sobre las piernas
de mi papá y me tranquilizaría, pondría mi cabeza contra su pecho y
estaría en paz, por fin. Papá acariciaría mi cabello y me diría cuánta
falta les hice.

En ese entonces, no sabía que iba a estar a la espera de ese momento durante el resto de mi vida. Nuestro tío, Charles Blum, el hermano mayor de mi mamá, volvió de Alemania donde estaba preso
durante cinco años. Gracias a su nombre falso, «Blumi», en vez de
«Blum», nunca se enteraron de su origen judío y se salvó de los campos de exterminio.

Como trabajaba con un carpintero alemán, vivió bajo un techo y
tuvo cierto grado de protección contra las labores peligrosas y agotadoras. Cada mañana, él y otros prisioneros caminaban desde las barracas hasta sus trabajos asignados. Regresaban después de jornadas
de doce horas.

De alguna manera, los prisioneros sabían de la inevitable liberación del campamento. Unos días antes de salir libre, Tío Charles an-
ticipó la posibilidad de una reacción violenta por parte de los alemanes. Temía la idea de que llevaran a cabo un proyecto de fusilamiento
a los prisioneros para vengarse de la derrota de Alemania. Se escondió en el granero de su empleador.

Tenía poco conocimiento de lo que había sucedido en el mundo
durante su cautiverio de cinco años. No sabía nada sobre las atrocidades cometidas por los Nazis. No sabía nada acerca de los extermi-
nios y los asesinatos salvajes de los rehenes civiles, de los luchadores
subterráneos, de los comunistas, de los gitanos y otras poblaciones,
durante la ocupación de la mayoría de Europa por parte de la Alemania Nazi.

Al volver a su hogar en Saint-Quentin, esperaba hallar a su esposa
Sarah y sus dos hijas, pero no había nadie en la casa y parecía como si
nadie hubiese estado durante mucho tiempo. Terminó comunicán-
dose con su sobrina, Hélène Gerbaez. Ella le dijo a tío Charles que su

esposa, Sarah, huyó hacia el sur de Francia en 1940 unos días antes de la invasión y seguramente permanecía allá. Hélène también le dijo que no sabía nada de nuestra familia desde 1942. Pensó que la mayoría de la familia había sido deportada, pero no sabía para dónde. Él se estremeció cuando ella le habló de los rumores del Holocausto que había escuchado.

Pasaron varios meses para que el mundo se enterara sobre la magnitud de los crímenes cometidos por parte de la Alemania Nazi, algo que superaba la comprensión humana.

Antes de la guerra, las familias Blum y Malmed vivían al norte de París. Cuando los alemanes invadieron Francia desde el norte, a través de la frontera con Bélgica, los civiles huyeron hacia el sur; hacia París, una ciudad que pensaban jamás sería ocupada.

El avance ligero de las fuerzas alemanas los hizo cambiar de decisión y la mayoría siguió hacia el sur lo más rápido que pudo. Mientras tanto, lucharon para encontrar combustible y atravesar, por medio de sus automóviles, las calles repletas de carros dañados, coches de caballo y otros obstáculos.

En la primavera de 1940, mi tía Sarah Blum manejó su camioneta llena de mercancía, originalmente para la venta en los mercados abiertos. Nunca había ido más allá del sur de París antes de este viaje. Aunque era difícil, casi imposible, pudo encontrar comida y gas a cambio de la mercancía mientras iba en camino.

Después de tres días de manejar, un viaje agotador, se le acabó la gasolina. Se encontró, junto con su mamá Boubé y la menor de sus dos hijas, Madeleine, en un pueblo llamado Lalinde, al sur de París. Pudo encontrar un granero vacío donde escondió la camioneta. Igual que ella, había miles de refugiados en busca de comida y gasolina. Temía los robos. Afortunadamente, una persona amable que conoció en el ayuntamiento del pueblo le pudo conseguir un apartamento de una habitación. Vivieron allí durante el transcurso de la guerra.

Por la naturaleza tan repentina de la invasión y las órdenes de evacuación, tía Sarah no había podido encontrar a su hija mayor en la escuela en ese momento. Las escuelas también tenían orden de ser evacuadas. No hubo tiempo para avisarles a los padres de los niños acerca de lo que sucedía, en esa época los teléfonos solamente se encontraban en las oficinas de correos.

Con la ayuda de la Cruz Roja, Rachel, la hija de Tía Sarah, fue hallada y pudo reencontrarse con su madre en Lalinde. Durante los próximos cuatro años, los cuatro pudieron sobrevivir gracias a la venta de la mercancía que pudieron llevar con ellos, cuando abandonaron Saint Quentin.

En julio de 1942, tío Zelman Malmed, el hermano de Sarah Blum, y su hijo Jacques fueron a vivir con ellos en Lalinde. Al comienzo de la ocupación tío Zelman pensaba que sería bueno refugiarse en París, ya que disponía de varios millones de residentes y sería fácil esconderse. Poco después de la invasión sería casi imposible viajar sin un permiso especial. A los judíos ni siquiera les estaba permitido moverse dentro de su propio pueblo.

Durante el acorralamiento Vel' d'Hiv', la policía francesa vino a arrestar a toda la familia de Zelman Malmed. Era un día caluroso y las ventanas estaban abiertas. Escucharon ruidos enfrente del edificio. Los policías franceses estaban abriendo puertas y dando órdenes. La familia estaba preparada para un arresto, ya que la gente desaparecía a diario. Tía Sarah Malmed pensó que solamente estaban arrestando a hombres. Ella y sus hijas estarían a salvo. Les dijo a tío Zelman y a su hijo Jacques que se escondieran en una habitación desocupada en uno de los pisos superiores, un lugar que pocos conocían.

Para esa época, la policía francesa ya tenía órdenes para arrestar a hombres, mujeres y niños, y obedecían estas órdenes sin reservas. Tia Sarah Malmed y sus dos hijas, Ida y Sonia, fueron llevadas hasta el Vel' d'Hiv'. Teniendo a tanta gente en la lista para arrestar, la policía no tenía tiempo para buscar más gente en ese edificio.

Tía Sarah Malmed y su hija de 14 años, Ida, partieron desde Drancy en camino hacia Auschwitz por medio del Convoy Nº 13. Sonia, de 22 años, partió con el Convoy Nº 16. De acuerdo con los documentos, no fueron tatuadas apenas llegaron, lo cual indica que perdieron sus vidas en el tren o fueron gaseadas apenas llegaron al campo de exterminio Auschwitz-Birkenau.

Tío Zelman y Jacques pudieron abandonar París e ingresar en la supuesta «Zona Libre», establecida cuando se firmó el Armisticio en Compiègne el día 22 de junio de 1940. La Zona Libre se extendió a unos ciento sesenta kilómetros al sur de París hasta el Mediterráneo y fue administrado por el gobierno de Marshal Pétain, en Vichy.

Varias semanas después tío Zelman y Jacques fueron hasta Lalinde, en el departamento de Dordogne, donde se juntaron con tía Sarah Blum. Ahora había seis personas viviendo en una sola habitación. Vivían de las ganancias de la ropa que permanecía en la camioneta y el dinero que Zelman había traído.

Poco después de su llegada, tío Zelman y mi primo Jacques fueron denunciados. La policía francesa de esa zona tenía órdenes para arrestar a los hombres judíos solamente. Tía Sarah, su madre y sus dos hijas contaron con suerte.

Ambos tío Zelman y Jacques terminaron en el campo de detención de Riversaltes durante el invierno frío de 1942-1943. Tuvieron que quedarse en una bodega vacía, sin calefacción que anteriormente se había utilizado para el mantenimiento de los locomotores de vapor.

Luego fueron transferidos a Arles-sur-Tech donde Jacques trabajó como aseador para la policía francesa. Una tarde, mientras limpiaba las oficinas vacías, encontró una libreta de permisos de salida sobre el escritorio. Encontró estampillas de caucho en el cajón que permitían a los internados salir del campamento en raras ocasiones de emergencia extrema. Sin pensarlo dos veces, llenó los dos permisos, uno para su papá y uno para él mismo.

Tío Zelman se negó a huir del campamento por miedo a ser fusilado por haber robado los permisos. Jacques huyó de inmediato y logró viajar hasta el hogar de un amigo de la familia en el pueblo de Agen, a ciento sesenta kilómetros de distancia. Se quedó allá por unos días antes de decidir qué hacer después. La policía lo estaba buscando. Si lo hubieran capturado, probablemente hubiera sido fusilado.

De ahí logró llegar hasta España, supuestamente un país neutro bajo la dictadura de Franco en esa época. Tenía la intención de llegar hasta el Norte de África y enlistarse en las Fuerzas Aliadas. Sobrevivió al viaje sobre los Pyrénées* a pie con la ayuda de un contrabandista. Jacques pagó la tarifa costosa con el dinero que él y su padre habían atado a su ropa antes de abandonar París. Durante el difícil trayecto sobre los Pyrénées, una madre y su hija adolescente estaban tan agotadas que no pudieron seguir al mismo paso que el grupo y quedaron atrás. Nunca se supo sobre su destino.

Mientras Jacques bajaba por las montañas, fue arrestado por la policía de la frontera española y llevado a la cárcel. Dos meses después fue liberado por un intermediario estadounidense quien entregó unas bolsas de trigo a cambio de unos cuántos prisioneros, entre esos Jacques.

Una organización francesa en España lo ayudó a ingresar en la

---

* Las montañas Pyrénée tienen un promedio de mil metros de altura y se extienden desde el Mar Mediterráneo hasta el Océano Atlántico, formando una frontera natural entre Francia y España.

Armada Francesa en Marruecos donde se ofreció a combatir a los alemanes. Nunca tuvo la oportunidad de llevar a cabo este deseo ya que
la guerra en el Norte de África finalizó poco después de su llegada,
en mayo de 1943.

*Sin embargo, Jacques sobrevivió al Holocausto. Falleció en 2011 a
la edad de 88.*

Antes que la policía descubriera que Jacques no estaba en el campo
de internamiento, tío Zelman decidió huir del campamento por medio del permiso que su hijo había preparado para él. Sin saber para
dónde ir, volvió hasta la casa de su hermana, tía Sarah Blum, en Lalinde, tomando el riesgo de ser arrestado de nuevo. Afortunadamente
pudo quedarse escondido allí, hasta que el pueblo fue liberado.

Mis otros primos de Saint-Quentin, también sufrieron dificultades similares durante la Segunda Guerra Mundial. Tuvieron que esconderse donde fuera posible con la ayuda de personas valientes y
bondadosas.

Salomón pasó los años de ocupación en el sur de Francia, en diferentes orfanatos. Su madre Gela Kibel y su padrastro Joseph Borowicz, fueron deportados en febrero de 1944 a Auschwitz-Birkenau.
Fueron víctimas de la cámara de gas, donde murieron.

Jean, Georges, Hélène y Maurice, acompañados por sus padres, Ida
y Abraham Gerbaez, se escondieron en fincas en el sureste de Francia. Tío Abraham fue arrestado en el sitio de construcción donde trabajaba. Lo detuvo la policía francesa, que solía estar al fiel servicio
de sus amos alemanes. Fue deportado a Majdanec por el Convoy Nº
51 y exterminado.

Poco después de que se firmara el Acuerdo, tía Sarah Blum supo,
con la ayuda de la Cruz Roja, que su esposo, tío Charles, había regresado ileso del campo de prisión donde duró unos cinco años detenido.
Sarah inmediatamente volvió a Saint-Quentin. En ese entonces aún
no sabían lo que le había sucedido al resto de la familia. Luego se enteraron que la familia Gerbaez estaba escondida en el sur de Francia.
Tío Charles pudo hallarlos y logró traer a tía Ida y los primos Jean,
George y Maurice de regreso a Saint-Quentin.

La próxima labor consistía en encontrar a los demás familiares.
Indagaron en el ayuntamiento de Compiègne. Allá se enteraron que
una familia de apellido Ribouleau había escondido a Rachel y Leon
Malmed desde 1942, pero no tenían ninguna información acerca de
Srul y Chana ni sabían nada de Joseph, de Madeleine ni de su hijo
Charles (Charlot) Malmed.

Por fin se firmó el Armisticio de la Segunda Guerra Mundial el día 8 de mayo de 1945. En Compiègne, como en todos los pueblos pequeños de Francia, la gente celebró la victoria. Las campanas de las iglesias sonaron durante varios días. La gente bailó en las calles. Hubo una ceremonia en un claro del bosque donde se había firmado el Armisticio de la Primera Guerra Mundial –cuando capituló Alemania, y el Armisticio de la Segunda Guerra Mundial, cuando vino Hitler a ser testigo de la capitulación de Francia en junio de 1940. Se creó una fogata inmensa en el claro con el fin de borrar la pesadilla de los últimos cinco años.

Todos participaron juntos en las festividades del pueblo. Se veía la alegría en el rostro de todas las personas. Los años oscuros ya habían pasado. Los «doryphores»[6] huyeron. La vida brotó de nuevo como hacen las flores en primavera, después de un invierno espantoso. Y, justamente, era primavera. Las hojas de los árboles estaban saliendo. El enemigo se había largado. El miedo había desaparecido. Podíamos caminar libremente sin el temor a ser arrestados, torturados o fusilados.

¿Dónde estaban nuestros padres?, nadie sabía. Las autoridades no sabían. ¿Qué haríamos? ¿Qué sería de nosotros?

En diciembre de 1944 supimos que nuestros padres, junto con mi tío Jospeh, tía Madeleine y mi primo Charlot, fueron enviados a un campo de concentración, sin mayor información acerca de su locación exacta ni su estatus actual.

No fue sino hasta varios meses después de la guerra que se dieron a conocer los horrores de los crímenes abominables de la Alemania Nazi. Los informes radiales empezaron a describir lo que hallaron las fuerzas Aliadas cuando liberaron los campamentos. Empezaron a aparecer fotos en los periódicos. A mí no me las mostraron. Yo mantenía mi mirada en la calle, aún a la espera de cualquier sonido inusual.

Papá y mamá llegarán en cualquier momento. De eso no hay lugar a dudas. Todos los campamentos ya están libres. ¿Así que, dónde están?

El mundo estaba descubriendo la magnitud de los crímenes cometidos contra la humanidad. Del sufrimiento de millones de personas en

---

* Se detestaba a los soldados alemanes. Los franceses les tenían diferentes apodos despectivos como: doryphores, schleus, boches. El doryphor es un escarabajo devastador que devora las plantas de las papas. Los Schleus y los boches no tenían ningún significado, solamente se sentía bien decir esas palabras en voz baja cada vez que veíamos a un soldado alemán. En el hogar, nunca hablamos de los alemanes como si alemán fuera una nacionalidad. Nos referíamos a ellos como los «boches» o los «schleus» como si fueran un virus.

los campos de exterminio, Auschwitz-Birkenau, Majdanec, Mauthausen, Buchenwald, Dachau, Ravensbrück, Sobibor, Treblinka, Chelmo,
Maly Trostenets, Belzec y otros en Alemania y Europa oriental.

Los periódicos publicaron las fotos de las pilas de cadáveres por
todos los campamentos. Encontraron montañas de cenizas y seres
humanos demacrados sin aliento ni para caminar, sus brazos y piernas asemejándose a palitos. Los soldados no podían creer lo que estaban viendo: esqueletos ambulantes, muertos vivientes.

Pasaron varias semanas, meses, hasta que los primeros sobrevivientes de origen francés llegaran a París. De allí fueron dirigidos al
Hotel Lutetia. Era el centro principal en París para reunir a los familiares. El hotel había sido el cuartel de los SS, con la milicia criminal
de los Nazis más temidos de la zona.

Los deportados volvieron de otro mundo, de otro planeta. Las familias en busca de sus seres queridos acampaban en frente del hotel
día y noche, a la espera de sus esposos, hijos, hijas, padres y demás familiares que habían sido arrestados durante la ocupación. Las familias también esperaban en las estaciones del norte u oriente de París.
Preguntaban a los sobrevivientes de los campos de exterminio pero
solamente recibían miradas agotadas. Estas pobres víctimas no eran
capaces de hablar de los horrores que tuvieron que soportar durante
tantos meses y, algunos, durante años enteros. Parecía como si sus almas hubiesen sido violentamente extraídas por los Nazis.

Las personas gritaban los nombres de sus seres queridos que faltaban. Se colocaban vallas con fotos y nombres de personas perdidas.
Los deportados agotados los empujaban desesperadamente. Sus mentes no habían salido de los campamentos. ¿Cómo podrían explicar-
les a las personas que allá, de dónde salieron vivos de milagro, nadie
tenía nombre, nadie tenía rostro, nadie tenía alma?

Vivían de minuto en minuto. Morían. Se desaparecían. Esperaban poder vivir hasta el día siguiente. Eran números, deshumanizados, cabezas rapadas, vestidos de pijamas con rayas durante los inviernos y los veranos; tenían zapatos demasiado grandes o demasiado
pequeños. Eran esclavos de lo que Alemania llamaba el Gran Reich.
Papá Henri y mamá Ribouleau contactaron a la Cruz Roja varias veces para ubicar a nuestros padres. No tuvieron éxito. Nuestra mamá
y nuestro papá habían desaparecido del planeta tierra.

Recibíamos muchas miradas de compasión. Diariamente oía
cuando la gente decía «pobres niños» en voz baja cuando nos veían.

Rachel y yo seguíamos en estado de negación y dejamos de hablar acerca de nuestros padres. El tema era demasiado doloroso y demasiado emotivo. Estábamos preocupados por nuestro futuro inmediato pero no nos atrevíamos a hacer preguntas.

¿Qué será de nosotros si nuestros padres nunca vuelven? Estábamos convencidos que volverían. Aunque la familia Ribouleau nos protegió y nos ofreció todo su amor y cariño, siempre sentíamos que la situación era temporal. «Nuestros padres volverán y papá Henri y mamá Suzanne serán nuestros adorados tíos», nos decíamos.

Tardamos mucho tiempo en aceptar la posibilidad de no volver a ver a nuestros padres. Ya me permitían ver las fotos de los deportados regresando en los periódicos. No podía imaginar que mis padres estarían en semejante estado. No podían ser, esos muertos vivos con los rostros macilentos, ojos caídos, brazos y piernas sin piel, cicatrices horrendas, cabezas sin pelo. ¡Mis padres no pueden tener nada que ver con esto! ¡No es posible que se asemejen a estos seres! Nuestros padres están en Rusia, quizá en un hospital o refugio para volver a nutrirse y adquirir fuerzas antes de volver a nosotros. Aún tienen las mismas figuras que cuando nos dejaron.

Circulaban rumores sobre el destino de los deportados que no sobrevivieron. Quizá después de tantos años de encarcelación nuestros padres estaban confundidos y volvieron a Polonia donde nacieron. Quizá no encontraron transporte para volver. Quizá habían sido torturados, lo que les provocó alguna pérdida de memoria. Seguí con esperanzas durante mucho tiempo y demoré largos años para aceptar la dolorosa verdad: Mis padres habían fallecido en inhumanas condiciones.

Hoy, lo que me queda de ellos es el anillo de mi papá, que usó con bastante frecuencia y un reloj de bolsillo antiguo en un estuche de cuero, que también le pertenecía. De vez en cuando miro el reloj e imagino a mi padre, retrocediéndolo. Mi hermana también tiene algunos artículos de nuestros padres. Los retratos que dejaron son los más preciosos. Las fotos han envejecido, pero mis padres no. Siguen igual de hermosos que el día en que, de manera cruel, nos fueron arrebatados.

Sus hijos, su pelo, sus dientes, sus almas y sus vidas fueron robados. Robaron su futuro y la alegría de ver a sus hijos crecer, de ver al pequeño Leon convertirse en un hombre y su hijita consentida, Rachel, en una mujer. En lugar de poder continuar sus vidas llenas de amor y alegría, sus cuerpos fueron incinerados y utilizados para fertilizar los prados del Gran Reich.

¿Cómo puedo aceptar semejante conclusión de la vida de nuestros padres? ¿Cómo puedo perdonar a los autores de estos crímenes tan atroces?

Dos años después del final de la guerra, el gobierno francés me otorgó un Certificado de Desaparición de mis padres con fecha 9 de julio de 1947. Fueron declarados ausentes. Si no aparecieran dentro de los próximos cinco años, nos mandarían un Certificado de Muerte. Eventualmente, nos enteramos que fueron deportados del Campo de Internamiento Drancy, cerca de París, hasta Auschwitz, Polonia, irónicamente su país de origen, el día 29 de julio de 1942, diez días después de haber sido arrestados en Compiègne.

El día 9 de julio de 2009 recibí una carta, sesentaisiete años después de su deportación, de una organización internacional de investigación, a la que había contactado muchos años atrás. Decía que mi padre había sido tatuado apenas llegó al campo de concentración Auschwitz-Birkenau con el número 54315 y que todavía estaba vivo el día 1 de julio de 1944. El ejército soviético liberó Auschwitz el día 24 de enero de 1945, ¡casi siete meses después!

Con respecto a mi mamá, como no fue tatuada, concluimos que probablemente murió durante el transporte de Drancy a Auschwitz, o fue asesinada con gas e incinerada apenas salió del tren. Ambos murieron en Polonia, un país que abandonaron más de una década antes, en busca de un mejor futuro, que encontrarían en Francia. Dicho país les había dado la bienvenida y les permitió empezar su propio negocio, criar una familia y ser felices. En Francia no estaban los pogroms*, no había anti-semitismo ni restricciones gubernamentales. En Francia vivieron diez años de felicidad junto a los hijos que tanto adoraban.

En 1942, fueron brutalmente raptados, deportados hasta un campo de muerte donde mi mamá fue asesinada inmediatamente y mi papá esclavizado para, después, eventualmente fallecer de manera tormentosa. Sufrieron una muerte poco noble, ingeniada por la Alemania Nazi, cuyos motivos demoníacos aún siguen siendo incomprensibles para la humanidad.

---

* Un pogrom es la masacre organizada de personas inocentes. Viene de una palabra rusa que significa «a causar estragos, a destruir violentamente.» Históricamente, el término se refiere a ataques violentos por parte de poblaciones no-judías hacia los judíos, a veces con estímulo de la misma policía o el gobierno. Las víctimas eran violadas, asesinadas, y su propiedad era saqueada

Capítulo 17

Ser Judío

Detestaba el hecho de ser judío. Ni siquiera entendía qué significaba ser judío. No veía ninguna diferencia entre una persona judía y cualquier otro tipo de persona. No tenía sentido para mí.

¿Quién era esta persona, Jesucristo? ¿Dónde escuché que los judíos eran los responsables de su muerte? ¿Cuál era la relación entre él y los judíos? Hasta escuché sobre su origen, tan judío como el de aquellos a quienes acusaban de su muerte.

Los judíos, pensaba, debían haber cometido crímenes abominables para estimular semejante odio y deseos de venganza, perdurables durante los últimos 2000 años, hasta nuestros tiempos. Lo único que sí sabía con certeza era que mis padres habían sido llevados al matadero por su origen judío y nada más. Quedé traumatizado para siempre.

Tuve mucha suerte al haber encontrado un nido lleno de cariño y calor humano donde me adoraban. Luego que mis padres fueron arrancados de mi vida, demoré varios meses para acostumbrarme a este ambiente nuevo y diferente. En ese entonces no sabía que se habían llevado a mis padres por la simple razón de ser judíos. Fue en el año 1944, cuando los SS vinieron en busca de mi hermana y yo, cuando me di cuenta que las palabras «judíos», «Israelitas» o «Jude», tenían una connotación extremadamente peyorativa.

A partir de julio de 1942, durante casi tres años, vivimos en un estado de miedo incesante. Ellos eran cazadores y nosotros la presa. El último año de la guerra fue el peor. De milagro sobrevivimos a varios intentos de arresto por parte de los alemanes. Mamá Suzanne nos tenía preparadas dos bolsas con ropa limpia y comida. Estaban listas, a la entrada de nuestro apartamento, por si acaso las SS vinieran por nosotros, para arrancarnos bruscamente de los brazos de nuestra familia adoptiva. Yo tenía suficiente madurez en ese entonces para comprender la mala suerte, el peligro y posiblemente la muerte asociado con las palabras «judío» o «israelita».

Me preguntaba qué mal pudieron haber hecho los judíos para merecer semejantes represalias, pero era demasiado tímido como para hacer esa pregunta en voz alta. Quizá me atemorizaba la respuesta que podrían darme. Setenta años después, he perdido el temor de hacer esa pregunta en voz alta. Sí hago la pregunta, pero aún no consigo una respuesta.

Cuando me di cuenta que mis padres quizá no volverían, me entró mucha rabia y no quería tener nada que ver con la palabra «judío». Tampoco quería convertirme a la religión católica, al igual que papá Henri y mamá Suzanne. Eran pocas las personas en Francia que practicaban la religión, pero definitivamente no quería ser judío. Ya no podía tolerar los gestos de lástima de las personas cuando me hablaban. Tenían buenas intenciones y solamente querían mostrar su compasión. Pero yo quería ser «normal». Solamente quería ser «como los demás». Pero eso no era tan fácil.

Lo anterior para mí significaba diluirme entre las masas. No me gustaba la sensación de ser «diferente». Me enojaban las expresiones de tristeza de los adultos cuando decían «pobre niño, mira todo lo que sufrieron los judíos». Esas palabras me hacían sentir extremadamente incómodo. Evitaba a las personas que eran demasiado cariñosas conmigo, gente que hacía todo lo posible para atenuar mi angustia.

Cuando la guerra acabó, empecé a vivir una vida que se acercaba a la «normalidad». Mi hermana y yo seguimos a la espera de nuestros padres, todavía. Pensábamos: «¿Qué nos pasará si no regresan?».

Pocas familias judías de Compiègne sobrevivieron al Holocausto. Los que lograron escapar de la deportación y regresar al pueblo, retomaron las ocupaciones que tenían antes de la guerra. Pudieron reinstalarse en sus hogares y retomar sus negocios. No obstante, los judíos que volvieron a sus hogares y lugares de negocios, en Europa Oriental, fueron golpeados y a veces asesinados por las personas que habían robado sus propiedades.

Lo más increíble es que pocos judíos sobrevivientes de la guerra hablaban acerca de los eventos acaecidos en ella. Al igual que mi hermana y yo, seguramente no querían dejar que esas emociones tan negativas resurgieran. Muchos sobrevivientes, incluso, se sintieron culpables por haber sobrevivido.

¿Por qué seguían con vida mientras tantos de sus familiares, amigos y vecinos habían sido masacrados? ¿Por qué sobrevivieron?

Cuando alguna persona hablaba acerca de mis raíces judías, así fuera positivamente, me congelaba. No podía pensar, hablar ni moverme. La sangre subía a mis mejillas. Estaba avergonzado. ¿Por qué? Sí, ¿por qué? Durante muchos años, no pude liberarme de este «malaise».

Tuve que comprobar que este «pobre niño» era capaz de construir una vida normal como las demás personas. Tomé la determinación de adquirir una habilidad que me gustara, en lugar de meterme en una situación de la cual no podría escaparme. Me sentí motivado por el deseo de dejar de ser una carga financiera para la familia Ribouleau y el de realizar una carrera de educación superior.

Durante mis años de adolescencia y los veintiocho meses que duré en la Fuerza Aérea de Francia, nunca fui víctima del anti-semitismo. Sin embargo, nunca bajé la guardia.

Posterior a mi retiro de la Fuerza Aérea Francesa en 1963, acepté una oferta laboral en una fábrica de llantas en Clermont-Ferrand, un pueblo ubicado en una región hermosa de Auvergne. La política de la empresa era entrenar y evaluar a los nuevos reclutados, por un año, mientras éstos creaban soluciones a los problemas de manufactura y mejoramiento, antes de ser asignados a un departamento específico.

Uno de mis colegas, un hombre de unos treinta años, se enteró -o adivinó- que yo era judío. Varias veces al día, cuando no había nadie en la oficina, decía en voz baja, «Tú eres un *youpin** - hay uno entre nosotros. Tú eres uno de ellos. Lárgate de aquí». Cuando había gente en la oficina, me miraba insistentemente con una expresión de anti-patía. Su único propósito era incomodarme y hacer que yo me fuera de allí. Debo admitir que logró su objetivo porque, nuevamente, me sentí paralizado e incapaz de reaccionar. Como nunca había hablado con otra persona acerca de estas situaciones, no sabía cómo manejarlas. No tenía ningún ejemplo para seguir.

Nunca se lo mencioné a mi supervisor y, con eso, contaba este desagradable individuo. Por aquel entonces no pensé que los directores de la empresa entendieran. Además de eso, no quería que nadie supiera que yo era judío. Aún estaba bajo la negativa sugestión de avergonzarme de mis raíces. Más, viendo la situación en retrospectiva, yo estaba equivocado, totalmente equivocado. Entiendo que me hice daño a mí mismo y seguramente hice un mal a la empresa al no poner en evidencia el racismo de aquel empleado.

El comportamiento de esa persona miserable me ayudó a tomar la difícil decisión de abandonar Francia. Esperaba que en los Estados Unidos el hecho de ser judío fuera aceptado. Esperaba que las personas me juzgaran por mi carácter y comportamiento, no por el origen

---

* *Youpin:* Palabra denigrante para un judío.

de mis familiares, algo que yo no podía controlar. Mis esperanzas y mis sueños obtuvieron respuesta. Desde que vivo en los Estados Unidos nunca he sentido que me han tratado de manera diferente a otra persona, por mis raíces. Pero el racismo, desafortunadamente, existe en la mayoría de los países.

Pasó mucho tiempo hasta que por fin pude sentirme cómodo con las palabras «Juif» o «Judío». Ya no me paraliza el simple uso de dichas palabras como me sucedió durante los primeros veintiséis años de mi vida.

Cuando vivía en Francia, si alguien me quería lastimar al decirme «sale Juif» (judío sucio), no sabía cómo responderle. ¿Cómo podía dejar que dos palabras me provocaran tanto dolor? ¿Por qué me importaba tanto?

Literalmente, yo sabía que no era «sucio». Sí, soy judío «¿y qué»? Pero me volví defensivo. Sabía que esas simples palabras se usaban con el fin de herir mis sentimientos. Siempre me preguntaba por qué alguien le diría esto a otra persona, sin ninguna provocación, con el mero propósito de denigrar a otro ser humano. Igual ocurría con las palabras «tú eres uno de ellos». El tono, el mimetismo, y las miradas causaban tanto dolor, especialmente cuando alguien como yo no tenía la madurez ni la confianza para responderles con dignidad.

Ya he superado todo eso. Por fin me he liberado de la carga de temer el racismo y la posibilidad de ser humillado por otro ser humano.

En cuanto al lado religioso, por muchos años mi familia ha celebrado las navidades, hanukkah, pascua, el año nuevo y el año nuevo de los judíos. No soy una persona religiosa. Sin embargo, sí disfruto de las tradiciones, las costumbres y las oportunidades para reunir a toda la familia.

Actualmente, la vergüenza de ser judío ha desaparecido. Me siento orgulloso de mis orígenes, los cuales provocaron tanto odio en otras personas, de tal manera que sintieron la necesidad de llevarse a mis padres y matarlos salvajemente, junto con veinte miembros más de mi familia y otros seis millones de personas inocentes, quienes fueron reducidos a cenizas y humo por una sola razón: porque nacieron judíos.

Ya no tengo que luchar para admitir que «soy judío». ¡Unas palabras tan simples que no pude decir durante tantos años!

Capítulo 18

Saint-Quentin

Por fin, la guerra había terminado. Nos dijeron lo inimaginable: «es posible que sus padres no vuelvan». Esto era imposible de aceptar o comprender. Mi hermana y yo estábamos preocupados por lo que pasaría después.

«¿Seguiríamos viviendo con la familia que nos protegió durante los últimos tres años?». Papá Henri y mamá Suzanne eran nuestra familia, la única familia que conocíamos. ¡Nos habíamos acercado tanto a ellos! La respuesta puso en marcha otra serie de eventos que alterarían nuestro destino.

Tío Charles y tía Sarah Blum decidieron que mi hermana y yo teníamos la obligación de vivir con ellos. Luego de descubrir el destino de tantos de nuestros familiares, probablemente pensaban que era su deber reunir a toda la familia.

Luego se darían cuenta que forzarnos a vivir con ellos no sería tan fácil como pensaban. Habían ubicado a mi primo Salomón (Sali) y ya se lo habían llevado a su casa. Sali tenía diez años cuando la guerra finalizó. Sobrevivió a varios intentos de arresto y en ese entonces estaba viviendo en un orfanato cerca de París, uno de varios donde se había quedado durante la guerra.

A mediados de 1945, tío Charles y tía Sarah aparecieron en la puerta de nuestro hogar en Compiègne, sin haberse anunciado. Le exigieron a la familia Ribouleau entregarnos porque teníamos que irnos con ellos. Este encuentro detonó una serie de acciones que alterarían nuestras vidas de una manera drástica. Yo estaba horrorizado. Reviví el día cuando arrestaron a mis padres. Otra vez, alguien quería arrancarnos de los padres que tanto adorábamos.

El haber aparecido, sin previo aviso, asombró a papá Henri y mamá Suzanne. No conocían a estas personas y ni siquiera sabían quiénes eran. Sin reserva alguna, estos extraños insistieron en llevarnos inmediatamente; los niños que papá y mamá Ribouleau habían protegido durante tanto tiempo, cuyas vidas habían salvado.

Habían hecho una promesa a mis padres y estaban dispuestos a cumplirla. Aún seguíamos a la espera de ellos. Era posible que todavía estuvieran vivos y, si ese era el caso, tenían que encontrarnos aquí, donde nos dejaron. Los Ribouleau se negaron de manera categórica a dejar que nuestros tíos nos llevaran. Yo temblaba y me aferraba al vestido de mamá Suzanne. Tía Sarah me inspiraba temor.

Ni Rachel ni yo queríamos dejar a esta familia. Estábamos felices a su lado. Yo debí tener unos tres años la última vez que vi al tío Charles y la tía Sarah y no tenía recuerdo alguno de ellos. No les tenía ningún afecto y, sin duda alguna, no quería irme a vivir con estos extraños.

Tía Sarah había sobrevivido la guerra, sola. Durante esa época tan horrible, se ocupaba del cuidado de su madre, de edad avanzada, y de sus dos hijas. Era una persona recursiva de carácter fuerte. No podía entender por qué los Ribouleau se negaban a soltarnos. Estaba bastante enojada.

Mientras partían, ella dijo: «Los llevaremos a la Corte. Ustedes no tienen ningún derecho a estar con estos niños. Nos pertenecen a nosotros. Son nuestra sangre. Su padre es mi hermano. Su madre es la hermana de mi esposo».

Papá y mamá Ribouleau estaban pasmados. Después de todos los sacrificios que la familia Ribouleau había hecho por nosotros. ¡Tío Charles y tía Sarah amenazaban con llevarlos a la Corte! Papá Henri y mamá Suzanne tendrían que enfrentar una fuerte batalla, lo cual implicaría más angustia y más gastos. Vivían del pan de cada día. Por los altos precios de la comida y todas las demás comodidades, el costo de vida seguía siendo alto aún después de la guerra y todavía estaban pagando el alquiler del apartamento de mis padres, sin tener certeza alguna que fuesen a ocuparlo algún día.

Una semana después, mientras Rachel y yo salíamos de la escuela, camino a la casa para ir a almorzar, vimos a tío Charles al lado de la entrada de la escuela. Muchos niños salían pero no había casi adultos. Lo vimos pero lo ignoramos. Empezamos a caminar lo más rápido que pudiéramos sin llamar la atención. Nos alcanzó y me haló por el brazo, arrastrándome mientras decía, en voz alta: «Los dos tienen que venir conmigo, ¡Ya!»

Rachel estaba histérica y me trató de liberar de su mano. Le di una patada en la pierna y logré escaparme antes de que nos metiera en su camioneta. Rachel y yo corrimos hacia nuestro hogar con la mayor rapidez posible. Rachel gritaba «¡Rápido Leon, rápido!».

Me entró tanto temor, las mismas emociones que sentí cuando vinieron los alemanes por nosotros. Llegamos al apartamento sin aliento. Le dijimos a mamá Suzanne y papá Henri lo que nos había sucedido. Estaban pasmados. «¿Volverán por nosotros mañana?», pregunté entre gemidos. «No, no volverán», dijo papá Henri, aunque no sonaba muy seguro de lo que decía.

Papá Henri y mamá Suzanne no fueron a la policía. Nunca les pregunté por qué. No me hubiera sorprendido si me hubieran dicho que no confiaban en la policía. En vez de hacer eso, decidieron mejor reunirse con el alcalde de Compiègne, «Barón James de Rothschild». Era una persona afable y justa, que ofreció darnos posada a Rachel y a mí hasta que la situación se calmara. Vivía en un lugar inmenso, un castillo pequeño en Vieux-Moulin, una aldea hermosa en medio del bosque, a unas diez millas del centro de Compiègne.

Era como si estuviésemos de vacaciones, porque durante nuestra estadía allá no fuimos a la escuela. Los empleados nos mimaban. Duramos más de un mes viviendo una vida de lujo. El «Barón» y la «Baronesa» eran los únicos ocupantes de la casa, sin incluir a los ayudantes.

Cuando volvimos a nuestro hogar en 17 rue Saint-Fiacre, nos enteramos que la familia Blum había fijado una fecha donde tendríamos que ir a la Corte a discutir el caso de nuestra permanencia. Su meta era apartarnos de la familia Ribouleau. Los Ribouleau nos preguntaron con quién preferiríamos estar. Les dijimos, con vehemencia, que queríamos seguir a su lado. De igual manera, esas maravillosas personas presentían que no estaríamos felices con nuestros tíos. Tampoco querían que nos fuéramos. Me imagino que la situación les recordaría la expresión del rostro de nuestros padres al momento de prometerles que se encargarían de nosotros. Volvió el miedo. Ahora se trataba de perder a nuestros segundos padres.

El Concejo de Familia se llevó a cabo en la Corte. El juez estaba sentado sobre una plataforma alta. La apariencia de todo el lugar era bastante imponente e intimidante. Yo estuve sentado a unos cuantos metros de la plataforma y tuve que extender mi cuello y echar mi cabeza hacia atrás para poder ver al juez.

No nos preguntaron con quién queríamos vivir. Los menores no teníamos derecho a expresar nuestras opiniones. Estábamos tan intimidados que nos quedamos callados. Papá Henri y mamá Suzanne estaban sentados detrás de nosotros. Yo volteaba con frecuencia para observar sus expresiones, cuando escuchaba cosas que no entendía. Papá Henri me picaba el ojo y mamá Suzanne me daba una sonrisa para indicar que todo andaba bien.

De todos modos, teníamos asegurado el resultado a nuestro favor. Nuestra tía Ida, que no estaba en buenos términos con tío Charles y su hermana, Sarah Blum, nos aseguró que votaría a favor nuestro para que pudiésemos seguir viviendo con la familia Ribouleau.

Ella era muy pobre y tuvo que criar tres hijos sin ayuda de nadie. Papá Henri y Mamá Suzanne pagaron su pasaje en tren desde Saint Quentin hasta Compiègne, más su cuarto de hotel y sus comidas en los restaurantes. Solamente necesitábamos un voto, el cual ella nos había jurado.

El juez preguntó a la tía Ida si estaba a favor de que nosotros estuviéramos bajo la custodia de la familia Ribouleau o de la familia Blum. Tía Sarah, sentada justo al lado de tía Ida, volteó y le dijo algo en Yídish. La única otra persona en ese lugar que entendía Yídish era el tío Charles. Lo que le dijo a la tía Ida tuvo que ser bastante amenazante. Nunca supimos cuáles fueron sus palabras, pero el caso es que tuvieron la suficiente potencia para hacer que el rostro de tía Ida se tornara pálido.

«¡Silencio!», gritó el juez a tía Blum «o le exijo que salgas de aquí». Era demasiado tarde. Tía Ida, blanca como un fantasma, dijo, con un tono tan débil que era difícil escucharla: «Deben ir con la familia Blum». «¡No, no, cometió un error!» dije. Me sentí terriblemente débil. Fue una pesadilla. No puedo irme con esta gente. ¡No! ¡No!

Jamás podría dejar a papá y mamá Ribouleau. Me negaba a vivir con estos individuos tan apáticos, gente que yo ni siquiera conocía. Estuve horrorizado.

El juez dijo: «De ahora en adelante, Leon y Rachel Malmed estarán bajo la custodia de su tío y su tía, el señor Charles y la señora Sarah Blum. Caso cerrado». El juez les dio una mirada llena de simpatía a papá y mamá Ribouleau antes de salir de la sala de justicia.

Estaban congelados en su silla. No podían creer lo que acababa de suceder. El veredicto del juez cambiaría nuestro destino. Volvimos a 17 rue Saint Fiacre, seguidos por nuestros tíos. Asemejándose a los gendarmes franceses que vinieron por mis padres cuatro años antes, esperaron impacientemente sobre la acera mientras empacábamos una maleta. De ninguna manera estábamos preparados para semejante final.

Otra vez, alguien nos forzaba a abandonar a las personas que amábamos tanto, los que ya yo llamaba papá y mamá, las personas que nos habían protegido contra los enemigos brutales, las personas que habían salvado nuestras vidas arriesgando las suyas, las personas que habían sacrificado todo por nosotros.

Tía Sarah subió por las escaleras, nos urgió para que nos apuráramos. No demostró ni una gota de preocupación por nuestra angustia, nuestra tristeza y nuestras lágrimas. Antes de ser sacados y halados hacia la camioneta que nos llevaría hacia otro destino, papá Henri dijo: «Los veremos pronto» mientras mamá Suzanne lloró «¡mis hijos!». No pudo decir más. Se aferraba a nosotros, pero se vio obligada a soltarnos.

Tío Charles, también indiferente a nuestra desolación, nos agarró y haló. Estábamos sobrecogidos de la desesperación. La familia Blum vivía en Saint Quentin, un pueblo de unas 40,000 personas, a unos ochenta kilómetros de Compiègne. Como nunca había sido un gran centro ferroviario, el pueblo se salvó de los bombardeos de los Aliados y los alemanes. La mayoría de las casas eran de ladrillos rojos, construidas desde la Primera Guerra Mundial.

Su hogar era pequeño, de dos pisos y una sala, una cocina modesta en el primer piso y cuatro habitaciones pequeñitas en el segundo piso que incluían un closet. La casa solamente tenía un grifo de agua, ubicado en la cocina sobre el lavamanos. No tenía baño. Tener un baño en esa época era un lujo que solamente podían darse las personas adineradas. Cada mañana, ocho personas se lavaban la cara con un solo trapo. El inodoro estaba ubicado en una esquina del patio pequeño, donde unas gallinas paseaban y dejaban sus excrementos por todos lados.

Las calles eran sucias y los desagües actuaban como alcantarillas. El barro solamente se quitaba con las lluvias. La comodidad era inexistente. Éramos ocho personas en esa casa pequeña: tío Charles y tía Sarah, sus dos hijas, mi abuela paterna «Boubé», mi primo Salomón, mi hermana Rachel y yo. Yo compartía una cama pequeña y angosta con mi primo Salomón. Dormíamos en un closet, sin ventanas, que se había convertido en una habitación.

Rachel, mi prima, la mayor de las hijas de mis tíos, había contraído meningitis cuando apenas era una bebé. La dejó mentalmente minusválida. Nunca fue a la escuela. Su hermana menor, Madeleine, tenía mi edad –una niña bonita que siempre era amable con nosotros-.

Los adultos y adolescentes iban a las duchas públicas una vez a la semana, los sábados por la mañana. Sin importar las condiciones climáticas, esperábamos en la fila, frente del edificio, sobre la acera, normalmente por una hora. Teníamos quince minutos para bañarnos. Nos daba alegría poder oler bien, gracias al jabón llamado «savon de Marseille», una marca popular que también se utilizaba para lavar ropa. Las duchas públicas eran relativamente caras y siempre estaban ocupadas.. Solamente contábamos con suficiente dinero para poder usarlas una vez en la semana. Ese era el único día cuando nos poníamos calzoncillos y una camisa limpias.

Nuestra abuela, «Boubé», era antipática y amargada; probablemente por el sufrimiento que tuvo que soportar durante gran parte de su vida. Durante su juventud en Polonia conocía la pobreza extrema y el miedo a los pogroms. Perdió a su esposo, de tifus, a la edad de treinta años, dejándola con ocho hijos para cuidar ella sola.

Durante la Segunda Guerra Mundial, cuatro de sus hijos fueron exterminados. No nos tenía compasión. Jamás nos mostró amor ni cariño alguno. Sufría de reumatismo, algo que le causaba intensos e incesantes dolores que debía soportar, ya que en esa época no existían los medicamentos para aliviarlos.

En muchas ocasiones, nos pedía a Salomón y a mí para que orináramos en una bacinilla donde ella metía sus manos deformes. Juraba que eso le aliviaba el dolor. Como éramos niños, nos daba risa. Solamente hablaba yídish y polaco. Las únicas conversaciones normales que tenía eran con su hija Sarah, nuestra tía. Nunca supimos porqué no le gustaba su yerno, Tío Charles. Durante los cuatro años que vivimos en esa casa nunca les escuchamos hablar el uno al otro. Por alguna razón, quizá porque sufría de demencia, abusaba de Salomón con vulgaridades en yídish, un idioma cargado de este tipo de expresiones.

Nunca dejé de manifestar mi descontento mientras viví en esa casa. Esperaba que si demostraba mi enojo se darían cuenta que habían cometido un error al separarnos de la familia Ribouleau. Sin embargo, eran indiferentes a nuestra angustia.

¿Era posible que solamente les interesaba las ganancias económicas que traíamos como huérfanos de la guerra e hijos de deportados? ¿O será que lo que en verdad les interesaba era apoderarse de los muebles de mis padres que no demoraron en sacar del apartamento en Compiègne para mudarlos a St. Quentin? No eran muy costosos, pero después de la guerra todo tenía valor. Igual se habían apoderado de los muebles de la mamá de Salomón, los que la tía de su mamá había previamente almacenado, durante la guerra. También se beneficiaban de las labores de mi hermana.

Tío Charles y tía Sarah no conocían el significado de las palabras «cariño» ni mucho menos «amor». Para ellos, estos eran conceptos extraños.

Ambos trabajaban fuertemente. Bajo cualquier tipo de condiciones climáticas, casi todos los días salían a las 5:30 a.m. hasta los mercados donde instalaban sus estantes y sacaban alrededor de mil libras de ropa. La recogían después del mediodía y luego volvían a realizar el mismo proceso alrededor de las dos o tres de la tarde. Cansados después de haber trabajado tan duro cada día, llegaban a casa, donde les tocaba enfrentar un ambiente de rebelión. Salomón y yo hicimos todo cuanto nos fue posible para hacer sus vidas amargas. Mientras, Rachel se había rendido. No quería más confrontación. Anhelaba la paz.

Salomón tampoco estaba feliz con los Blum. Su padre, Meyer, murió en 1937 a causa de complicaciones después de un proceso quirúrgico para aliviar una úlcera. Cuando Salomón tenía sólo dieciocho meses, su mamá, tía Gela, perdió su hogar y le tocó vivir en la calle. No tenía cómo alimentar ni a su bebé ni a ella misma. Se vio obligada a entregarlo a la organización OSE, al principio de la guerra.

Salomón duró casi seis años con OSE, escondido y protegido por esta maravillosa organización humanitaria. Para evitar ser detectado y capturado por los Nazis, se vio obligado a mudarse de los orfanatos a los hogares privados, gracias a personas valientes dispuestas a arriesgar sus vidas para salvar las de niños inocentes, víctimas de la persecución.

Estaba feliz viviendo con los niños que lo rodeaban. Nunca se sintió amenazado, con la excepción de un incidente que puso en peligro su vida.

Las SS irrumpieron en un orfanato en el pueblo de Lourdes, donde estaba Salomón. Sospechaban que allí había niños judíos. Ordenaron a todos los niños a enfilarse y a bajar sus pantalones delante de un doctor francés para ver quiénes tenían la circuncisión y quiénes no. Cuando vino el turno de Sali, el soldado de la SS que miraba por detrás del hombro del doctor se distrajo por unos segundos y miró hacia el otro lado mientras Sali bajaba sus pantalones. Aunque Sali tenía la circuncisión, lo cual comprobaría su origen judío, el doctor le dijo que se subiera los pantalones, como si no hubiera visto nada fuera de lo común. Ese buen doctor salvó la vida de Sali y puso en riesgo la suya.

Sali fue entregado a la familia Blum en diciembre de 1945. Su cabello era rojo y hermoso. Pensaba que solamente duraría unos cuantos días en esa casa, como era costumbre para él. Desafortunadamente fue objeto de burlas por parte de la familia y sus compañeros de escuela. Sufría de incontinencia nocturna, lo cual posiblemente se hubiera curado si lo hubieran llevado al médico. Todas las noches mojaba las sábanas. Tía Sarah, tío Charles y «Boubé» asumieron que lo hacía a propósito y lo castigaron hasta el final. Yo compartía la cama con él. ¡No era cómodo para nada! Me daba lástima el pobre Salomón. Siempre fue amable conmigo.

Cada tarde, antes de acostarnos, me daban ataques de desespero ya que, entre otras razones, no quería estar allí. Salomón me alentaba con palabras de esperanza.

Él tenía una tía abuela, tía de su mamá, que vivía a la vuelta de la esquina de nosotros. Tía Rachel, como la llamábamos, era una persona maravillosa. Salomón la amaba. Almorzaba con ella todos los domingos. A veces la visitaba entre semana. Ese era el único lugar donde hallaba el amor y afecto que, al igual que yo, tanto anhelaba. Desafortunadamente mis tíos desconocían este tipo de emociones. Yo le tenía cierta envidia a Salomón ya que podía ver, así fuera una vez por semana, a una persona que lo amaba.

De vez en cuando lo acompañaba. Tía Rachel vivía en el segundo piso de un edificio viejo. Hacíamos carrera por las escaleras, a ver quién llegaba primero. Abría la puerta con una sonrisa, aunque estuviera cansada la mayoría de las veces. Su pequeño apartamento olía a comida horneada y a cera. Era tan limpio que hubiéramos podido comer sobre el piso. A pesar de su pobreza, siempre tenía algo dulce para ofrecernos y, lo más importante, era cariñosa con nosotros.

Cuando vivíamos con la familia Ribouleau, mi hermana Rachel estuvo matriculada en una escuela secretarial. Cuando llegamos a Saint-Quentin, fácilmente hubiera podido encontrar un empleo como secretaria. En vez de hacer eso, se convirtió en la empleada doméstica de la familia. Hacía el aseo, lavaba la ropa, planchaba y cocinaba. Encima de eso, cada mañana acompañaba a nuestros tíos a los mercados abiertos. Lo hizo todo y jamás se quejó.

Luego de graduarme de la escuela primaria a la edad de doce años, comencé mis estudios de Lycée (secundaria). Mis tíos discutían que la educación sería demasiado costosa y necesitaban que yo trabajara con ellos en los mercados abiertos. Rachel les dijo que sus labores, que no fueron remuneradas, deberían cubrir los costos de mis estudios.

Leon y Rachel 1948

Luego de empezar mis estudios en el Lycée, tuve que enfrentar una noticia que me rompió el corazón: Rachel tenía previsto emigrar a los Estados Unidos. Entre las muchas preocupaciones sobre esta noticia inesperada, a Rachel le inquietaba la posibilidad de que me sacaran del Lycée, apenas ella partiera. Habló con el decano de la escuela, le explicó la situación y pagó toda la matrícula, un año entero por adelantado, con el dinero que papá y mamá Ribouleau le habían mandado.

Pensó que dentro de un año estaríamos reunidos de nuevo en los Estados Unidos.

Capítulo 19

Otra Separación

Poco después que la guerra terminara, tío Charles viajó a los Estados Unidos a visitar a su hermana, Rose, en Nueva York. No la había visto en más de veinte años, desde que emigró de Polonia en los años 1920. Alrededor de un año después realizó otro viaje a Estados Unidos. Cuando Charles regresó, él y tía Sarah llevaron a mi hermana Rachel hasta la sala, cerraron la puerta y le dijeron «Vas a ir para Estados Unidos apenas recibas tu visa y pasaporte. Vas a vivir con mi hermana Rose y su familia».

Rachel no estaba preparada para una noticia de semejante magnitud. Se puso pálida y preguntó, llena de ansiedad «¿Y Leon?». «Se reunirá contigo después. Tía Rose y su esposo, Max, solamente tienen cupo para una persona ahora mismo. Ya tienen tres hijos», dijo tío Charles. Parecía como si él no entendiera el desconcierto que le estaba causando a esta niña.

Mi primo Salomón y yo sospechamos que hablaban acerca de algo importante. Pegamos nuestros oídos a la puerta, un poco entre abierta, y escuchamos toda la conversación. Apenas oí la noticia, la abrí y me fui corriendo hasta la sala y grité «Rachel, no, por favor ¡No quiero que te vayas! Me siento miserable aquí. ¡No puedo estar aquí sin ti!».

«¡No estamos pidiendo tu opinión! ¡No eres más que un niño!», gritó Tía Sarah. Se puso de pie con el fin de intimidarme y, pensé, que me iba a pegar. Me miró con una expresión de desprecio. Hace tanto años y, aún, me acuerdo de la escena. Fue otro momento que me cambiaría la vida. No sabía qué tan monumental sería este cambio. «¡Rachel irá para Estados Unidos!», dijo con firmeza.

«¡No me vas a separar de mi hermana!», grité. Ella es la única persona en esta casa que me quiere. Ustedes ya me han separado de las personas que más adoro en este mundo».

Rachel estaba sobrecargada por la emoción y no pudo hablar. Se me acercó y se aferró a mí. Estuve reviviendo la pesadilla de cuando llegaron los gendarmes y se llevaron a nuestros padres. ¿Cómo pueden los adultos ser tan crueles e insensibles al dolor de un niño de doce años?

«No voy a dejar que ustedes me hagan esto», vociferé. «Leon, por favor cálmate», suplicó Rachel. Su voz totalmente inquieta, apoderada por la tristeza.

No había manera de hacerlos cambiar de decisión. Una vez más, los adultos decidieron mi destino. Rachel no tenía ninguna opción. Tenía dieciséis años. La mayoría de edad era veintiuno. ¿Qué podía decir o hacer? Se sentía la angustia en la sala. Este hogar nunca había sido sede de alegría, y los próximos seis meses hasta la partida de Rachel serían terribles.

Con el fin de consolarme y darme esperanzas, Rachel me decía, «Irás a los Estados Unidos a reunirte conmigo dentro de poco. Trabajaré y ahorraré para financiar tu viaje». «¿Qué será de mí sin tu protección? No puedo quedarme aquí. Me odian», le dije.

Tan sólo pensar en la situación venidera me atormentaba. Daba vueltas en la cama que compartía con mi primo Salomón. No lo dejaba dormir. Él era el único en la familia, además de mi hermana, que trató de animarme. Rachel intentó, un sinnúmero de veces, convencer a nuestros tíos de no separarnos. Insistía que nos mandaran a los Estados Unidos, los dos juntos.

«Déjame quedarme aquí. Trabajaré más duro. Ahorraré para pagar el costo del viaje de los dos», les suplicaba. «No puedo abandonar a Leon. Ya hemos perdido a nuestros padres. Lo han separado de las personas que consideraba su papá y su mamá. Se siente miserable en esta casa. Jamás se acostumbrará a vivir con ustedes, especialmente sin mí. Debo quedarme hasta que podamos irnos juntos», Rachel imploró desesperadamente.

La posición de nuestros tíos no era movible. No mostraron compasión alguna. «La actitud de ustedes es pura cosa de niños. Rachel, algún día nos agradecerás. Irás para los Estados Unidos», respondió tía Sarah.

Para obtener una visa de inmigración, mi hermana tenía que hacerse un examen médico. Como era bastante flaca, esperaba que no pasara el examen. En contra de sus esperanzas, lo pasó. La visa llegó poco después. Cuanto más se acercaba la fecha, me volvía más hostil y agresivo. «¡Ustedes son iguales a los *boches*!», les grité con furor.

Era difícil superar mi resentimiento. Juré, en silencio, que me vengaría por la angustia que esta familia me había provocado. Me habían separado, de manera abrupta e inesperada, de la familia Ribouleau y me obligaron a vivir en esta casa, en la que carecía de cualquier tipo de afecto. Mi hermana era mi único apoyo, mi única esperanza para una vida mejor. Tomaba el papel de mi madre. Era la única persona con quien podía hablar y en quien podía confiar, con excepción de mi primo Salomón, quien fue maltratado, igual o peor que yo.

Durante la ocupación alemana, viví en un estado de miedo incesante. En Saint Quentin, ese miedo fue reemplazado por rabia, desaliento y la sensación de ser víctima de una gran injusticia.

«Volverás a ver a Rachel dentro de poco», decía Salomón, tratando de tranquilizarme. «Solo es cuestión de unos meses. ¡En cuanto a mí, yo estoy condenado a quedarme en esta casa de mierda!». «No sé qué haría sin ella, Salomón. Simplemente no puedo acostumbrarme a la idea», le decía.

El día de la gran despedida se aproximaba. Mi ansiedad llegaba a tal nivel que no podía comunicarme con nadie, ni siquiera con mi propia hermana. Me di cuenta que yo era una carga pesada sobre sus hombros, pero era incapaz de actuar de otra manera. Sentía rabia contra el mundo entero. Rachel me miraba con sus ojos grandes y tristes, tratando de iniciar una conversación. Eventualmente se rindió de tratar de convencerme de que la situación iba a mejorar.

Estaba reviviendo la pesadilla del 19 de julio de 1942. Esta vez, mi propia familia era la responsable de esta separación tan cruel. Ni siquiera me permitieron acompañar a mi hermana hasta Cherbourg, el pueblo donde el barco la llevaría hasta los Estados Unidos, hacia un país que no conocía, hacia una familia que jamás había visto.

Era un día frio ese diciembre de 1949. Rachel tenía puesto un abrigo que había comprado con dinero que le habían mandado los Ribouleau. Nuestros tíos se habían negado a comprarle ropa para el viaje. Decían que la familia en Estados Unidos le daría todo cuanto necesitara.

Nos abrazamos, cegados por las lágrimas. «Se valiente, Leon. Nos reuniremos pronto. Te escribiré apenas llegue. Por favor, escríbeme con frecuencia. Tengo que saber de ti», me dijo con ansiedad.

«Rachel ... », traté de decirle algo más. No pude. Las lágrimas me ahogaban. No podía hablar.

A mi tío Blum le fastidió nuestra emotiva despedida. Se mostró impaciente y seguía apurando a mi hermana a subirse al tren, probablemente precavido, por si tratara de escaparse de la situación.

En esa época, era necesario comprar el pasaje para tener acceso a la plataforma ferroviaria. Tío y tía Blum se habían negado a comprarle uno a Salomón, dijeron que era demasiado costoso. No pudo acompañar a Rachel hasta el tren. Sin embargo, jugaba con la máquina dispensadora de los pasajes, cuando de repente, sin haber ingresado ni una sola moneda, salió un pasaje. Salomón corrió hasta la plataforma donde pudo estar conmigo y con Rachel por unos minutos antes que ella desapareciera de nuestras vidas.

Nuestro primo, Jean Gerbaez, de unos veinticinco años de edad, fue el encargado de acompañar a mi hermana hasta Cherbourg, donde el Queen Mary I, un barco inglés, estaba en el muelle. Cherbourg estaba a unas seis horas de Saint Quentin por tren. La mamá de Jean, tía Ida, fue la responsable de cambiar nuestro destino al testificar en contra nuestra en el último minuto, ante el Concejo de Familia.

El regreso a casa era como el regreso de un funeral. Para mí fue supremamente difícil evitar chillar en voz alta. Estuve al borde de la locura. Quería pegarles a mis tíos. Los odiaba de la misma manera que odiaba a los alemanes que mataron a mis padres. Tenía doce años de edad. No sabía en ese entonces que no volvería a verme con mi hermana durante los próximos catorce años.

Rachel abordó el Queen Mary I el 10 de diciembre de 1949. Estaba extremadamente afligida por no poder irse conmigo. Sufría la misma sensación de una madre abandonando a su hijo. Como los Nazis se habían llevado a mis padres, ella había llenado ese vacío y tomado su lugar.

El viaje era terrible. No pudo dejar de llorar y pensó, en numerosas ocasiones, lanzarse al mar para acabar con todo aquel sufrimiento, con aquella pesadilla. Además de eso, el viaje invernal tuvo sus tribulaciones. El movimiento constante del barco le daba náuseas y enfermó. Se sentía sola, perdida, aunque había más de mil pasajeros a bordo.

La mayoría de estas personas solamente hablaban inglés, un idioma que ella no hablaba. Un grupo de hombres judíos de Rumania se conmovieron ante su expresión tan deprimida y se animaron a hablarle. Se comunicaron en Yídish, un idioma que Rachel y yo aprendimos cuando vivíamos en Saint Quentin. Ella, por fin, tenía con quién intercambiar sus sentimientos. Este encuentro ayudó a aplacar su dolor y posiblemente salvó su vida.

Rose, junto con la hermana de nuestra mamá y su esposo, tío Max Rosenblum, estaban felices de darle la bienvenida a su sobrina desconocida, una sobreviviente de los horrores y las tragedias del Holocausto. Cuando el Queen Mary I arribó al muelle en Nueva York, estaban preocupados que quizá no la reconocieran y, por ende, no la hallaran entre los mil pasajeros que desembarcaban. Tenían un aviso grande con su nombre. Rachel también estaba inquieta ya que se había cortado el pelo y quizá no pudieran identificarla. Posteriormente la encontraron.

La familia Rosenblum vivía en el barrio de Brooklyn. Rachel fue recibida por tía Rose, tío Max, su hijo Irving y sus dos hijas, Shirley, una mujer casada, y Eileen de solo nueve años. Eran personas amables. Los primeros meses fueron difíciles para Rachel. Fuera del hogar, la mayoría de la gente hablaba inglés. Nadie en la familia ni en el círculo de amigos hablaba francés. Afortunadamente, pudo comunicarse con la familia y algunas personas conocidas en Yídish, el idioma que se hablaba -en ese entonces- en casi todos los hogares de judíos, ya que la mayoría de los adultos eran inmigrantes de primera generación.

No pudo superar la tristeza de haberme dejado. Aquí, nada era familiar. La soledad se apoderaba de ella, aunque la familia hacía todo lo posible para que se sintiera en su propia casa. «Dentro de poco te acostumbrarás a la vida en Estados Unidos. Este país te va a encantar», le decía tía Rose a Rachel, tratando de ayudarla a superar su depresión.

«¿Cuándo podría venir Leon a vivir aquí, conmigo?», solía preguntar mi hermana. «No es posible en estos momentos. Nuestro apartamento es demasiado pequeño para todos nosotros. No estamos ganando suficiente dinero como para apoyar a tu hermano. Creo que ni siquiera alcanzamos el mínimo nivel exigido por el gobierno para obtener una visa para Leon».

Mi hermana me mandaba cartas con frecuencia. Me dijo varias veces que tenía la intención de volver a Francia, aunque eso en verdad era prácticamente imposible. Se sentía culpable por haberme dejado atrás.

Rachel estaba ansiosa por ganar dinero, con el fin de Cumplir los requerimientos del gobierno para traerme a los Estados Unidos o, en su defecto, devolverse para Francia. No aceptó la oferta generosa de tía Rose y tío Max de financiar su educación. La tristeza de Rachel pesaba sobre la familia.

Consiguió un trabajo en la fábrica de gorras donde trabajaba tío Max. Este empleo no requería el uso del idioma. Ahorrar para traerme de Francia se convirtió en una obsesión total y su objetivo principal en la vida.

La primera tarde después de que Rachel desembarcara en Nueva

York, llegó a la casa un hombre joven y guapo de diecinueve años de edad, llamado Izzy. Quería conocer a la niña, de quien las personas en el barrio habían hablado durante meses.

En ese entonces, Izzy trabajaba para nuestro primo, Irving, dueño de una tienda de reparaciones de televisores. La familia le había mostrado a Izzy las fotos de Rachel, sonriente y hermosa, y él se enamoró de esa niña en las fotos. Cuando la conoció en persona, no tenía la misma apariencia de las fotos. Estaba cansada por el largo trayecto a través del Atlántico. Parecía triste, no le prestaba atención y hablaba muy poco. Estaba sentada sobre la mesa de la cocina, escribiéndome una carta.

A él le dio lástima esta niña europea. A pesar que su primer encuentro no fue el más emocionante, Izzy volvía cada tarde, después de la cena, para verla. Los dos hablaban en Yídish. Rachel le confesó sus inquietudes. Estaba obsesionada con mi situación.

«¿Cómo podemos traer a mi hermano?», le preguntaba. La familia de Izzy no tenía mucho dinero. No podían ayudar de ninguna manera. Todos compartían su dolor y trataban de consolarla en lo posible.

La familia de Izzy empezó a enseñarle inglés. Él la llevó al Parque de Diversiones de Coney Island. Estaba orgulloso del Ford Modelo «A» que había comprado por sesenta dólares. También estaba orgulloso de la niña tan bonita que tenía en su convertible. Se veían todos los días. Mi hermana estaba conociendo los Estados Unidos, concretamente el área de Nueva York. Lo más importante era que había podido enamorarse y sentir que alguien la amaba. Veía la posibilidad de empezar su propia familia y no tener que depender de nadie más, por primera vez en su vida.

El día de su cumpleaños, el 20 de abril de 1950, Izzy le regaló una cadena con un medallón de oro. Tenía grabada la estrella de David y un lugar para una foto pequeña. Era hermosa.

«¡Izzy, casémonos!», le dijo Rachel de manera directa, algo que lo sorprendió. «Solamente tengo diecinueve años. Apenas me gano quince dólares a la semana. ¿Cómo pagaríamos el arriendo y la comida?», le preguntó.

«Pero», añadió Izzy, «si puedes encontrar un lugar que no sea demasiado costoso, teniendo en cuenta nuestro sueldo, sí, nos casaremos». Lágrimas de felicidad escurrían por su rostro. Estaba convencida de encontrar semejante lugar dentro de poco.

«Dos personas pueden vivir con el presupuesto de uno», le dijo

Rachel. «Cuando estemos casados, podemos empezar el proceso para traer a Leon ¿Cierto?», le preguntó, entusiasmada. Aún le provocaba tristeza cuando pensaba en nuestra separación.

Por problemas con la economía local, Izzy tuvo que encontrar otro empleo. Logró conseguir otro sin tener que esperar mucho tiempo, con un incremento sustancial en el salario, dos veces lo que se ganaba antes. En esa época, treinta dólares a la semana se consideraba un ingreso respetable. Entre los salarios de los dos, pudieron casarse, alimentarse, pagar un arriendo modesto y ahorrar dinero.

Se casaron el día 24 de diciembre de 1950, un año y nueve días después de que Rachel puso sus pies sobre tierra estadounidense por primera vez. Alquilaron una habitación en la casa de una anciana. La señora estaba tan contenta con su presencia que solamente les cobraba la mitad del arriendo original.

Cuatro meses después, Rachel estaba embarazada. Durante su séptimo mes de embarazo, a Izzy le dijeron que tenía que reportarse al ejército. Los Estados Unidos estaban en guerra con Corea del Norte. Afortunadamente, por el embarazo de Rachel, lo eximieron del servicio militar. Anita nació el 19 de enero de 1952. Poco después, empezaron a hacer las diligencias para traerme de Francia. Tristemente, inmigración negó la solicitud para mi obtención de una visa. Su sueldo no era suficientemente alto.

Por otro lado, después de la partida de mi hermana, caí en una depresión horrible. Tenía una rabia intensa y sentía la necesidad de expresarla de alguna manera. Me negué rotundamente a ayudar a mis tíos en los mercados los jueves y los sábados, como me habían obligado durante los últimos años.

Ya no podía concentrarme en mis estudios. Había perdido el interés y la disciplina. Uno de los profesores quería hablar conmigo. Anteriormente había sido un buen alumno, pero se dio cuenta que últimamente rayaba en la mediocridad. Sabía que había perdido a mis padres en el Holocausto y que en el momento vivía con mis tíos. Se imaginó que tenía problemas familiares y se mostró bastante comprensivo conmigo. «Piensa en tu futuro, Malmed. Lo estás poniendo en riesgo. Déjanos ayudarte», dijo de manera paternal.

Me cerré al mundo. No pude responderle a este señor tan amable y sabio sin perder el control. No quería desquiciarme y mostrar mi debilidad delante de él. Había perdido una oportunidad que me atrasó por uno o dos años. Encogí mis hombros. No pude responderle a sus preguntas. No pude, emocionalmente, compartir la desesperación, el sufrimiento y el aislamiento que sentía. No entendía por qué el destino me estaba separando de los que yo amaba tanto, y los que me amaban a mí.

Después de las clases, en vez de ir a un hogar que detestaba, me encontraba con amigos de mi edad en el café local, donde jugábamos futbol.

Mi primo Sali y yo estábamos tan perturbados por la represión y la falta de amor, que hacíamos travesuras. Un día tratamos de hacer cigarrillos utilizando grama seca que encontramos en los lotes vacíos. Parecían como hojas de tabaco, pero no lo eran, para nada. Cuando encendimos e inhalamos los «cigarrillos», los dos nos enfermamos. Cuando teníamos dinero, comprábamos cigarrillos ingleses, llamados Craven. Venían en paquetes de cinco. Eso era lo único que podíamos comprar con el poquito dinero de que disponíamos.

Varios años después de la partida de mi hermana, echaron a mi primo, Salomón, de la casa de mis tíos por algo que había dicho. Tenía quince años. Con ayuda de la comunidad judía de Saint-Quentin, pudo continuar sus estudios en una escuela vocacional, donde obtuvo un grado en la operación de herramientas maquinarias.

Sin Salomón, me sentí más aislado que nunca. No tenía con quién hablar. Me tranquilizaba, un poco, cuando escribía cartas a mi hermana y a mi adorada familia Ribouleau. Era ese mi único escape de la rabia y la soledad.

Sin embargo, estuve al borde de la desesperación absoluta. Tenía que hacer algo para salirme de este agujero. ¿Pero qué? ¿Cómo? No había nadie en mi entorno inmediato que pudiera salvarme de la arena movediza en la cual me estaba hundiendo. Las cartas cariñosas que Rachel me escribía ya no eran suficiente para tranquilizarme y mantenerme en silencio.

Decidí hablar con mis tíos. Cada tarde les decía: «Quiero volver a Compiègne». «¿Estás loco? ¡Nunca!», decía tío Charles con vehemencia. Cada día les daba la bienvenida con la misma solicitud. Esas eran las únicas palabras que intercambiaba con ellos. Tía Sarah me gritaba vulgaridades en Yídish.

Los gendarmes se habían llevado a mis padres. Luego vino esta gente y me separó de la familia que yo amaba con todo mi corazón y mi alma. A mi hermana, una segunda madre para mí, la forzaron a vivir a más de seis mil kilómetros de distancia. ¿Quién me quedaba? Fuera de

Salomón, que ya no vivía conmigo porque lo habían echado a la calle, no había nadie que pudiera brindarme amor, cariño y comprensión.

«Soy prisionero de esta gente», le decía a Salomón cuando nos encontrábamos los domingos. «No pueden detenerme en contra de mi voluntad. Me escaparé».

Escribía largas cartas a papá y mamá Ribouleau. No podían hacer nada. Me aseguraron que siempre me darían la bienvenida en su hogar, pero no podían intervenir en este asunto sin infringir la ley. Legalmente, no podían hacer nada para ayudarme.

«Te vamos a mandar a un orfanato», dijo tía Blum un día. La expresión en su rostro demostraba rencor. Lo dijo con seriedad. «Me escaparé», respondí. «¿Por qué no me dejas regresar a Compiègne?», le pregunté.

Un día se me ocurrió contactarme con el presidente de la comunidad judía de Saint-Quentin. Demoré una semana para acumular la valentía y caminar hasta su tienda. Le pregunté si podía hablar con él acerca de unos problemas familiares. Monsieur Zilberberg, un hombre amable e inteligente, que inspiraba confianza, me preguntó de qué se trataba el asunto. Le expliqué el caso:

«Mi hermana se fue para los Estados Unidos hace dos años y no ha podido llevarme como había planeado. Quiero volver a la familia Ribouleau. Ellos me adoran. Yo los adoro a ellos. Son mis segundos padres, ya que los otros no están. Arriesgaron sus vidas y las de sus propios hijos para salvar la nuestra. Están dispuestos a recibirme de nuevo. Por favor ayúdame. No puedo quedarme más tiempo con mis tíos, me quieren mandar a un orfanato. La situación me está haciendo mucho daño. Ya no sé qué hacer.»

«Escúchame, Leon. Ten paciencia», me dijo. «Te doy mi palabra que discutiré la situación con mis colegas. Hallaremos una solución a tu problema. Mientras tanto, por favor, no hagas nada de lo que puedas arrepentirte».

Cumplió con su promesa. Unas semanas después, invitó a tía y tío Blum a una reunión. Me enteré después que estaban furiosos conmigo por haberle mencionado el asunto a la comunidad. No sabían que me había contactado con el señor Zilberberg.

Les dijo: «Este niño tiene trece años de edad. Es un adolescente maduro. Es muy infeliz y lo ha sido desde que vive con ustedes. Pónganse en su puesto. ¿Por qué siguen insistiendo en que se quede? Todos están completamente infelices. Mis colegas y yo les recomendamos que lo dejen volver donde la familia Ribouleau. Allá es donde Leon quiere vivir, sinceramente. Ustedes han cumplido con su deber con sus padres, su hermano y hermana». Esa misma tarde mis tíos me dijeron que me podía ir.

La felicidad era tan increíble que me quedé sin aliento. Quería saltar sobre los techos de las casas. Se me quitó un peso de encima. Un peso que había cargado durante tantos años.

Por primera vez en cuatro años, me sentí libre.

Capítulo 20

Los «Gendarmes»

Mientras yo vivía en Saint-Quentin, durante casi cuatro años, me dejaban ir a Compiègne cada vez que estuviera de vacaciones de la escuela. Siempre me emocionaba esa época ya que podía estar con las personas que más amaba. No obstante, me daba cólera la idea de regresar a Saint-Quentin, cuando se acababan mis preciosas vacaciones.

Cada vez que regresaba a Compiègne me recibían con los brazos abiertos. Papá Henri y mamá Suzanne me trataban como si yo fuera su propio hijo y, los días que permanecía con ellos, pasaban muy rápido.

Prácticamente saltaba del tren apenas desaceleraba en la estación de Compiègne. Papá y mamá Riboleau me esperaban en la plataforma. Nos besábamos y decíamos muy poco, tratando de controlar nuestras emociones, tan alborotadas en ese momento.

En las épocas en que estaba lejos de ellos durante varios meses, tenía suficiente disciplina para escribirles cada dos semanas. Cuando estábamos juntos trataba de mantener la paz en sus vidas y no hablaba de mi vida miserable en Saint-Quentin. Ellos sabían lo infeliz que era yo. Quería que los tres gozáramos de cada momento que estuviéramos juntos.

Al final de la guerra, las Fuerzas Armadas francesas se habían desmantelado y prácticamente dejaron de existir. Los alemanes robaron el Tesoro Francés. La organización llamada «Les Aréostiers», donde habían trabajado papá y mamá durante tantos años, se cerró.

Estaban sin trabajo y tenían que alimentar a seis personas. Los beneficios de desempleo no existían en ese entonces. La especialización de papá Henri, la elaboración de sogas, dejó de ser útil ya que los carros habían reemplazado a los caballos, los aviones a los globos de aire caliente y la maquinaria a la creación manual de sogas. Los Ribouleau recordaban que nuestro padre, antes de ser deportado, les decía que deberían trabajar independientemente y que él los ayudaría si algún día tomaran la decisión de cambiar de carrera.

Papa Henri y mamá Suzanne se pusieron en contacto con Joseph Epelberg, un amigo muy cercano a nuestros padres. Era éste el mismo

Joseph que cortejaba a mi madre en los años 1930 y que mi papá había correteado para que se largara.

Él, su esposa e hija, lograron sobrevivir a la horrenda época del Holocausto. Joseph salvó a su esposa y su hija del acorralamiento Vel d'Hiv'. Le tocó sobornar a un policía francés con dinero y un abrigo costoso. Ambos estaban extremadamente afligidos por haber perdido a sus amigos, nuestros padres, y no salían de su asombro ante lo que los Ribouleau habían hecho por nosotros.

Joseph quería recompensarlos por haber sido tan nobles. Les dijo que deberían seguir los consejos de mis padres. Fue así como les presentó a algunos de sus proveedores que habían sobrevivido a la guerra, diciendo a dichos proveedores que los Ribouleau no sólo habían salvado nuestras vidas, sino que seguían pagando el arriendo durante los últimos tres años para que nuestros padres no perdieran su apartamento, antes de su regreso. Los proveedores suministraron entonces toda la mercancía que necesitaba papá Henri, al menor precio posible, para que empezara su nuevo emprendimiento.

De esta manera, papá Henri y mamá Suzanne pudieron empezar su propio negocio con una inversión mínima, pagando a los proveedores cada vez que se vendía la mercancía. Su situación económica comenzó a mejorar.

Más proveedores se sumaron a los primeros, cuando supieron lo que había hecho la familia Ribouleau para salvar a una familia judía. Papá y mamá Ribouleau pudieron, de esta manera, aprovechar los términos financieros generosos durante varios años. No disponían de una tienda. Trabajaban en los mercados abiertos, de la misma manera que nuestros padres se habían ganado la vida. ¿Hubo alguna continuidad? ¿Había alguna conexión entre las familias Malmed y Ribouleau?

Papá Henri empezó su negocio con un pequeño remolque, el mismo que mi hermana y yo usábamos para sentarnos cuando íbamos a pescar en los lagos «Etangs de Saint-Pierre». Con su bicicleta, halaba el remolque, lleno de mercancía, hasta los mercados en los pueblos que rodeaban Compiègne. A veces le tocaba pedalear más de treinta kilómetros de distancia, sin tener en cuenta las inclemencias naturales, lluvia, nieve o sol, seis días a la semana.

Después de un año, aproximadamente, compró su primer carro, un «Chenard and Walker». Mandó a modificarlo para que sirviera como una pequeña camioneta. Esta labor la realizó un perito de automóviles. Posteriormente, papá compró una camioneta de carga, manufacturada por Renault y la llamaban el «Mille Kilogs», porque era capaz de cargar más de novecientos kilogramos. La mayoría de personas que trabajaban en el oficio utilizaban este tipo de camionetas. Ya para esa época mamá y papá Ribouleau vendían ropa para hombres. Tenían bastantes clientes frecuentes y ganaban un buen sueldo.

El trabajo era duro. Laboraban seis días a la semana cargando y descargando pesados bultos de ropa. Los lunes iban a París a conseguir la mercancía. Cuando la vendían, la colocaban sobre una estructura que había que ensamblar y desmantelar todos los días. En los inviernos, era difícil armar y desmantelar con guantes puestos y en muchas ocasiones no usábamos guantes. Nuestros dedos se pegaban a los tubos congelados, lo cual provocaba mucho dolor.

Cuando iba a Compiègne durante las vacaciones, mamá Suzanne se quedaba en casa. Yo acompañaba a papá Henri a cumplir con sus labores en los mercados. Cuando tenía catorce años, me dejó manejar la camioneta. No alcanzaba los pedales, así que Papá fabricó dos pedazos de madera y se los pegó a los pedales para facilitarme el acceso. Me alegraba ayudarlo. ¡Me sentía tan bien cuando estaba en Compiègne!

Adoraba mi pueblo de nacimiento y el bosque que lo rodeaba ¡Conocía a tanta gente desde mi niñez! Con frecuencia, venían los vecinos a hablar con nosotros. Preguntaban por mí y por mi hermana. «¡Leon, ya eres casi un hombre! ¿Cómo estás? ¿Estás contento viviendo en Saint-Quentin? ¿Te hace falta Compiègne? ¿Cómo está tu hermana? ¿Te comunicas con ella?».

Tenía unos trece años en esa época. Nunca hablaba acerca de mi situación en Saint-Quentin. Aún sentía vergüenza cuando las personas me demostraban lástima. Me enojaba cuando oía las palabras «pobre niño».

Un jueves por la mañana, papá Henri y yo estábamos en el mercado de Verberie, un pueblo pequeño a las afueras de Compiègne. Yo estaba detrás del stand a la espera de los clientes. Como era costumbre, nos levantábamos temprano. Estuve aburrido y cansado. Bostezaba a cada rato.

Papá estaba ocupado hablando con dos «gendarmes» al otro lado del stand. Nunca había visto a los gendarmes por esos lados. Me di cuenta que volteaban y me miraban mientras hablaban con papá Henri. Pensé que hablaban de mí porque me vieron mientras bostezaba, pero no se estaban riendo. Quizá Papá Henri les hablaba acerca de la tristeza de la guerra y seguramente se sintieron mal por lo que había sucedido a mis padres. Papá Henri volteó y me hizo una señal con sus manos, diciéndome que me acercara a ellos. Le di una mirada inquieta, ya que no me gustaba hablar con los gendarmes en general.

«Leon, ven y saluda a estos hombres», dijo. Me acerqué. Los dos «gendarmes» me miraban con una expresión extraña. Parecían estar avergonzados por algo, como si se sintieran fuera de lugar. ¿Hice algo malo? No tenía memoria de haber hecho algo inapropiado. Los gendarmes, altos y uniformados, me intimidaban. Juré que estaban sudando, aunque no hacía tanto calor. Estaban nerviosos.

Uno de ellos dijo: «Ven, mi niño, dame la mano». Mientras subía mi mano para ofrecérsela al gendarme, papá Henri dijo tranquilamente: «Estos son los gendarmes que ... ». Antes que terminara su frase sabía quiénes eran. Vino a mi mente un recuerdo. Me congelé petrificado.

Fui transportado al 19 de julio de 1942. Vi la escena entera: mi mamá mientras lloraba, mi papá halando su cabello de la angustia, y estos «dos gendarmes», posiblemente con los mismos uniformes que tenían puestos en ese momento, diciéndoles a mis padres que se apuraran, mientras mi hermana y yo nos aferramos al vestido de mamá, claramente perturbados, confundidos y asustados.

Sentí como si hubiera pasado mucho tiempo y aún mi brazo estaba medio extendido para darle la mano al señor. ¿Pasaron cinco segundos? ¿Diez? ¿Un minuto? ¿Dos minutos? No sé.

Estaba mirando a los ojos de las personas que habían mandado a mis padres hacia la muerte. De repente le di una mirada de odio, mis ojos penetrando los suyos de manera cáustica. Estuve paralizado. No sabía qué hacer. ¿Debo escupirles la cara? ¿Debo decirles cuánto los odio, aunque mi mirada ya lo dice? ¿Debo insultarlos y humillarlos delante de todos? ¿Debo preguntarles por qué colaboraron y mandaron a mis padres a los campos de muerte? No pude hablar. No me pude mover. Sentí que la ira se apoderaba de mí. Tuve que luchar para contenerla. Sabía que así dijera algo no podría contener mis lágrimas. No quería llorar delante de estos monstruos, estos traicioneros. Los odiaba tanto como nunca he odiado a nadie en esta vida.

No entendí por qué papá Henri me había puesto en semejante situación. ¿Cómo pretendía que yo les diera la mano y hablara con estos individuos? Sesenta años después, es posible que quizá sea capaz de hablarles, pero jamás les daré la mano, jamás.

De manera repentina, les di mi espalda y me fui de allí sin decir nada. Caminé las calles de Verberie durante varias horas. No tenía ni idea para dónde iba, ni por dónde andaba. Daba lo mismo. Estaba lleno de rabia y resentimiento. No entendía cómo estos hombres aún estaban en uniforme, cuando deberían estar presos. Habían cometido una traición al obedecer las órdenes del enemigo. Estos dos gendarmes y muchos de sus colegas ayudaron a los Nazis a masacrar a más de setenta mil personas inocentes y allí estaban.

¿Eran suficientemente inteligentes como para entender la magnitud de los crímenes que habían cometido? ¿Podían entender la angustia de las familias de los inocentes que entregaron a los Nazis y el dolor incesante que me causaron y que aún sufro? No, jamás podría perdonarlos.

Eventualmente volví donde estaba papá y lo ayudé mientras empacaba la mercancía. Quería hablar con él acerca de lo que había sucedido. Sin embargo, no quería humillarlo. Él no dijo nada. Parecía triste, avergonzado y agitado. Nunca hablamos de lo que sucedió ese día.

No volví a ver a estos «gendarmes». Me imagino que evitaron el mercado de Verberie los jueves, días en que nosotros estábamos allá.

¿Será que alguien les ha preguntado por qué colaboraron con el enemigo? ¿Por qué fueron sometidos tan fácilmente sin resistir a los Nazis? ¿Dormían bien de noche? ¿Será que les decían a sus esposas, sus hijos, sus amigos, que estaban arrepentidos por haber hecho lo que hicieron? ¿O será que trataron de justificar su falta de coraje para resistir a los Nazis?

Después de la guerra, hasta donde sé, ninguna de las personas que trabajaba en las distintas administraciones francesas, que colaboraron con el enemigo, fueron cuestionadas ni castigadas. Por medio de su obediencia ciega a los invasores siniestros, contribuyeron directamente al encarcelamiento de miles de personas inocentes. Personas que luego fueron deportadas, esclavizadas, torturadas y brutalmente asesinadas.

¿Tenían miedo de perder sus trabajos? ¿No pudieron advertir a las personas que fueron obligados a arrestar? Claro que sí. Esos «gendarmes» conocían muy bien a mis padres, quienes les ayudaron en numerosas ocasiones, arreglando sus uniformes sin cobrarles. Su cobardía y egoísmo los condujo a unirse, ciegamente, a la agenda de Hitler.

Cada vez que voy a Francia de visita, es difícil ver a un «gendarme» sin pensar en sus predecesores, sus padres o abuelos que colaboraron con el enemigo, durante la Segunda Guerra Mundial. Me pregunto si estas personas encargadas de asegurar el cumplimiento de la ley, estas personas en las que confiamos para mantenernos seguros, actuarían de igual forma si tuvieran que enfrentar la misma situación, hoy día.

La carencia de medidas para juzgar a estas personas es, total y definitivamente, un mal ejemplo para las generaciones futuras de los oficiales de la ley. Esto me ha dejado una fuerte sensación de injusticia con quienes sufrieron y murieron por la misma cobardía de los empleados del gobierno.

El 16 de julio de 1995, después de cinco décadas de silencio por los oficiales elegidos en Francia, el presidente Jacques Chirac públicamente reconoció, de manera valiente, la culpabilidad de Francia por la deportación y homicidio de más de setenta mil judíos durante la Segunda Guerra Mundial.

Estas fueron sus palabras: *Estas horas oscuras ponen una mancha eterna en nuestra historia y son un insulto a nuestro pasado y nuestras tradiciones. Sí, la locura criminal del ocupante era, como todos sabemos, asistida por los mismos ciudadanos franceses, por el mismo gobierno francés. Francia, tierra madre de las Luces, tierra madre de los Derechos Humanos, tierra de santuario para muchos, tierra del refugio, Francia, en ese día, hizo lo irreparable.*

En julio de 2012, se celebró la conmemoración del septuagésimo aniversario del acorralamiento, llevado a cabo por parte de la policía, donde se arrestaron más de 13,000 judíos en París en julio de 1942 (comúnmente referido como el «acorralamiento Vel' d'hiv»).

Siguiendo los pasos del antiguo presidente Jacques Chirac, el presidente recién elegido, François Hollande, dijo que Francia era responsable de las muertes de miles de judíos, quienes fueron detenidos y luego deportados a los campos de concentración.

Así se expresó: *La verdad es que esto fue un crimen contra Francia, la traición de sus valores; los mismos valores que la Resistencia, los Franceses Libres y los Justos, encarnaron con honor.*

Papá Henri fue respetuoso con las autoridades. Supongo que estos «gendarmes» querían darme la mano con el fin de sentirse mejor y borrar el pasado, como si este simple gesto fuera suficiente para perdonarlos y curar las cicatrices.

Papá Henri no quiso herir sus sentimientos y probablemente no quería tener problemas con la policía en general. Pensó que hacía lo correcto. Me arrepiento de no haber mencionado este evento tan doloroso, después. Pero, repito, queríamos dejar el pasado en el pasado. No quería desequilibrar el amor profundo y la maravillosa relación que tenía con Papá Henri y Mamá Suzanne. Los adoraba y jamás me olvidaré que salvaron mi vida. Seguramente pensaron que yo tenía que seguir adelante y no dejar que el pasado me dañara la vida, ni que la angustia de los recuerdos me esclavizara. De igual manera, quería olvidarme.

Las emociones fuertes resurgían cada vez que una persona mencionaba la guerra. Decidí cerrar la puerta del pasado. Le puse seguro a esa puerta y boté la llave lo más lejos posible, con la esperanza de jamás encontrarla.

Sesenta años más tarde, me di cuenta que el tiempo nunca curó mis lesiones. Todavía sentía dolor. Tenía que volver a aquellos lugares, tenía que revivir el tormento de esos años tan horribles.

Me han dicho que después de completar este libro, me sentiría mejor. Que posiblemente tendría la libertad de hablar acerca de estos años tan difíciles que tuve que vivir. No estoy tan convencido. No sé si algún día estaré totalmente curado. He pensado que me demoré. ¡Ojalá hubiera escrito este libro mucho antes! Me hubiera encantado que papá Henri, mamá Suzanne, René y Marcel hubieran leído sobre la magnitud del amor que mi hermana y yo sentíamos por ellos. Ya no están aquí para dar respuesta a las tantas preguntas que nunca tuve la valentía de hacer, preguntas que ahora jamás serán respondidas.

El encuentro con los gendarmes no perjudicó mi relación con Papá Henri. Ese día, volvimos de Verberie, los dos un poco pasmados por el incidente. No sé si en alguna ocasión habló con mamá Suzanne al respecto. Supongo que sí, aunque ella nunca me mencionó nada. Todo esto parece tan simple ahora, casi setenta años después. En esa época, no lo era.

A lo largo del resto de las vacaciones, seguía trabajando con Papá Henri en los mercados. Cada vez que veía un «gendarme», mi ritmo cardíaco se aceleraba.

El final de mis vacaciones se acercaba. El solo hecho de pensar que tenía que regresar a Saint-Quentin por otros cuatro o cinco meses me traumatizaba. Detestaba las separaciones de los Ribouleau y del entorno tan cómodo de mi pueblo de nacimiento. Papá Henri y Mamá Suzanne me acompañaban a la estación del tren. Los abrazaba y luego abordaba el tren, sobrecogido por la intranquilidad. Pegaba mi frente en el vidrio de la ventana hasta que ya no los pudiera ver. «En las próximas vacaciones volveré y estaré contento de nuevo». Siempre estaba a la espera de esas demostraciones de amor que nos daban a mi hermana y a mí.

«Regresa pronto», me decía mamá Suzanne antes de partir el tren. «Nuestro hogar es el tuyo.»

Capítulo 21

De regreso a Compiègne

Poco después que me dijeran que estaba libre para regresar a Compiègne, abandoné Saint-Quentin. Era el primer día de vacaciones de la escuela, en julio de 1953. Esta vez, no tenía pasaje de regreso. El tren me llevaría adonde sinceramente anhelaba estar. Por fin no tenía que lamentar la idea de tener que regresar. Mi corazón se aceleró apenas vi a papá Henri y mamá Suzanne, aunque me sentí un poco inquieto e inseguro en el momento.

Los dos sonreían de manera radiante. Solté las maletas y me lancé a sus brazos. ¡Había durado tanto tiempo a la espera de ese momento!

Me sentí un poco culpable al pensar que mi primo Salomón aún se sintiera miserable malviviendo en un cuarto de hotel. Había sido como mi hermano, mi familia, mi único apoyo –con excepción de mi hermana- durante esos cuatro años de infelicidad y desesperación.

Ya tenía catorce años. Desde la partida de Rachel, había crecido de niño a adulto. Las tribulaciones de los últimos diez años me habían hecho sospechar de los adultos. Estaba determinado a ser lo más independiente posible.

Adoraba a papá Henri y mamá Suzanne y sabía que ese sentimiento era recíproco.

No obstante, no dejaba de sentirme un poco inquieto. ¿Se quedarían conmigo? ¿Se cansarían de tener a otra persona en su hogar? ¿Qué tal si creen que soy un estorbo en sus vidas? Sus hijos estaban casados. Estaban disfrutando de una buena vida después de haber criado a sus hijos y a nosotros durante tres años de hambruna y peligro mortal.

Cuando observaba las fotos en mi nueva habitación, las de René y Marcel me traían muchos recuerdos, algunos felices, algunos dolorosos. René Ribouleau y Cécile parecían estar muy felices. El amor que sentía el uno por el otro floreció durante el transcurso de sus vidas.

Por su parte, Marcel Ribouleau conoció a Gilberte, su futura esposa en una reunión especial. Ella trabajaba para el Doctor Kaufman, un hombre que se salvó de la deportación y el exterminio. El Doctor Kaufman era un médico general con una excelente reputación de buen doctor y persona caritativa. Los alemanes se habían adueñado de su consultorio poco después del comienzo de la ocupación. Le dieron un plazo de unas cuantas horas para recoger sus pertenencias y largarse, pero tenía que dejarles todos sus muebles.

Unos años después que Rachel y yo nos fuimos a vivir en Saint-Quentin, papá Henri y mamá Suzanne se mudaron de 17 rue St Fiacre a una villa hermosa en la «rue Saint Joseph», a unos tres o cuatro kilómetros de distancia. Frente a la casa había un cántaro con muchas flores coloridas y bien mantenidas por papá. Un balde de flores colgaba también de la ventana en el segundo piso, lleno de geranios. Los Ribouleau ganaron la competencia de «la casa mejor decorada de Compiègne» durante cuatro años consecutivos.

Mi habitación no se podía comparar con el closet sin ventanas donde dormía en Saint-Quentin. ¡Parecía inmenso! Aquí tenía un escritorio enorme para hacer mis tareas, en lugar de la pequeña esquina de un comedor, donde siempre había gente a mi alrededor que impedía mi concentración.

¡Tenía mi propio baño! No podía creer que fuera posible disponer de tantas comodidades. Estaba acostumbrado al estilo de vida donde vivía en Saint-Quentin, donde éramos ocho personas-tres adultos y cinco niños- en un hogar pequeño. Ahora estaba en un mundo de lujos. Aquí se respiraba la tranquilidad, algo a lo que yo no estaba acostumbrado. Lo más importante era que estaba rodeado de personas que me adoraban y estaban felices de tenerme en su hogar, algo nuevo para mí.

Dándose cuenta de mis emociones intensas, Papá Henri dijo: «Tranquilízate, Leon. Los malos tiempos se acabaron. Estás en tu casa de nuevo. No hay nada que temer aquí. Ven y cómete algo».

Mamá Suzanne añadió, «te hice un pastel con cerezas que saqué del jardín, de las que te gustan». Con estas palabras, los últimos años tan angustiosos parecían desvanecerse, por el momento. Nos sentamos alrededor de la mesa y disfrutamos de la deliciosa torta.

La casa en 82 rue Saint Joseph era una estructura de dos pisos. Habían entrenado a una perra, una «Bouvier des Flandes», para que nos trajera las zapatillas. Nos reíamos cada vez que nos hacía el favor. La cocina siempre olía rico.

Abrí mi maleta y coloqué una foto de mis padres y una de Rachel sobre la mesa de noche en mi nueva habitación. La ventana grande tenía una buena vista del jardín donde Papá Henri cosechaba vegetales, frutas y flores; en la mitad se hallaba un árbol de cerezas, del que recogíamos abundante cosecha, año tras año. Entre la cocina y el jardín se localizaba una terraza, donde unos canarios enjaulados cantaban con frecuencia. ¡Esta casa era un refugio de felicidad en comparación con el lugar de donde había venido!

Sin embargo, me tocó hacer varios ajustes a mi estilo de vida, ya que luego de la partida de Rachel a los Estados Unidos, empecé a adquirir malos hábitos. Comencé a fumar, solamente unos cuantos cigarrillos al día, pero era difícil dejarlo. Después de la escuela iba al «cafébar» donde jugaba fútbol, en vez de regresar a casa a hacer mis tareas.

Cuando regresé a Compiègne me comprometí a dejar los malos hábitos atrás y organizarme. Quería aprovechar la oportunidad que tenía de reconstruir mi vida de manera positiva. Boté los pocos cigarrillos que me sobraban.

Asimismo, quería minimizar la carga que representaba para papá y mamá Ribouleau, así que me ofrecí a ayudar en los mercados los días que tenía libres: jueves, sábados por la tarde y domingos. Los jueves y domingos salíamos de casa temprano en la mañana y volvíamos alrededor de la siete de la tarde, ya que los mercados duraban el día entero.

Los días eran largos. Estas actividades ocupaban gran parte de mi rutina diaria. No me quedaba mucho tiempo para estudiar ni para jugar. También ayudaba con el jardín, que requería mantenimiento constante. Aprendí mucho sobre la masonería y el mantenimiento de la casa a una edad temprana. Hicimos una pared alrededor de la propiedad. Aún me preocupaba la idea de no ser suficiente ayuda para mis padres adoptivos. Estaba tan agradecido con ellos, tanto, que tenía que hacer todo lo posible por complacerlos.

Los eventos de los últimos diez años habían sido tan traumatizantes que aún no me sentía totalmente seguro, así estuviera viviendo con una familia que me amaba y me protegía. Me atemorizaba pensar que algún día se cansaran de mí y me obligaran a volver a Saint-Quentin o me enviaran a algún otro lugar. Aún no podía abandonar el temor de las amenazas de mis tíos, la familia Blum, de mandarme a un orfanato.

Pero Papá Henri y Mamá Suzanne siempre fueron supremamente amables y cariñosos conmigo. Mamá Suzanne me ayudaba a seleccionar mi ropa, hasta me sugirió que mandara a hacer mi ropa a la medida. Aunque fue criada en un ambiente pobre y con un nivel de educación inferior, ella desarrolló muy buen gusto para la ropa, el arte, la decoración, la cocina y mucho más.

Me sentí igualmente cómodo con papá Henri. Una o dos veces a la semana íbamos los dos -aunque a veces Marcel se unía al plan- a pescar. Esto nos daba la oportunidad de hablar de todo. Mamá Suzanne, probablemente por efectos de la menopausia, se enojaba por cualquier cosa. Siempre dirigía su rabia a papá Henri. Cuando esto sucedía, a veces me sentía culpable y me iba del cuarto a refugiarme en mi habitación, a la espera que pasara la tormenta.

Entre la escuela y las labores generales, no tenía tiempo para salir con amigos de mi edad, con excepción de algunos domingos por la tarde, cuando iba a cine con un compañero que vivía cerca.

Integrarme a una escuela nueva no fue fácil. La escuela en Compiègne era distinta a la que yo estaba acostumbrado en Saint-Quentin. Aquí, los niños de todas las edades podían fumar en el jardín. Después de un año desperdiciado, me matriculé en otra escuela de excelente reputación. Fue una buena decisión, que alteró el curso de mi educación y de mi vida.

El decano, Monsieur Gibereau, también profesor de matemáticas, era el mejor maestro que jamás había tenido. Los jueves, día libre para todas las escuelas, me daba tutorías sin aceptar remuneración. Me ayudó muchísimo y, por primera vez en mi vida, entendí bien las matemáticas y me sentí cómodo realizando las tareas. Gracias a él, perdí el temor a las matemáticas.

Desafortunadamente, nunca tuve la oportunidad como adulto de agradecer a esta persona por su paciencia, su devoción y todo cuanto había hecho por mí. Siento que contribuyó mucho a mi vida profesional.

Tuve la gran fortuna –con ayuda del Internet- de encontrar y conocer a su hijo y a su nieto más de sesenta años después, en febrero de 2008, en la inauguración del Monumento Conmemorativo del Campamento de Internamiento y Deportación de Royallieu en Compiègne.

Después de graduarme de la escuela secundaria, me encontraba sin saber qué hacer. Recibí unas ofertas para encargarme de algunas empresas pequeñas y continuar con la tradición de mis padres en los mercados. En cuanto a la educación, no tenía ningún modelo a seguir, ni personas que me guiaran entre mis familiares ni mis amigos. Casi todos cuantos me rodeaban empezaban a trabajar desde una edad temprana, a los catorce o quince años, sin ninguna habilidad especial. Aprendían mientras trabajaban. Así era en ese entonces.

Nadie en la familia sabía cómo ayudar con esta decisión tan

importante. Nadie en la familia había superado el nivel del «Certificat d'Etudes Primaires», que por lo general se adquiría a la edad de catorce años. La única excepción era Cécile, la esposa de René, quien había estudiado tres años más; y Marcel, quien había estudiado contaduría durante unos cuántos años.

Yo quería ingresar en la Universidad sin duda alguna, era un deseo casi incontrolable. No obstante, si lo hiciera, no podría contribuir a los ingresos de la familia, y no quería abusar de la generosidad de papá Henri y mamá Suzanne.

Finalmente, decidí estudiar ingeniería mecánica en una escuela vocacional. Aprendí sobre la redacción, el diseño mecánico y a profundizar en el uso de las herramientas mecánicas.

Después de mi graduación, me empleó una agencia del gobierno llamado «Ponts et Chaussées» (Puentes y Carreteras). El trabajo consistía en hacer estudios topográficos para eventualmente construir calles, puentes y alcantarillas para nuevas viviendas. El trabajo en sí era interesante pero con un futuro muy limitado. Tenía que reportarme a dos trabajadores de oficina que superaban los cincuenta años. Como yo era el trabajador más joven, me daban la vergonzosa tarea diaria de ir hasta la tienda y comprarles vino barato.

Mantenían las botellas en los cajones de sus escritorios, donde pudieran alcanzarlas con facilidad. Detestaba esta degradante labor que me imponían. Escondía las botellas debajo de mi chaqueta cuando regresaba de la tienda. Me aterrorizaba la posibilidad de encontrarme con el Director de la agencia por las escaleras, único camino hacia la oficina.

¿Qué le hubiera dicho? ¿Que ese no era yo? Le hubiera tenido que decir la verdad y eso probablemente me hubiera costado mi trabajo. Para él eran más importantes esos empleados antiguos que yo. Por fortuna, nunca me pillaron haciendo esta desgraciada labor. Con frecuencia me ofrecí a hacer labores de campo para evitar acercarme a la oficina de estos señores.

Las condiciones laborales no eran muy motivadoras. Después de un año, decidí buscar un nuevo trabajo. Me ofrecieron una oportunidad como diseñador mecánico en una fábrica de equipos sofisticados, especializada en maquinaria compleja y sofisticada, que producía botellas de vidrio. El trabajo era bastante interesante y tuve la oportunidad de utilizar mi educación. Había unos quince diseñadores en la oficina.

La disciplina era estricta. No nos permitían hablar entre nosotros, a menos que se tratara de temas relacionados con el trabajo. Si la conversación duraba más de unos cuantos minutos, el jefe de ingeniería se acercaba y nos preguntaba si necesitábamos ayuda. Aunque me gustaba el trabajo, no me imaginaba pasando el resto de mi vida en ese lugar, era demasiado restrictivo. Uno de mis colegas en el grupo de diseño, que estaba por jubilarse, me recomendó buscar una carrera más estimulante.

Yo apenas tenía dieciocho años de edad, el más joven entre el grupo de ingenieros. Por alguna razón ambigua, no quería demostrar demasiada ambición por temor a atropellar a los demás, particularmente a los trabajadores que llevaban entre diez y veinte años y estaban en el mismo nivel que yo. Como era mi costumbre, no quería que se enteraran de mis raíces judías.

Mi única salida era por medio de la educación. Me matriculé en la Universidad de París donde estudié Ingeniería Mecánica. Durante dos años hasta mi graduación, me transporté en tren, durante cuarentaicinco minutos, dos veces a la semana, hasta París; todos los miércoles, después del trabajo desde las seis de la tarde hasta la medianoche y los sábados durante todo el día.

Me gradué en 1959, el mismo año que me llamaron de la Fuerza Aérea Francesa. Francia estaba en guerra con Argelia. Cumplí mi servicio militar en distintas bases. El primero en Compiègne, el mismo lugar que usaron los alemanes como un campamento de Internamiento y Deportación. Por una coincidencia extraña, cuarentaiocho años después, en febrero 2008, hice un discurso sobre la Segunda Guerra Mundial y la valentía de la familia Ribouleau, durante la inauguración de la Conmemoración del Internamiento y Deportación, justo en el mismo cuarto donde había dormido cada noche durante los primeros seis meses de mi servicio militar.

La transición de la vida civil a la vida militar era extremadamente difícil. Uno pierde su libertad, física y psicológicamente. Durante los primeros tres meses, tuve que dormir en un dormitorio grande. Había poca distancia entre cada cama. Todos los reclutados venían de realidades distintas. Algunos eran ricos, algunos de clase media y otros eran menos afortunados. La mayoría de nosotros tenía entre veinte y veinticinco años. Uno tenía veintiséis y se consideraba viejo. Había aplazado sus aspiraciones de estudiar una carrera para ser sacerdote.

Todos teníamos que vestirnos de la misma manera, con uniformes

azules todos los días y a todas horas. Tuvimos que acostumbrarnos
a recibir órdenes, a levantarnos, bañarnos, comer y dormir en determinadas horas, exactas.

Después de las nueve de la noche, cuando se apagaban las luces,
era cuando conversábamos entre nosotros, única oportunidad de
conocernos. Además, la oscuridad liberaba a las personas de sus in-
hibiciones. Era necesario desahogarnos mediante la conversación y
expresión de nuestros sentimientos. Algunos confesaban cosas que
normalmente no admitirían. Un hombre parisino, con apariencia
ruda, nos contó una vez, casi llorando, que había violado a una niña
en un barrio en las afueras de París. Jamás hubiera confesado semejante crimen bajo la luz del sol. Nos pidió consejos para abandonar
la vida de pandillero.

Otro, hijo de padres ricos, le prometió que lo ayudaría a conseguir dinero por medio de unos contratos, después del entrenamiento.
Dudo, sinceramente, que los dos hayan vuelto a verse después de esa
época. El niño rico recibía encomiendas de champaña, caviar, panes
exóticos, chocolates y otras delicias costosas que compartía con algunos de nosotros. Nuestras conversaciones en la oscuridad solían tratar de nuestras vidas sexuales.

El personaje adinerado admitió que en ocasiones las amigas de
sus padres, mujeres casadas y mucho mayores que él, lo invitaban a
los hoteles de lujo en París. Estaba convencido que hacer el amor con
las medias puestas era bastante erótico. El que aspiraba a ser cura nos
dijo que, así no llegara a ser cura, esperaría hasta el matrimonio para
tener relaciones sexuales. Estas confesiones, intercambios de ideas y
comparaciones de comportamientos sociales, nos abrieron las mentes. Durante aquellos meses todos éramos casi iguales.

Yo escuchaba mucho y hablaba poco. Nunca hablé acerca de mi
niñez. Traté de esconder mis raíces judías lo más que pudiera. Aún
estaba en estado de negación.

Estuve seis meses en una Escuela Militar en Francia donde
aprendí sobre las comunicaciones electrónicas. Después de completar el curso, me mandaron a las bases aéreas de Tours y Orleans,
al sur de París. Estuve aburrido. Pensaba en todas las cosas intere-
santes que podría estar haciendo en la vida civil. La guerra en Argelia no iba para ningún lado. Cada vez morían más soldados. Luego
empezaron los ataques sobre territorio francés que causaban más
muertes. Aunque no era permitido quitarnos los uniformes, aún en

nuestro tiempo libre, era lo primero que hacíamos cuando salíamos de la base aérea.

El cumplimiento obligatorio de dieciocho meses se extendía mes tras mes. Después de veintiocho largos meses, me soltaron al fin. Regresé a mi empleador original en Compiègne.

Antes de ir al ejército, había conocido a mi futura esposa, Sylviane, en la boda de un primo. Trabajaba como costurera en una tienda de ropa en su pueblo, Blois, al sur de París. Nos casamos en 1960. Nuestro hijo, Olivier, nació el 15 de septiembre de 1962. Vi cuando mi hijo llegó al mundo y, en ese preciso instante, pensé en mis padres y la alegría que les hubiera dado ser testigos del nacimiento de su primer nieto. Me imaginaba los abrazos y los besos que nos hubiéramos dado en celebración de este maravilloso momento. Con el nacimiento de Olivier, el apellido Malmed sobreviviría.

Pocos meses después del nacimiento de mi hijo, acepté un puesto como ingeniero en una fábrica de llantas ubicada en Clermond-Ferrand, ciudad industrial situada entre París y el Mediterráneo.

En Clermont-Ferrand, vivíamos en un apartamento cómodo que nos había proveído mi empleador. Me asignaron en el lugar donde trabajan los entrenados. Había fábricas en el pueblo, todas pertenecientes a la empresa. Desde afuera, parecían como cárceles en vez de una zona industrial y de oficinas. Las enormes puertas de hierro abrían a las 7:45 de la mañana, dejando que entraran los empleados, y cerraban a las 8 de la mañana. Volvían a abrir a las 12:00 p.m. para que los empleados pudieran salir a almorzar. La rutina se repetía a la 1:30 p.m. y en la tarde. Todos los departamentos eran especializados y aislados unos de otros.

Eventualmente supe que la compañía tenía planes de expandirse a los Estados Unidos. Eso me llamó mucho la atención. Indagué y me dijeron que debería tener paciencia, ya que podría demorar unos años la necesidad de contratar personal con mis habilidades.

Mi hermana y yo seguíamos escribiéndonos cada semana de por medio. Aún era raro que las personas tuviesen teléfonos en sus casas. Me enteré de su matrimonio, el nacimiento de sus hijas y su batalla contra la tuberculosis. Se descubrió la enfermedad cuando su hija Anita tenía dieciocho años de edad. Rachel tuvo que permanecer diez meses en el Instituto Hospital Rockefeller en Nueva York.

En 1953, no había casi tratamientos para la tuberculosis. Solamente se recomendaba el aislamiento de las personas y mucho descanso en la cama. Sobrevivió. Hicimos canje de fotos. Pudimos mantener una fuerte relación durante los tantos años que estuvimos separados.

En 1963, catorce años después de estar separados, Rachel vino a Francia con su esposo, Izzy. En ese entonces, vivíamos en Clermont-Ferrand, a unos cuatrocientos ochenta kilómetros al sur de París. Según el pasaje de Rachel, el avión aterrizaba en París por la mañana. Cuando llegamos al aeropuerto, ansiosos por verlos, nos enteramos que los trabajadores del aeropuerto estaban en huelga y que el avión sería desviado a Bruselas, Bélgica, a cientos de kilómetros de distancia de París. Compiègne está ubicado entre Bruselas y París. Nos dijeron que los pasajeros serían transportados a París en bus.

Manejamos hasta Compiègne con la espera de obtener más información acerca del camino que deberíamos emprender después. Rachel, apenas aterrizó en Bruselas, llamó y habló con Papá Henri. Cuando llegamos a Compiègne, papá Henri y Marcel ya habían salido para hallar el bus. Pasarían varias horas antes que volvieran. Era un día hermoso. Sacamos sillas y nos sentamos sobre la acera, emocionados, a la espera de su llegada.

Miraba mi reloj a constantemente y pensaba: «Espero que no se haya pinchado la llanta. Espero que el bus no tenga problemas con el motor. Espero que no se accidenten».

Después de mucho tiempo, estaba supremamente nervioso y no me podía quedar quieto. Entré a la casa y me afeité, algo que no había hecho ese día por andar de prisa para recoger a mi hermana en París. Solamente había rasurado un lado de mi cara cuando escuché: «¡Llegaron! ¡Por fin llegaron!».

De prisa, me quité la crema de afeitar de la cara y me fui corriendo para afuera. El carro de Marcel, un Renault «Fregate» estaba en el proceso de ser parqueado en frente de la casa. Se abrieron las puertas. Vi a una mujer hermosa, vestida de manera elegante, con un vestido azul y unos guantes blancos. Nos miramos por unos segundos, sin creer que fuera posible. Finalmente, nos abrazamos sin querer soltarnos el uno del otro. Habían pasado catorce años desde la última vez que nos vimos y nos escuchamos las voces.

Lloramos incontrolablemente. No quería soltarme de Rachel. Las emociones eran fuertes. Por fin, hablé su nombre y pude decir, «Rachel ¿en verdad eres tú? ¿No estoy soñando?». «No. No estás soñando. Estoy aquí», dijo entre gemidos.

A su lado había un hombre alto. Sonreía. Reconocí a Izzy, el esposo de mi hermana, por las fotos que Rachel me había mandado. Me dio un beso extraño. Aprendí después que los hombres casi nunca se besan en Estados Unidos. Dijo algo en inglés. No le entendí. Me dio pena ya que no se me ocurría ninguna palabra en inglés. Rachel se convirtió en la traductora.

Las tres semanas que duraron con nosotros pasaron muy rápido. Teníamos tanto de que hablar, tantos recuerdos para revivir, tantas personas para ver y tantos lugares a donde ir. Hablamos del arresto de nuestros padres, las dificultades durante la guerra, nuestra estadía en Saint-Quentin, la partida de Rachel para los Estados Unidos. Fuimos a ver el edificio donde vivíamos con nuestros padres y con papá Henri y mamá Suzanne.

Había nuevos ocupantes en el apartamento del primer piso. Nos recibieron con mucho cariño y nos dejaron entrar en los apartamentos vacíos donde habíamos vivido entre 1940 hasta 1946. Bajamos hasta el sótano donde habíamos pasado tantos días y tantas noches. El refugio para las bombas que Papá Henri había construido cerca del gallinero ya no estaba. Sin embargo, aún se veía la pila de tierra contra el muro del jardín que usé para tirarme al otro lado mientras me buscaban las SS. Debajo de esa pila de tierra Marcel había escondido una ametralladora que había encontrado cerca de una avioneta caída en el prado adyacente.

El bloque que habíamos usado para decapitar el pato que se había escapado sin cabeza permanecía en el patio. ¡Tantos recuerdos! El único recuerdo que tenía de mis padres era el día de su arresto. Rachel hablaba de lo amables que eran y el amor que sentían por nosotros. Hablamos de la familia Ribouleau, su inmenso coraje, amor y cariño que nos brindaron durante nuestra turbulenta niñez.

Izzy estaba ansioso por conocer París. Sabía acerca de la capital francesa por la televisión americana y las revistas. Nos dijo, sin haberla conocido, que pensaba que era la ciudad más bella del mundo.

Salomón, nuestro primo que vivía en el centro de Francia, se encontró con nosotros en París. Con él compartimos los recuerdos de nuestra estadía en Saint-Quentin. Recordamos nuestras caóticas vidas durante y después de la guerra. Nos sentimos conmovidos al hablar acerca de esta época tan aterradora.

El día pasó rápidamente. Todos –Rachel, Izzy, Salomón, Sylviane, mi esposa y yo –hicimos tantas cosas en un día. Vimos la Torre Eiffel, Notre-Dame, el Sacré-Coeur, el Monumento del Judío Desconocido.

Montamos un bote por el río Seine y caminamos los Champs Elysées.

Cuando el día se acabó, me fue difícil abandonar a Salomón, una persona con la que había compartido tantas vivencias y recuerdos. Partimos todos a Saint-Quentin para visitar a nuestros tíos, los Blum. No los había visto desde que me fui de allí, doce años atrás. Fue un encuentro donde sobraban los sentimientos de tensión. Rachel estaba orgullosa y feliz de presentarles a su esposo Izzy.

El rencor que yo sentía por ellos aún no se había desvanecido por completo. No obstante, hice mi mayor esfuerzo por ocultarlo y comportarme de manera decente. No quería arruinar el día. Esperé que este encuentro me ayudara a olvidarme de los recuerdos dolorosos de mi separación de la familia Ribouleau y de mi hermana, además de mi terrible estadía de cuatro años en esa casa.

Fuimos a Blois y visitamos a los padres de mi esposa. Allá vimos los hermosos castillos del Valle de Loire. A Rachel y a Izzy les encantó cada minuto de nuestra aventura por Francia. Para ellos todo era tan diferente, incluso para Rachel, quien no conocía nada al sur de París hasta ese momento. Ella vivía una vida muy feliz en los Estados Unidos. Aún tenía la esperanza que yo me juntara con ella en ese país.

A Izzy le encantó Francia. Nunca había salido de los Estados Unidos, antes de ese viaje. Los medios modestos de su familia nunca lo permitieron viajar. Hizo muchas preguntas, ya que era una persona curiosa por naturaleza.

Aprendí mucho acerca de mi cuñado durante el mes que estuvimos juntos. Era inventor. Sin un título universitario, gozó de una maravillosa carrera como empresario. Me habló de las muchas ideas que tenía previsto crear. Era emocionante y me interesaba mucho lo que tenía que decir. Nuestros pasados se complementaban. Persistía en tratar de convencerme de mudarme a los Estados Unidos y enfatizaba el anhelo de mi hermana por estar reunidos de nuevo. Estaba seguro que allá gozaríamos de una mejor calidad de vida que en Francia. ¡Tenía la razón!

Mis prospectos como profesional en Francia eran limitados, así que puse mucha atención a los argumentos de mi cuñado. También analizaba las dificultades en las que podríamos incurrir si decidiéramos emigrar. Habría que convencer a mi esposa que no hablaba ni una palabra de inglés y que además era muy cercana a su familia.

También estaría dejando a mamá Suzanne y papá Henri, además de un empleo estable. Tendría que vender nuestros muebles y el carro, para mudarnos a un país que no conocíamos y donde nunca habíamos estado. Estos factores pesaban en contra.

Despedirme de mi hermana y mi cuñado fue muy difícil, aunque esta vez sabíamos que no tendríamos que esperar otros catorce años para volver a vernos.

Después de su partida, Sylviane y yo hablamos sobre esta idea «loca» de mudarnos para los Estados Unidos. ¿Era una oportunidad?

El ambiente lleno de tensión, las condiciones laborales agotadoras y la presencia de un colega anti-semita en Clermont-Ferrand, que en ocasiones me insultaba y se burlaba de mi origen judío, también pesaban sobre la decisión que tomaría.

Me di cuenta que sería difícil seguir adelante en la industria francesa sin la ayuda de personas poderosas, a las cuales yo no tenía acceso. No me veía a la espera de una promoción que probablemente no llegaría (a un incremento de salario) las próximas vacaciones y la posibilidad de jubilarme tranquilamente. Me molestaba la apatía de la mayoría de los empleados, la falta de amor por lo que hacían. Me sorprendía, incluso, la división tan abrumadora entre los dirigentes y los empleados. Tenía que rodearme de personas que compartieran la pasión que yo sentía por la empresa y los productos que ofrecía.

Tenía que ampliar mi conocimiento, mis horizontes y sentir que estaba contribuyendo al crecimiento de la organización. Pero, por encima de todo, anhelaba estar cerca de mi hermana.

La idea de emigrar era cada vez más llamativa. Sabíamos que no sería fácil, pero no podíamos dejar que esta oportunidad nos pasara por delante, sin aprovecharla. A mi vida cómoda y monótona en Francia le faltaban los retos que yo buscaba. Sylviane estaba embarazada de nuestro segundo hijo. Irnos de Francia implicaría cambiar un apartamento bonito, muebles y un carro relativamente nuevo, buenos amigos, una hermosa región de Francia y nuestras familias, por algo totalmente desconocido.

Después de varios días de análisis y pensamientos profundos, decidimos aceptar la oferta de Izzy y Rachel de emigrar a los Estados Unidos. Nos emocionaba el prospecto de una nueva vida en un nuevo mundo.

Yo tenía 27 años de edad, Sylviane 25 y Olivier apenas un año.

Capítulo 22

Otra Despedida

Febrero 1964. Abordamos un barco maravilloso, el SS France, en el muelle de «Le Havre» en la costa de la Britania Francesa. La cantidad de equipaje, además del alto costo de los vuelos, nos convenció que sería mejor la ruta marítima. También nos parecía llamativo el prospecto de durar cinco días en este barco de lujo.

El SS France, con sus 315 metros de longitud y su capacidad para dos mil pasajeros, era uno de los buques más grandes de su época. Este sería su segundo viaje a través del Atlántico. No teníamos ni idea cómo serían las condiciones en el mar durante tantos días.

Durante el proceso de abordaje, el ambiente era caótico. Había multitud de gente y equipaje por todos lados y muchísimos emigrantes entre los pasajeros. Las familias no querían dejar de aferrarse los unos a los otros. ¿Cuándo se volverían a ver? Para algunos, la respuesta sería nunca.

La escena era conmovedora, personas dándose besos y abrazos, sus rostros llenos de lágrimas. Tomamos fuertemente la mano de nuestro hijo Olivier, por temor a perderlo entre la masa. Tenía dieciocho meses de nacido. Hasta la entrada del muelle nos acompañó Daniel Monier, mi concuñado, el esposo de la hermana de mi esposa. De allí se llevó nuestro carro, un Renault R4, que nos había comprado.

Días antes de nuestra partida visitamos a Papá Henri y Mamá Suzanne. La despedida fue extremadamente dolorosa. No pude controlar la sensación de culpabilidad por dejarlos. No les gustaba la idea de nuestra emigración, probablemente porque pensaban que no nos volverían a ver jamás. Sin embargo, entendían mis intenciones y el hecho que deseara mejorar mis condiciones de vida, además de volver a estar con mi hermana. Les fue demasiado difícil aceptar el hecho de nuestra partida definitiva. Recuerdo la expresión de desconsuelo en sus rostros, un año y medio antes, cuando se enteraron que nos íbamos a vivir a Clermont-Ferrand, a unas ocho horas en carro -de Compiègne- en esa época.

Ahora tuve que decirles que nos estábamos mudando a otro

continente, al otro extremo del océano Atlántico. No podían comprender por qué estaba dejando un empleo seguro con una empresa grande y exitosa, que consideraban una de las mejores. La costumbre en Francia era quedarse con la misma compañía hasta que uno se jubilara. Cambiar de empleador era mal visto y demostraba inestabilidad personal. Mi decisión los sorprendió mucho. Aún veo la expresión de preocupación en sus rostros cuando les di la noticia.

Papá Henri dijo, con una voz de tristeza: «Hijo, espero que lo hayas pensado bien. Espero que no estés tomando una mala decisión». Le dio un beso a Olivier y continuó: «Esperemos que te puedas acostumbrar a una vida completamente diferente». Mamá Suzanne estaba llorando cuando nos besó. Fue una separación bastante dolorosa.

Pensé en mis padres, siempre jóvenes en mi mente. ¿Hubiera podido alejarme de ellos si aún estuvieran vivos? ¿Estarían de acuerdo con esta partida? Probablemente hubieran estado felices al saber que Rachel y yo estaríamos reunidos de nuevo. Sin embargo, si mis padres aún estuvieran vivos, no es probable que Rachel se hubiera mudado para los Estados Unidos.

Fue muy difícil dejar atrás a las personas que yo amaba tanto, con quienes había compartido momentos tristes y dolorosos: la policía Francesa llevándose a nuestros padres, la destrucción de mi niñez, el temor incesante; pero también tantos ratos de alegría: las cenas familiares, las reuniones de los festivos, los juegos con cartas, las salidas de pesca. De todas formas, sentí que al abandonar Francia, estaba cerrando la puerta a un pasado que duré tanto tiempo tratando de olvidar.

La pregunta era: ¿En verdad me olvidaré? Una vida nueva me esperaba. ¿Cómo sería?...

El personal a bordo del SS France, nos hizo sentir como si perteneciéramos a la realeza. No estábamos acostumbrados a semejantes lujos. Había una piscina, un cine, bares, lugares para leer, una guardería para los niños. Nos hubiera encantado aprovechar todas esas comodidades, pero las condiciones climáticas nos tenían otros planes.

Atravesar el Atlántico no fue tan agradable como teníamos previsto. Nuestra cabina estaba ubicada en la parte trasera del barco, encima de la maquinaria estabilizadora. Hacía mucho ruido y no nos dejaba dormir.

Enfrentamos una tormenta espantosa la primera noche, mientras cruzábamos el canal Le Havre hacia Londres. El mar estaba alborotado y las condiciones, por lo general, no mejoraron durante el transcurso del viaje hacia Nueva York. Parecía como si las olas alcanzaran la altura del buque entero. A pesar de su enorme tamaño, sentíamos como si no fuésemos nada más que un corcho flotando en el océano inmenso. Sylviane estaba embarazada. Estuvo enferma durante gran parte del viaje a causa del movimiento constante.

En la mañana logramos caminar de nuestra cabina hasta la guardería, donde dejamos a Olivier. Luego, tuvimos la suerte de encontrar una silla dentro del salón en la mitad del barco, donde no se sentía tanto el movimiento. Se hacía bastante difícil ir de un lado a otro, tanto que era necesario utilizar el pasamanos de seguridad. Cuando el mar se calmó por unas horas, fuimos al hermoso comedor. Los utensilios estaban atados a las mesas para que no se cayeran. Desafortunadamente nos tocó faltar a muchas de esas deliciosas comidas.

Olivier fue el único de nuestra familia que no sufrió de mareo durante el viaje. Logramos dejarlo en la guardería durante gran parte del día. Hubiese sido muy difícil para nosotros poder cuidarlo.

Teniendo en cuenta las condiciones, debido a la turbulencia del mar, las conversaciones con los otros pasajeros eran casi inexistentes. A pesar de que nos hubiera encantado aprovechar todo lo que ofrecía este barco de lujo, solamente anhelábamos el momento de llegar.

Era nuestro primer viaje a los Estados Unidos. Nuestra única fuente de información acerca del país donde planeábamos vivir provenía de las películas americanas, muchas de ellas de vaqueros, de los noticieros, de las fotos que Rachel nos había mandado y de los libros que habíamos leído.

Un año antes de nuestra ida a los Estados Unidos, una pareja estadounidense, amiga de mi hermana y mi cuñado, nos visitaron en Francia y nos hablaron sobre la buena vida en los Estados Unidos. No sabíamos qué nos esperaba al final del viaje. Para nosotros no era posible anticipar cómo sería nuestro destino en este nuevo país.

Por fin acabó nuestra odisea de cinco días sobre el mar, la que habíamos sentido como si se tratara de mucho más tiempo. El barco se acercó al muelle de la ciudad de Nueva York a las 5:00 a.m. el 22 de febrero de 1964. Todos los pasajeros del barco teníamos la mirada fijada en el panorama de esta maravillosa ciudad. La vista que habíamos esperado con ansiedad era la Estatua de la Libertad. La podíamos ver en la distancia. Para nosotros era la mayor representación de los Estados Unidos y de la «Libertad».

Es difícil describir mis sentimientos mientras pasábamos bajo este hermoso hito histórico. Las fotos no son suficientes para sentir la verdadera belleza y esplendor que representa para un inmigrante. En ese momento, mientras veía la Estatua de la Libertad, entendí por qué había decidido inmigrar a los Estados Unidos. Inconscientemente, buscaba cualquier razón para convencerme que había tomado la decisión correcta. El hecho de haber desarraigado a mi familia de una vida cómoda me provocaba mucha inquietud. Sin embargo, la libertad, para mí, significaba mucho más que la libertad física.

En Francia me sentí prisionero por mi identidad judía. Jamás podría justificar ni olvidar la colaboración de la policía y la administración francesa con los Nazis. No lo pude sacar de mi mente. El hombre que odiaba a los judíos y, con quién me tocaba trabajar diariamente, era un recordatorio constante acerca que había muchas más personas como él. Veinte años después que terminara la guerra, aún era posible encontrar ese tipo de personas.

Sabía lo que dejaba atrás, aunque desconocía qué me esperaba adelante. ¡Tenía tantas esperanzas, tantas expectativas! Es posible que, en el fondo, esperara encontrar a esos soldados que masticaban chicle, caminando con sus botas silenciosas sobre las calles de Compiègne, durante el amanecer del día primero de septiembre de 1944. Aún no me olvido del sonido exacto de esas botas, mientras me acercaba a la ventanilla del sótano, aquella mañana.

El SS France pasó por debajo del gigantesco puente Verrazano Narrows que conecta Brooklyn con Staten Island. Estaba todavía en construcción.

A partir de las 4 de la mañana estábamos despiertos. Alrededor de las 8 de la mañana, ¡Por fin atracamos! Los pasajeros estábamos ansiosos por desembarcar. Duramos varias horas para pasar por inmigración y aduana. Libres y sobre tierra firme, caímos finalmente en brazos de Rachel e Izzy.

Había pasado casi un año desde que nos vimos en Francia. Además de los regalos de Olivier, los álbumes de fotos y algunos utensilios que habían pertenecido a mis padres -guardados por papá Henri y mamá Suzanne «hasta su llegada»- también habíamos traído con nosotros una pequeña motocicleta, llamada un «Mobylette» en francés, para Izzy.

Nueva York es bastante frío en febrero. El cielo estaba azul puro. Había nevado el día anterior y había nieve por todas partes, nieve sucia. Los andenes estaban repletos de peatones. Todo el mundo parecía estar de prisa, como es costumbre en las ciudades grandes. Imaginé que los peatones también estaban ansiosos por escapar del frío. Los taxistas pitaban impacientemente. Mi primera impresión de los Estados Unidos no estaba siendo tan agradable como había imaginado. Ya no sabía qué pensar ni cuáles expectativas debería tener. Apenas salimos de la Ciudad de Nueva York descubrimos calles bordeadas con árboles y hermosas casas rodeadas de césped cubierto de nieve. Nos sorprendió el hecho de no ver muros ni rejas separando la calle, de las casas.

Mi hermana vivía en un pueblo pequeño llamado New Hyde Park, en Long Island, a unos cuarenta kilómetros de la Ciudad de Nueva York. Nuestras sobrinas Anita, de doce años, y Helene, de ocho, nos esperaban impacientemente. ¡Habían oído decir tantas cosas de nosotros durante tanto tiempo!

El plan era que nos quedáramos con Rachel e Izzy hasta que consiguiéramos nuestro propio apartamento. Anita nos cedió su habitación, una decisión que lamentaría después, ya que le tocaba dormir en el sótano. Nuestras sobrinas, las dos, nos miraban como si fuésemos de otro planeta. La mayoría de su atención estaba enfocada en su primo Olivier, quien parecía un muñeco con su abrigo azul y su gorrito del mismo color.

Sylviane estaba ansiosa por descansar después de un viaje tan largo y agotador. No era capaz de comunicarse con nadie y se sentía aislada. Ya le hacían falta su familia y sus amigos. Los vecinos y familiares que sabían acerca de nosotros estaban curiosos y emocionados por al fin llegar a conocernos.

Yo era bastante consciente de mi precario inglés y me daba miedo parecer un imbécil al equivocarme mientras hablaba. Para mí era muy difícil entender el inglés americano. Todos mis profesores de inglés en Francia hablaban con acento británico. No obstante, estaba agradecido por tener a mi hermana, quien me ayudó a responder cualquier pregunta que me hicieran. Estábamos, como era natural, cansados y desorientados.

Algunos días después de nuestra llegada fuimos a visitar a la Tía Rose, quien le había dado la bienvenida a Rachel en su casa, unos quince años atrás. También conocimos a nuestra prima Eileen, su esposo Irwin y nuestro primo Irving.

Estábamos descubriendo un nuevo lado de nuestra familia, que solamente conocíamos por medio de las cartas de mi hermana. Por donde íbamos nos trataban como personas especiales. La gente era muy amable y alentadora. Entendían nuestras dudas y nuestras dificultades. Algunos de ellos también eran inmigrantes y conocían las incomodidades por las que estábamos pasando.

Nos impresionaba el tamaño de las casas y nos asombraron los muebles hermosos cubiertos en plástico transparente, algo que los hacía incómodos cuando uno se sentaba sobre ellos.

Mi primera experiencia americana sucedió poco después de nuestra llegada. Un amigo de Izzy nos invitó a su casa. Luego nos llevó a su garaje donde nos mostró su enorme y prestigioso Cadillac. Inesperadamente, me invitó a que lo manejara. ¡Estuve emocionado! En ese momento me hice la promesa a mí mismo, de algún día tener mi propio Cadillac.

¡Llegué a cumplir esa promesa en el 2013!

Unos días después de nuestra llegada empecé a trabajar para mi cuñado, Izzy, quien era Director de un Laboratorio de Investigación y Desarrollo para una fábrica de cortadoras de césped. Me impresionó que Izzy me tuviera la confianza como para otorgarme tantas responsabilidades, casi de inmediato. No estaba acostumbrado a que me hicieran cumplir tareas más allá de mis propias habilidades.

Estuve involucrado en todas las fases de la ingeniería y la manufactura. Debo decir que aprendí más durante el primer año de estar trabajando con mi cuñado, que en todas las labores que realicé en Francia desde que comencé a la edad de 17 años.

Poco después nos mudamos a un apartamento en Queens, cerca al trabajo y al hogar de mi hermana. Estuve feliz, pero a la vez un poco nervioso de estar independiente. Sylviane y yo nos sentíamos minusválidos por la barrera del idioma. Todo era diferente y extraño para nosotros, nos hacían falta nuestros amigos, nuestras rutinas francesas y nuestros viajes a las montañas los domingos. El alquiler de este apartamento costaba cuatro veces más de lo que pagábamos en Clermont-Ferrand, siendo mucho menos cómodo. Era viejo y oscuro. Nos tocó adquirir muebles usados.

Una vez al mes, el departamento de sanidad de la ciudad recogía las basuras en las calles. Los vecinos de mi hermana al otro lado de la calle habían tirado un colchón por la curva de la calle, que parecía casi nuevo, para que se lo llevara la basura. Casi de inmediato, corrí hacia el andén y lo recogí para llevarlo al garaje de mi hermana.

Después de las quejas de Rachel y las lecciones que me dio acerca de todas las enfermedades que podríamos contraer mediante ese colchón, lo volví a tirar al lado de las basuras por el andén.

Poco después de habernos mudado al nuevo apartamento, descubrimos que nuestra cocina estaba infestada de cucarachas. Nunca habíamos visto semejantes criaturas, eran tan veloces que era fácil pensar que estábamos alucinando. Se escondían en la alacena y en los cajones. Por lo general las veíamos de noche. Apenas prendíamos las luces se escondían antes de que nuestros cerebros pudieran registrarlas. Vino una compañía de servicios y fumigó el apartamento. Nos deshicimos de estas bestias por un tiempo y nos volvieron a invadir, hasta que nuestro vecino del piso de abajo, hizo lo mismo.

Cuando por fin logramos salir de las deudas por nuestro viaje a los Estados Unidos, teníamos menos de 1.000 dólares en nuestros bolsillos. Luego de comprar un carro usado y haber pagado dos meses de depósito de arriendo para el apartamento, estábamos sin dinero. Afortunadamente recibía un sueldo cada semana.

Sylviane llevaba seis meses de embarazo y pasaba la mayor parte del tiempo sola, en el apartamento con nuestro hijito. Sin manejar bien el idioma, se le hizo muy difícil comunicarse y hacer amigos. Las visitas al ginecólogo carecían de buena comunicación por su inglés limitado. Empezamos a preguntarnos si nuestra decisión de inmigrar había sido una buena idea.

Después de un parto largo y laborioso, Sylviane dio luz a una niña. La bebé murió cuarenta y ocho horas después. El sueño americano se estaba convirtiendo en la pesadilla americana. Habíamos tenido mucha ilusión por dar a luz a nuestra hijita americana.

Sufrimos de una angustia terrible. Tener que soportar tantas tribulaciones, la muerte inesperada de nuestro bebé, la barrera del idioma extranjero y un modo de llevar la vida tan diferente. Lo que debió ser un evento lleno de alegría, resultó convertido en una tragedia.

¿Por qué ocurrió? ¿Sería que no entendimos bien las instrucciones del médico? ¿Acaso esto no hubiera sucedido en Francia? ¿Sería que la desdicha de Sylviane, durante los últimos meses de embarazo, contribuyó a esta catástrofe? Tantas preguntas sin respuesta definitiva.

Mi trabajo me mantuvo ocupado y satisfecho. Viajé con frecuencia a la fábrica ubicada cerca de Cincinnati, en el estado de Ohio. Allá contribuí a la elaboración de los productos que habíamos diseñado en Nueva York. Estaba progresando en el aprendizaje del idioma y las maneras americanas de comunicarse, bastante diferentes a las de Francia.

Pero a pesar de todos estos progresos, fue muy difícil superar la muerte de nuestra hija. Hasta pensamos en regresar a Francia, más no teníamos el dinero suficiente. Por otra parte, después de estar separado de mi hermana durante quince años, no quería alejarme de ella otra vez.

Nuestro carro usado solía dañarse, pasé muchos fines de semana reparándolo. Durante una de esas sesiones de reparación, el carro se incendió, a causa del roce de unos cables eléctricos. Izzy, quien me estaba ayudando, salvó el carro al desconectar los alambres con sus manos.

En cuanto a la vida social se refiere, nos hacían falta nuestros amigos y nuestra familia. Nos preguntábamos si algún día nos acostumbraríamos al modo de vivir de este país. ¿Llegaríamos a cruzar esa frontera cultural tan enorme?

Por las tardes veíamos televisión. Demoramos varios meses antes de lograr entender todo lo que decían los medios en inglés. El inglés que aprendí en la escuela en Francia era bastante diferente al inglés de Estados Unidos, el acento, las expresiones y especialmente la velocidad al hablar.

Aún me sentía mal por haber abandonado a papá Henri y mamá Suzanne. Me molestaba pensar en su desacuerdo con nuestra decisión de irnos de Francia. Apenas llegamos a los Estados Unidos, les había escrito varias cartas. No recibí ninguna respuesta. Seguí escribiéndoles cada semana, pero el silencio inicial de los Ribouleau me tenía inquieto.

Pasaron varios meses hasta que por fin recibí la primera carta de papá Henri. La carta llenó un pequeño vacío que sentía en mi corazón. Papá me respondió acerca de todo lo que le había dicho de nuestra estadía en este país. Me dio noticias sobre mi familia. Leí la carta varias veces. Esto me quitó un peso enorme de encima. Seguimos escribiéndonos una vez al mes durante los próximos veinte años, hasta que él muriera.

Durante nuestro primer año en los Estados Unidos, siempre tenía hambre y comía mucho, probablemente como resultado de mi ansiedad. Izzy predijo que dentro de poco no iba a caber por la puerta de la oficina. Afortunadamente su predicción nunca se materializó.

Poco después que nos mudáramos para nuestro apartamento,

mientras caminábamos por el barrio, pasamos por una pastelería que mostraba unas tortas junto a la ventana. No pudimos resistir el antojo y nos compramos una. Estábamos ansiosos por terminar el almuerzo para probar la torta. Ésta resultó tan dulce que luego de unos cuantos mordiscos nos rendimos. No estábamos acostumbrados a usar tanta azúcar en las tortas y quedamos un poco decepcionados con los pasteles americanos.

En el trabajo apreciaba mucho las diferencias de la manera en que se negociaba. Me sentía muy bien al poder sugerir, discutir y tomar iniciativas sin el temor a equivocarme. Con el tiempo fui adquiriendo más confianza propia. En las empresas francesas donde había trabajado, siempre había desconfianza y un ambiente rígido donde me sentía bajo vigilancia constante. Estaba disfrutando de mis nuevas libertades y de la confianza en mis habilidades.

Para mí, el año pasó de manera repentina. A pesar de las dudas y las dificultades en cuanto a la adaptación, empezamos a querer a este país.

Allí fue cuando nos dimos cuenta que Estados Unidos era nuestro hogar.

Capítulo 23

El Sueño Americano

Con el paso del tiempo, nos ajustamos a nuestra nueva vida. Aprender a hablar inglés con un buen nivel siguió siendo un reto. Pudimos, con cierto grado de dificultad, seguir los programas de televisión. Ojalá hubiéramos tenido la posibilidad, en ese entonces, de retrocederlos y volver a verlos una y otra vez.

Justamente fue cuando pude comprender la mayoría de los noticieros nocturnos, cuando entendí que había avanzado de manera significativa. Sylviane luchaba y estaba progresando. La habilidad de poder hablar y entender nos dio la oportunidad de hacer nuevos amigos. Me alivió saber que mi esposa estaba superando su deseo de aislarse de la sociedad americana.

Exactamente un año después del nacimiento y el fallecimiento de nuestra primera hija nació Corinne, mi segunda hija, el día 6 de mayo de 1965. Esta vez, afortunadamente, no hubo ninguna complicación durante el parto. Corinne era una bebé hermosa y saludable. Estábamos orgullosos y felices. Deseábamos tener una hija y nos llenó de alegría saber que se había cumplido nuestro deseo.

«¡Tiene tus ojos, Leon!» dijo Rachel con emoción. «Se parece a su mamá», contestó Izzy, contradiciendo a su esposa.

Esos fueron momentos de alegría profunda. Todos nos sentimos muy unidos. Otra vez pensaba en la felicidad de mis padres, si hubieran estado vivos, para compartir la euforia de este momento, producto del nacimiento de su nieta. Estoy seguro que les hubiera encantado cargarla y recostarla sobre sus hombros, cantándole canciones en Yídish, como mi madre me hacía a mí cuando yo era bebé. Los Nazis les habían privado de la maravillosa alegría de algún día acariciar a sus nietos.

Un año después de emigrar, aún vivíamos en el mismo apartamento en Floral Park, Queens, un barrio de la Ciudad de Nueva York. Nuestro próximo sueño consistiría en tener nuestra propia casa.

Durante el año siguiente vivimos con un presupuesto muy estricto, con el fin de ahorrar para nuestro futuro hogar. No salíamos mucho.

Corinne, Sylviane, Leon, Olivier New York 1967

Pasábamos la mayoría de nuestros fines de semana en las hermosas playas de Long Island, durante el verano. Cuando no podíamos salir por cuestiones de mal tiempo, jugábamos con el kit de pintura de Olivier y Corinne. Después de varias horas de diversión con los niños ¡terminábamos creando unas obras divinas!

Para incrementar nuestro sueldo, yo daba clases de francés a las familias americanas que planeaban viajar a Francia o las que simplemente tuvieran el deseo de aprender.

De vez en cuando, íbamos a la casa de unos nuevos amigos que también habían inmigrado de Francia. Vivían en el barrio de Hicksville, en Long Island, a unos cuarentaiocho kilómetros al oriente de la Ciudad de Nueva York. Nos gustó mucho esa zona y empezamos a ver casas por esos lados. Después de unos cuantos meses de andar buscando, encontramos una casa dentro de nuestro presupuesto. En el verano de 1966 nos mudamos a nuestra primera casa, en el barrio de Hicksville.

Los antiguos dueños, individuos muy bohemios, habían cubierto el césped con pequeñas piedras blancas para evitar la tarea de tener que cortarlo. Desafortunadamente esto no impidió que la maleza creciera entre dichas piedras. Duramos varios fines de semana recogiendo las piedras, una por una. Después de un trabajo agotador, logramos tener un césped hermoso.

La sensación de vivir en nuestro propio hogar era extraordinaria. Estábamos orgullosos, habíamos logrado realizar nuestro sueño. Éramos una pareja feliz con dos hijos hermosos, un niño y una niña. Teníamos un carro nuevo, un Ford Coupe. Teníamos buena salud. ¿Qué más podríamos pedir?

No obstante, nada dura para siempre, la vida pronto nos daría otra cachetada. Sorpresas inesperadas y una época turbulenta estaban por venir.

Rachel y yo invitamos a papá y mamá Ribouleau a visitarnos en Nueva York. Aceptaron nuestra invitación sin reservas, algo que nos provocó mucha alegría. Les mandamos los pasajes de avión, con la preocupación puesta en que, si esperábamos demasiado tiempo, cambiarían de decisión.

En 1975, once años después de habernos ido de Francia, les dimos la bienvenida en el aeropuerto de la Ciudad de Nueva York, llamado JFK. Pasaron dos semanas con nosotros. Dos semanas maravillosas. Los llevamos a conocer bien la Ciudad de Nueva York, las playas de Long Island y los enormes centros comerciales. Los centros comerciales no eran populares en Francia en esa época y menos en Compiègne.

Les presentamos a nuestros familiares y amigos. Rachel los llevó a la sinagoga donde ella iba con su esposo, cada sábado. Los presentaron a la comunidad local. Todos en la sinagoga se sorprendieron cuando el cantor entonó una melodía religiosa en el himno nacional de Francia: «La Marseilleise». Papá y mamá se llenaron de emoción. Se pusieron de pié. Papa Henri puso su mano derecha sobre su corazón durante el transcurso de la canción. Toda la congregación estaba conmovida, se pararon y aplaudieron, lo cual no era su costumbre hasta ese momento. Más de treinta años después se puede encontrar a personas en esa misma sinagoga de las que estuvieron presentes ese día y no dejan de hablar de ese momento tan especial.

Las dos semanas pasaron rápidamente. Llevé a papá Henri a pescar, mientras Rachel llevó a mamá Suzanne de compras. Mientras papá y yo nos sentamos en el bote, esperando a que mordiera algún pez, hablamos sobre los tiempos cuando nos sentábamos sobre la

Rachel, Maman Suzanne, Leon, Papa Henri, Nueva York 1975

orilla del río Oise en Compiègne. Hablamos de los botes motorizados y cuánto nos enojábamos cuando perturbaban nuestra pesca al
causar alborotos en el agua. A pesar de estas pequeñas perturbacio-
nes, esa fue una época feliz en el otro continente, a unos seis mil kilómetros de distancia.

Allí estábamos, reunidos de nuevo, por fin, pero solamente por
unas dos semanas preciosas. Con los niños en la escuela, Sylviane,
quien ya hablaba un buen inglés, empezó a buscar un empleo. Encontró una posición como azafata de tierra para Air France. Pidió a
su hermana, Martine, que viniera de Francia para ayudar a cuidar los
niños. Martine aceptó y en poco tiempo se mudó con nosotros. Después de unos meses, con la idea de expandir sus horizontes, empezó
a trabajar en un restaurante francés, en la Ciudad de Nueva York.

Como Sylviane era empleada de la aerolínea, nuestra familia recibió el beneficio de obtener bajas tarifas de vuelo. Aprovechamos la
oportunidad para viajar. En varias ocasiones aprovechamos los fines
de semana extendidos e íbamos a Francia donde pasábamos dos o tres
días con papá y mamá Ribouleau. Siempre nos recibían con los brazos
abiertos. Pasaban los veranos en su segundo hogar en una pequeña aldea llamada «Le Viviers», por la orilla del río Loire, a unos ciento sesenta kilómetros al sur de París y a unos cuantos kilómetros de Blois,
el pueblo nativo de Sylviane. Papá Henri había nacido en esta región.

Olivier y Corinne pasaban casi todas sus vacaciones de verano en
Francia. Les encantaba estar con Papá Henri y Mamá Suzanne. No
demoraron en aprender el francés. En la casa en Estados Unidos eran
reacios a hablar en francés, aunque lo sabían hablar de manera fluida.
No querían distinguirse entre sus compañeros.

Después de varios años de estar trabajando con Izzy, acepté una
nueva posición como ingeniero de desarrollo. Poco después me promovieron a la posición de Gerente de Manufactura. Tenía a mi cargo
ciento cincuenta empleados. Me enorgullecía el hecho de estar al
frente de una posición tan importante. Mis conocimientos profundos de los productos que había diseñado, antes de mi promoción, y
la tecnología de manufactura que había llegado a conocer, mientras
trabajaba con Izzy, me ayudaron muchísimo en el desempeño de mi
nuevo cargo. Trabajaba seis días a la semana y llegaba tarde a casa casi
todas las noches. Adoraba mi trabajo.

Dos años después, me ofrecieron la oportunidad de empezar una
empresa para desarrollar y manufacturar productos de alta tecnología.

Un inversor francés con intenciones de expandirse al mercado estadounidense financió este emprendimiento. Era el trabajo de mis sueños, con mucho potencial.

Otra vez, seguí laborando durante muchas horas en la oficina. Cuando llegaba tarde en las noches, algo que sucedía con mucha frecuencia, mis hijos estaban dormidos. Entraba, de manera sutil y silenciosa, y les besaba gentilmente, sin despertarlos.

Un inmigrante modesto de un pueblo pequeño en Francia quien ha podido durar el resto de su vida como un vegetal en una empresa en su país de origen, ahora era un Vicepresidente Ejecutivo y Gerente General de una empresa americana de alta tecnología. ¿Estaba soñando?

¡Me sentí tan orgulloso, entonces! También estaba convencido que tanto trabajo alegraba y enorgullecía a mi familia. Estaba ciego. No me di cuenta que tanto trabajo me estaba distanciando de mi esposa. Y si acaso lo percibí, lo ignoré.

Una tarde en 1976, Sylviane se me acercó y me dijo, de manera repentina, que quería separarse de mí. Pasaron varios segundos –posiblemente minutos- hasta que me diera cuenta de lo que me decía. Por fin la sangre regresó a mi cabeza y entendí lo que sucedía. Estuve pasmado. Mis piernas ni siquiera podían apoyarme. Casi me caigo.

«¿Qu-qu-qu-qué estás diciendo?», le pregunté, claramente desconcertado. No dejé de mirarla. Estaba totalmente estremecido. Se puso de pie y caminó de un lado para el otro. Se notaba su nerviosismo.

«Quiero que nos divorciemos», dijo. Obviamente forzando lo que tenía que decir. «¿Divorciarnos? ¿Pero, por qué?», le respondí sin siquiera saber cómo debería reaccionar.

Las palabras de mi esposa me inspiraron terror. Me sentí aplastado por una fuerza mayor. El cielo se estaba cayendo. Amaba a mi esposa. Adoraba a mis hijos. No podía imaginar la idea de estar separado de los tres. Todo se estaba colapsando a mi alrededor.

«Ya no te quiero. Lo que teníamos antes, se acabó», dijo Sylviane. Llevábamos quince años casados.

Las paredes me daban vueltas. Sentía como si una tormenta devastadora hubiera alterado mi vida de manera repentina. Estuve destrozado. Debí haber sabido que esto venía en camino. Me acordé que la actitud de mi esposa había cambiado, pero nunca creí que algo así podría sucederme y menos de manera tan abrupta.

No, esto era una pesadilla. No era verdad, me dije. Pronto despertaré. Mis padres se habían desaparecido de un día para el otro. Los

Nazis me habían separado de mis padres de manera forzada e inesperada. Mis tíos se habían llevado a mi hermana cuando yo solo era un niño. ¿Cómo podría tolerar esta nueva tragedia? ¿Cómo podría mantenerme sano, obligado a enfrentar este problema inesperado? Mi esposa y mis hijos eran parte de mí.

El destino estaba en mi contra. Me separaba de todos los que yo amaba. «Por favor, intentemos arreglar los problemas, por nuestros niños», le supliqué desesperadamente. «Es demasiado tarde para eso», respondió. «Por favor», le pedí nuevamente.

Le insistí que viéramos a un consejero matrimonial. Lo hicimos. El psicólogo que escogimos tenía unos sesenta años y se especializaba en problemas maritales. Fumaba una pipa sin cesar. Me imagino que escuchar los problemas de las personas, diariamente, le hacía daño y su única manera de superar esa carga era por medio de una pipa.

Tuvimos sesiones con él, a veces separados, a veces juntos. Le interesaba mucho la historia de mi vida. Le comenté sobre mi fobia a las separaciones. Jamás me había dado cuenta qué tanto que me atormentaban las separaciones hasta que hablé con un especialista. Quería salvar mi matrimonio. Estaba dispuesto a renunciar mi trabajo, a hacer lo que fuera para evitar esta catástrofe. Después de unos meses de terapia, hubo mucho progreso.

De repente nuestro psicólogo murió. Algo que nos entristeció mucho. Nunca buscamos un reemplazo ya que pensamos que no necesitábamos más terapias. En menos de un año, Sylviane volvió a pedir la separación.

«Leon. Ya no siento amor por ti. Me he dado cuenta que te sientes miserable teniéndome como esposa. No te lo mereces. Eres suficientemente joven como para empezar una nueva vida. Es mejor que los dos nos separemos», me dijo. Sabía que ella quería una separación permanente.

Me volvió a entrar la desesperación. Me di cuenta que no había modo de evitarlo esta vez. En mi vida profesional yo era capaz de resolver problemas complejos, técnicos, asuntos de negocio, etc. En mi vida personal no pude hallar una solución al asunto más importante. No pude dormir las noches siguientes. La angustia, que trataba de ocultar de mis colegas en el trabajo, me estaba ahogando.

¿Cómo voy a tener la fortaleza para decirles a mis niños que no seguiré viviendo con ellos?

Eventualmente, llevé a Olivier a una heladería donde íbamos los

Olivier y Corinne, New York 1975

cuatro en las noches de verano. Le expliqué, mi tono un poco torpe y nervioso, que su madre y yo nos íbamos a separar. No sabía qué decirle para calmar su dolor. Me preocupaba la decepción que sentiría, si no inmediatamente, eventualmente. No sabía qué palabras usar. No podía casi respirar. Trataba, forzadamente, de encontrar palabras simples que lo alentarían. El mismo día hice lo mismo con Corinne. Fue un día de tortura psicológica, el cual recuerdo muy bien.

Ninguno de mis hijos me hizo preguntas. Se quedaron en silencio, probablemente pasmados por la inesperada noticia. Les dije que trataría de vivir cerca de ellos y que pasaríamos los fines de semana juntos, como Sylviane y yo habíamos acordado. Sentí su dolor, su tristeza y su temor al futuro. Todas esas emociones eran evidentes en sus rostros inocentes. Era posible que hasta se sintieran culpables ellos mismos. Les prometí que siempre los amaría y que siempre estaría presente para cualquier cosa que necesitaran.

Tenía poco menos de cuarenta años. Pasé los fines de semana y las tardes buscando un apartamento cerca. No quería mudarme. Era una labor emocionalmente muy difícil.

¿Por qué tenía que irme de mi propia casa?

No pude dejar de buscar las explicaciones racionales para anular un matrimonio de quince años, un matrimonio que yo imaginaba perfecto. No quería vivir separado de mis hijos. Eran lo que más amaba en la vida. Sufrirían por este abandono. Estos pensamientos me perseguían día y noche. Pero no tenía opción. Tenía que seguir con mi vida.

Finalmente me mudé a un apartamento amueblado, en el primer piso de una casa de dos pisos. Los dueños, una pareja muy amable de cincuenta y pico de años, vivía en el segundo piso. La casa estaba a una cuadra del mar. Pensé que eso sería excelente para cuando vinieran mis hijos los fines de semana, especialmente durante el verano.

Nunca había vivido solo. Fue un ajuste bastante difícil. Mi trabajo era tan exigente que pude olvidarme de mis problemas personales mientras trabajaba. En las tardes me tocaba enfrentar la soledad y, en muchas ocasiones, el desespero. La soledad me atormentaba. Muchos de nuestros amigos casados, probablemente consternados por mi estatus de soltero, se alejaron de mí, con excepción de mi amigo, el Doctor Maurice Gunsberger, y su esposa Kathleen.

Eventualmente aprendí a vivir solo. Aprendí a cocinar gracias a mamá Suzanne. Me mandó unas recetas desde Francia. Empecé a salir con mujeres. Era un estilo de vida nuevo y no me parecía agradable, no era como yo había imaginado mi vida a esta edad.

Me hacía mucha falta mi antiguo hogar. Me hacía falta cuando llegaba a casa, mi esposa me daba la bienvenida y mis hijos corrían hacia mí como si yo fuera su ídolo. Me hacían falta los momentos de ayudar a mis hijos con sus tareas, a pesar de la frustración que a veces me provocaba. Me hacían falta los fines de semana cuando invitábamos a nuestros amigos a cenar con nosotros, o cuando los cuatro íbamos a la playa o visitábamos algún lugar desconocido y novedoso.

Pasaba cada fin de semana que pudiera con Olivier y Corinne. Íbamos a cine, al teatro en la Ciudad de Nueva York, a la playa, a patinar sobre hielo en invierno, a pasear en velero durante el verano. Un domingo, mientras estábamos montados en un velero, vino una brisa poderosa y repentina y volcó nuestro pequeño velero de solo cinco metros de altura. Terminamos en el agua. Afortunadamente estábamos cerca de nuestra boya. La policía del muelle nos rescató.

La soledad me estaba devorando. Las relaciones románticas que tuve nunca duraron. Empecé a hacerme todo tipo de preguntas acerca de mi matrimonio de quince años. ¿Será que en verdad estuve enamorado de mi esposa? Pensaba que sí. Pero ¿qué sabía yo del amor a mis veinticuatro años de edad? Éramos tan jóvenes cuando nos conocimos en la boda de una prima distante. Sylviane tenía diecisiete años de edad. Yo tenía diecinueve. Se veía hermosa en su traje. Ella vivía en Blois, lejos de mi pueblo de origen, Compiègne, al norte de París, pero cerca a la casa de verano de mamá Suzanne y papá Henri. Empezamos a escribirnos.

Cuando volví del servicio militar, su mamá, una mujer amable, insistió en que nos casáramos. Su padre nunca se involucraba en ese tipo de asuntos. No me sentí listo para casarme. Le dije a Sylviane que nos relajáramos un poco antes de tomar semejante decisión. Eventualmente me rendí a la presión de mi futura esposa y la de mi futura cuñada.

Había aprendido lecciones dolorosas de esta experiencia. No quería sufrir el tormento de otra separación de una nueva pareja y ser sujeto de otra decepción traumatizante. A la vez, no dejé de pensar que nunca conocería a una mujer en quien pudiese confiar, una que pudiera satisfacer mis expectativas.

Inconscientemente, anhelaba conocer a semejante mujer maravillosa. El amor no es «solamente» para satisfacer las necesidades sexuales, ni tampoco «exclusivamente» para vivir una vida cómoda y tener una familia como todos los demás. El amor es algo mucho más profundo, sublime. Es todo lo anterior y mucho más.

Tendría la fortuna de conocerlo en los años venideros.

Capítulo 24

Felicidad, Por Fin

Era 1979. Hacía más de dos años que Sylviane y yo nos habíamos divorciado. Para no alejarme de mis hijos, viví en un pequeño apartamento amoblado donde me había mudado después de nuestra separación. Pasé la mayoría de los fines de semana con Olivier y Corinne. Durante la semana yo vivía completamente solo.

Las mujeres con las que salía no llenaban el vacío que sentía por dentro. Estuve convencido que sería extremadamente difícil, sino imposible, encontrar al diamante de compañera que yo buscaba, la persona que sería mi esposa por el resto de mi vida. Sin embargo, me estaba acostumbrando a la vida de soltero. Para mí era preferible lidiar con la soledad, en lugar de estar en una relación medio vacía que no conduciría a nada.

El Doctor Maurice Gunsberger, pediatra de origen francés, era el doctor de mi hijo desde 1966. Nos acercamos mucho y nos volvimos muy amigos. Yo era el padrino de su segunda boda, e invitado con frecuencia a su casa.

Un día sonó el teléfono. Una llamada que cambiaría el rumbo de mi vida de manera dramática. «Leon soy yo, Maurice», dijo mi amigo con voz alentadora. «¿Te gustaría conocer a una persona maravillosa? Ella es una enfermera de la sala de partos en el hospital donde yo trabajo. Está divorciada. Deberías conocerla. Si estás interesado, te consigo su número». «Ah ... bueno Maurice, ¿por qué no?», le respondí sin mucha convicción.

Me volvió a llamar unos dos o tres días después. Su voz llena de emoción. Me dijo que al principio ella no quería entregar su número, pero logró convencerla. Insistió en que la llamara pronto, antes de que ella se arrepintiera de haber entregado su número. Apenas colgamos, la llamé.

Contestó una voz muy suave. Me presenté inmediatamente, preocupado porque no quería que colgara antes de tener la oportunidad de explicarle quién era yo. Sentí –o imaginé– cierta incomodidad en su voz.

Seguí hablando para que no tuviera excusa alguna para colgar. No tenía ni idea por qué estaba tan pendiente de esta persona, que ni siquiera conocía. Nuestra conversación por teléfono duró más de una hora. Fue un diálogo simple y agradable. Me cayó muy bien y quise conocerla en persona. Logré encontrar el coraje en mi corazón para pedirle una cita y, así, lo hice.

Estaba nervioso y tenía miedo que fuera a rechazarme. Esperé su respuesta. La ansiedad me tenía inquieto. Después de unos segundos que se sintieron como una eternidad, dijo que sí. Una hora antes ni siquiera sabía que esa persona existía y ahora no podía dejar de pensar en ella.

«¿Qué día sería conveniente para ti?», le pregunté, tratando de ocultar mi ansiedad al máximo.

«Estoy ocupada esta semana», respondió.

Le dije: «sí, entiendo. ¿Y la próxima? ¿Qué tal te parece el miércoles? Puedo hacerte una cena francesa si deseas».

«Está bien. Hagámoslo para el miércoles», dijo. Realmente me asombró que aceptara mi invitación.

Nuestra charla prolongada fue tan natural, tan simple, tan interesante. Su voz me había embrutecido. Tenía tantas ganas de conocerla. *¿Cómo parece? ¿Cuántos años tiene? ¿Tendrá novio? Quizá solamente me dio la luz verde para no disgustar al Doctor Gunsberger. Es posible que luego me llame con alguna excusa ...*

Unos días después de mi conversación telefónica con esta mujer misteriosa, Maurice y su esposa Kathleen me invitaron a su casa para celebrar el cumpleaños de su hijo, Joshua, quien cumplía cuatro años. Era un día espectacular con mucho sol y todos estaban en el patio por la piscina. Después de saludar a toda la gente, fui a la cocina a conseguir un vaso de agua. De repente sonó el timbre de la puerta de entrada. Yo era el único en la casa. Abrí la puerta. Allí fue donde vi a una mujer hermosa con un niño de unos tres años. Ella lo tenía de la mano. Esta mujer hermosa estaba vestida con un uniforme blanco, que incluía sus zapatos y su gorro. Imaginé que era la niñera del niño, cuyos padres seguramente tenían una amistad con los Gunsberger.

Su belleza me tenía completamente hipnotizado, no sabía qué decirle. ¡Era hermosa! Me hubiera encantado cambiar el puesto con el niñito para tener su mano pegada a la mía. Nos miramos durante un tiempo, sin decir ni una sola palabra. Escuché a una persona, desde otra parte de la casa, decir: «¡Es ella!». No sabía qué quería decir eso.

¿Ella? ¿Quién? ¿De quién es esa voz? La voz sonaba como si viniera de las nubes. Yo estaba en el cielo al solo mirar a esta mujer. Lentamente empecé a aterrizar. Volteé hacia la voz. Ah ... Maurice me estaba hablando. «Esta es Patricia, la enfermera de la cual te hablaba y con quien hablaste por teléfono», dijo riéndose.

Aún no podía hablar. La mujer hermosa empezó a hablarle a Maurice. Entendí, escuchando su conversación, que el niño se llamaba Jimmy y que ella no era la niñera sino su madre. Por fin aterricé.

«¡Qué sorpresa! No esperaba verte hoy. Qué alegría encontrarte aquí», le dije, un poco nervioso y sorprendido con toda la situación. «¿Todavía estás disponible el miércoles?», le pregunté.

«Sí», me respondió. «Perfecto. El miércoles entonces» le contesté, otra vez, tratando de no sonar muy ansioso.

Me mostró la misma sonrisa encantadora que me había mostrado hacía unos minutos por la puerta de entrada. Hasta hoy, esa sonrisa me causa el mismo efecto hipnótico.

Esa tarde cuando llegué a mi casa, aún encantado con esta mujer maravillosa, empecé a fantasear. ¿Será que esta tarde fue un sueño? Pocos días antes del miércoles, me sentí ansioso e impaciente. Me inquietaba cada vez que alguien llamaba, por temor a que fuera Patricia, con la noticia que tendría que cancelar la cita por alguna razón.

Desde mi divorcio, había perdido mi confianza en las relaciones románticas. Por fin llegó la tarde del miércoles. Había preparado una cena exquisita. Quería impresionarla con mis habilidades culinarias de Francia. Estuve nervioso. El reloj parecía como si se moviera lentamente. Cualquier ruido en la calle me hacia brincar y se me aceleraba el corazón.

¿Por qué estaba tan tenso? Nunca me había sentido así antes de una cita. En ese entonces no lo podía entender. Hoy lo entiendo perfectamente. Me había enamorado a primera vista, por primera vez en mi vida. Era una experiencia desconocida para mí.

Acordamos vernos a las 6:00 p.m. Esa hora llegó y pasó. Observaba el reloj. Llegaron las 6:15, después las 6:30. Después de las 6:45 presentí que me iba cenar solo.

A las 7 p.m. escuché el sonido de un carro que se detuvo en frente de mi casa. Fui y miré a través de las persianas. Del carro salió una mujer hermosa, pero no parecía la misma que había conocido cuatro días antes. La mujer que había conocido ese día estaba vestida con un uniforme blanco, medias blancas, zapatos blancos, una gorra blanca y el cabello debajo de su gorro. ¿Será la misma persona? No, no era posible. ¿Quizás? No sabía qué pensar. Estaba confundido. Alguien tocó la puerta. La abrí, lentamente, sin saber si era Patricia o una persona que se equivocó de dirección, le pregunté:

«¿Tú eres Patricia?». La persona que había conocido el sábado era hermosa. Era maravillosa. Me miraba con una sonrisa, como si me conociera. Se dio cuenta de mi estado de confusión y dijo: «Mi hermana Patricia no pudo venir. Sabía que le habías hecho una cena especial y me dijo que viniera para que no comieras solo. Espero que no estés enojado». ¡Tenía la misma sonrisa que su hermana!

Estuve más allá de estar sorprendido. No sabía qué pensar. Estuve decepcionado conmigo mismo por haberme ilusionado demasiado pronto, probablemente. Pero me di cuenta que ésta era muy parecida a la mujer que conocí en la casa del Dr. Gunsberger. Posiblemente eran gemelas. O era una broma. ¿Será? No sabía qué pensar. No pensé que fuera una broma. Me quedaré soltero, así de sencillo.

Le dije que entrara. Estuve molesto. ¿Cómo se le podía ocurrir a Patricia mandar a su hermana sin decirme nada antes? «Me llamo María», dijo la joven, con voz suave y tranquilizadora, igualita a la de su hermana, Patricia.

Tuvimos una conversación interesante mientras cenábamos. Estaba sorprendida por la comida que yo había preparado. Para la entrada comimos unos camarones, una ensalada, varios quesos diferentes y una torta de manzana hecha en casa. Estaba aún más impresionada, me diría después, cuando lavé los platos sin aceptar su ayuda. Posiblemente nunca había conocido a un hombre que lavara los platos después de una cita.

«Leon», dijo. «Eres tan caballero. Tengo que confesarte algo». Me miraba con cierta picardía en los ojos. «Sí soy Patricia. Cuando abriste la puerta, me di cuenta que no me reconociste. Pensé que sería divertido hacerte pensar que estabas entreteniendo a mi hermana. En verdad, tengo una hermana que se llama María. Pero esa no soy yo. Por favor, perdóname».

Me llené de alegría. Se me hizo difícil ocultar mis emociones. ¡Sí, era amor a primera vista!

Patricia nació en Colombia, Sur América. Llegó a Estados Unidos con sus padres en 1958 a la edad de seis años. Primero vivieron en Queens, el mismo barrio donde yo vivía cuando llegué a este país. Su papá era dueño de una tienda donde vendía máquinas de coser.

Patricia era la segunda de diez hijos. Aprendió a una edad temprana a ayudar a su madre con las labores de casa y a cuidar de sus hermanos.

Era enfermera, una profesión que le gustaba mucho. Trabajaba en la sala de partos en un hospital local donde también trabajaba el Doctor Gunsberger. Éste iba casi a diario para verse con sus pacientes.

Patricia se había divorciado dos años antes. Su hijo, James, tenía tres años. Después de esta primera cita inusual, nos vimos casi a diario. Un mes después, tuve que viajar al exterior por cinco semanas. Por cuestiones de negocio, tuve que irme a Europa, un viaje que había tenido previsto desde varios meses antes. Era bastante importante para mi empresa y me preocupaba que ella dejara de formar parte de mi vida cuando regresara. No quería irme. No obstante, era una obligación importante que no podía aplazar.

Con la esperanza que quisiera volverme a ver a la vuelta, le di la información de mi vuelo de regreso. Visité seis países Europeos. No la llamé durante las cinco semanas que duré por fuera. Cuando llegué al aeropuerto JFK en Nueva York y pasé por la aduana, allí estaba, esperándome, con su sonrisa plena, auténtica, hermosa y radiante. Casi estallo de la felicidad. Nos abrazamos durante un buen tiempo. No la quería soltar. Sabía en ese entonces, por fin, que había encontrado la felicidad en la mujer de mi vida. Era sencillo, real e increíble. Estaba enamorado, un amor que duraría por el resto de mi vida.

Unos meses después, decidimos vivir juntos. Patricia y yo nos mudamos a un condominio que quedaba cerca del hospital donde ella trabajaba. Podía caminar si quería.

Después de su divorcio, había regresado con sus padres. Con ocho hermanos y hermanas, era una casa llena. Cuando Patricia y James se mudaron conmigo, fue un cambio muy difícil para él. En casa de sus abuelos él era el consentido de la familia y sus tíos lo entretenían. De repente estaba solo con nosotros.

Decoramos su habitación y el fondo de su escritorio con figuras de Tom y Jerry. Hice una cama especial con varios cajones para sus juguetes. Tenía un televisor en su cuarto. Yo sabía que sería una transición muy difícil e hice todo lo posible para que se sintiera bienvenido en este nuevo ambiente, con el cariño que un niño debe sentir. Quería que estuviera cómodo y feliz. Yo tuve dos padres y dos madres. Sabía que era posible tener a ambos. James estaba reacio a salir del ambiente al que estuvo acostumbrado, donde era feliz y consentido.

Demoró un buen tiempo hasta que me empezara a mostrar afecto. Yo adoraba a James como si fuera mi propio hijo. Era adolescente cuando pidió cambiar su apellido al mío. Eso me hizo muy feliz.

Habían pasado ocho meses desde el momento en que nos conocimos. A pesar de la alegría y la comodidad de nuestra relación, algo que los dos estábamos disfrutando, el matrimonio jamás se me cruzaba por la mente. Aún temía otra decepción. Dudaba de mí mismo.

En febrero de 1981, inesperadamente, Patricia me preguntó, sin reserva alguna, «¿Quieres casarte conmigo?».

Me sorprendió con esa pregunta, porque nunca habíamos hablado de un compromiso a largo plazo. Para mí, era imposible articular una palabra. No sabía si al tratar de hablar me reiría o lloraría. No esperaba semejante pregunta. La abracé sin decir ni una palabra, apretándola contra mi cuerpo durante un buen tiempo, mientras los dos llorábamos.

No estaba preparado para decirle que sí, pero de ninguna manera le iba decir que no. Después de una noche sin dormir, le pregunté a Patricia en la mañana:

«¿Hablabas en serio ayer? ¿Todavía quieres casarte conmigo?». «Más que nunca», respondió sin pensarlo dos veces. «¿Te quieres casar conmigo?», preguntó por segunda vez en las últimas doce horas. «Sí. Sí me casaré contigo. Te amo», le respondí claramente emocionado.

¡Nos hubiera encantado invitar al mundo entero a nuestra boda! Después de muchas discusiones y planes grandiosos, decidimos tener una boda pequeña. Nuestra familia y nuestro círculo de amigos eran demasiado grandes para acomodarlos a todos.

En 1981, Patricia me acompañó a una convención de Alta Tecnología en Las Vegas. Después del evento nos casamos en el Candle Light Chapel en Las Vegas, delante de dos testigos que habíamos contratado. La ceremonia duró entre quince a veinte minutos.

Ese día nos fuimos al Gran Cañón, donde nos quedamos el fin de semana. Esa fue nuestra luna de miel. Patricia manejaba. En la carretera que iba desde Las Vegas hasta el Gran Cañón, en pleno estado de alegría y euforia, no fuimos conscientes de nuestro exceso de velocidad hasta que vimos las luces y escuchamos la sirena de un policía, detrás de nosotros. Desaceleramos inmediatamente y nos detuvimos a un lado de la carretera.

El policía se bajó y nos preguntó si sabíamos a qué velocidad íbamos. Sin responderle su pregunta, ya que no teníamos ni idea cómo

Patricia y de Leon boda en Las Vegas, 1981

refutarle, yo le dije: «Señor, por favor, nos casamos hace menos de dos horas. Es el día más feliz de nuestras vidas. Por favor no nos ponga una multa el día de nuestro matrimonio».

Al ver la manera en que estábamos vestidos, con unas flores sobre mis piernas, obviamente recién casados, el policía nos regaló una sonrisa sutil y nos dijo, tratando de sonar serio, «sería una lástima si llegaran a tener un accidente en este día tan importante» y nos dejó ir con nada más que una advertencia.

«¡Respeten el límite!», dijo. «¡Sí señor!», respondimos los dos al mismo tiempo. Sentimos un gran alivio por habernos salvado de una multa el día de nuestro matrimonio.

Poco después que volviéramos a casa, le conté la historia de mi vida a Patricia. No había tenido el coraje para profundizar en el tema hasta ese momento y, después de tantos años, seguía siendo sumamente emotivo. Lo había tenido bien guardado, pero estaba a punto de estallar.

Le conté acerca del arresto de mis padres y de los siguientes ocho años angustiosos. Le comenté, con lujo de detalles, la manera en que la maravillosa familia Ribouleau había salvado nuestras vidas, la de mi hermana y la mía. Cómo nos brindaron tanto amor y cariño cuando era lo que más necesitábamos para superar semejante tragedia dolorosa. Patricia escuchaba atentamente, aunque un poco aturdida por la historia.

Era la primera vez en más de treinta años que compartía mis vivencias con otra persona, con excepción del psiquiatra que trató de ayudarme, cuando estaba casado con mi primera esposa.

«Me gustaría llevarte a Francia para que conozcas a la familia Ribouleau. Son personas supremamente generosas y valientes. Sin ellos yo no estaría aquí en este momento», le comenté a Patricia.

No tardamos en viajar a Francia. Patricia nunca había salido de Estados Unidos con excepción de Colombia, su tierra natal. Nuestra estadía en Compiègne fue estupenda. Conquistó a toda la familia con su sonrisa, su amabilidad y su personalidad. La barrera del idioma no fue gran problema. La adoptaron inmediatamente. Papá Henri y mamá Suzanne me felicitaron con muchísimo cariño. Les alegraba mucho saber que había reconstruido mi vida con una esposa tan buena y encantadora.

«Encontraste una perla hijo», dijo papá Henri mientras me abrazaba. «Mereces la felicidad», añadió mamá Suzanne con una sonrisa inmensa.

Varios meses después de haberme casado, acepté una oferta laboral en San José, California. Durante mis muchos viajes de negocios a la costa oeste de Estados Unidos, me hice la promesa que algún día viviría por esos lados. Me encantaba la hermosura y la gente de esa parte del país. Patricia renunció a su trabajo.

En enero de 1982, nos mudamos para Los Gatos, cerca del conocido «Silicon Valley» (Valle del Silicio). Luego de graduarse de la escuela secundaria en Nueva York, mi hija, Corinne, vino a vivir con nosotros. Continuó sus estudios en California State University, en San
José. Mi hijo, Olivier, después de haberse graduado de la Universidad
de Búfalo, vino también a vivir con nosotros.

Estábamos felices con nuestros tres hijos en casa. En el verano íbamos de camping, rafting y surf. En el invierno esquiábamos en la Sierra Nevada. Posteriormente nos mudamos a una casa, a unos cuántos kilómetros de distancia, donde James pudiera jugar con niños de
su edad. Pronto tendríamos una colección de animales: tres gatos, un
perro llamado Cookie, una tortuga, una rata blanca, una culebra con
círculos blancos y negros que rodeaban su piel y un pájaro.

En una ocasión no encontramos a nadie dispuesto a cuidar la rata
blanca de James antes de viajar a visitar a Rachel, así que la llevamos
para Nueva York en el bolso de Patricia. Durante los pocos días que
estuvimos en casa de mi hermana y mi cuñado, la rata permaneció
en una bolsa cerrada. Mi hermana, quien siempre les ha tenido fobia a las ratas, nunca supo de este huésped que, de ningún modo había invitado, ¡por lo menos hasta que lea este libro! James cambió su
culebra por dos paticos. Uno de ellos se ahogó en un balde de agua
¡Qué suerte para un pato!

Nombramos al sobreviviente «Daphne» (pronunciado Dafni).
Creció rápidamente. Cuando yo llegaba a casa en las tardes, tocaba
la puerta con su pico para señalarme que fuera a nadar con él en la
piscina. Me perseguía por todos lados. Cuando me metía a la piscina, nadaba a mi lado. Era una lástima que ensuciara tanto, por eso
no pudimos mantenerlo más. Se lo regalamos a un amigo que tenía
una finca con un pequeño lago. Allá se acercó a un caballo y a una ca-
bra y los perseguía como si fueran sus padres. Daphne vivió allá durante dos años. Un día, probablemente sin poder resistir lo atractivo
que le parecía pertenecer a una bandada, se unió a unos patos salvajes que se metieron al pequeño lago.

Patricia y yo pertenecíamos a un gimnasio y un club de patinadores. Aprendimos a bailar el tango y el vals en patines. Durante una de
las primeras sesiones, mientras aprendía a patinar hacia atrás, me caí
en un enorme sartén que se había puesto allí para recibir las gotas de
una gotera en el techo. Terminé con la cola mojada, algo que entre-
tuvo a los demás patinadores, testigos del gracioso evento.

James estaba creciendo. Corinne se graduó de la Universidad. Trabajaba para una empresa de insumos médicos. Olivier trabajó para una gran empresa de computadoras en el Valle del Silicio (Silicon Valley).

Mi trabajo, como siempre, me mantuvo ocupado. Me especialicé en el campo de alta tecnología de almacenamiento de datos digitales. Dos años después de haberme mudado para California, me promovieron a la posición de Vicepresidente de Ventas y Mercadeo a nivel Mundial. Tuve que viajar mucho dentro de los Estados Unidos, Europa y Asia. Siempre me preocupaba el hecho de dejar a Patricia tantas veces. Nunca se quejó; entendía que era parte de mi trabajo. Pero yo no me había olvidado de los retrasos y la conclusión de mi último matrimonio.

Patricia se mantuvo ocupada con un grupo de caridad para ayudar a niños pobres. En un evento para recolectar fondos, ganó un premio: el alquiler de una casa durante una semana en Lake Tahoe, un lago hermoso -e inmenso- en medio de la Sierra Nevada de California. Cuando se acabó nuestra semana allá y nos íbamos de regreso, vimos una oficina de ventas y alquileres de propiedades con una aviso en la ventana que decía «abierto».

«¿Qué tal si entramos a ver un minuto? Quiero saber cuánto es el precio de una casa por estos lados», le dije a Patricia. Tenía puesto unos Jeans viejos y desvanecidos y una barba de tres días. Cuando nos presentamos al agente, me di cuenta que éste me miraba de manera sospechosa. Me imagino que no parecía, precisamente, el cliente ideal para una casa al lado del lago.

«Permiso, señor. Me gustaría saber el precio de las casas a la orilla del lago», le pregunté.

Me respondió, «lo que pasa es que», no dejaba de mirar mi ropa usada, mi barba y mi cabello despeinado, «no creo que estas casas estén dentro de su presupuesto, recomiendo que le dé una mirada a nuestras casas móviles que son mucho más económicas».

«Oh no señor, no nos interesa comprar casas móviles en este momento. ¡Queremos saber el precio de las casas del lago! ¿Nos puede mostrar alguna?», le pregunté entusiasmado.

«Estoy solo hoy. No tengo mucho tiempo», nos dijo el agente. Finalmente dijo: «bueno, solamente les puedo mostrar una». La casa nos encantó. La vista era hermosa. Desde el balcón podíamos ver el valle donde esquiaban, Heavenly Valley (El Valle del Cielo), a unos cuántos kilómetros de distancia de la casa. Nos entró la tentación.

«¿Qué tal te parece?», le pregunté a Patricia. «¿Estás pensando comprar una casa aquí, en serio?», respondió. «¿Por qué no?»

Los siguientes fines de semana estuvimos mucho en Tahoe, viendo diferentes casas alrededor del lago. Después de dos meses decidimos hacer una oferta en la primera casa que vimos.

Volvimos a vernos con nuestro suspicaz agente inmobiliario. Esta vez nos dio una bienvenida mucho más calurosa. Seguramente mi nueva apariencia tuvo algo que ver con su cambio de comportamiento. Me había afeitado. Estaba bien peinado y tenía unos pantalones más limpios.

Por fin se había materializado mi sueño de toda la vida, tener una casa cerca del agua, con un muelle para un bote en mi propio patio, rodeado de un paisaje hermoso. Pasábamos casi todos los fines de semana en Tahoe.

Suelo pensar en todas las personas que me ayudaron a estar vivo y a disfrutar mi vida lo más que pudiera. Mi vida de adulto ha sido supremamente agradable después de tanto tormento durante mi niñez. Mis pensamientos suelen con frecuencia remontarse a la vida de mis padres. Reflexiono sobre su niñez tan miserable y su muerte trágica y terrorífica. Pienso mucho en todo lo que sufrieron.

De mis muchachos, Corinne se casó en 1993. Su hijo, Jake, nació en 1997. Olivier se casó en 1996. Su primer hijo, Rayce, nació en 1997 y el segundo, Rhyder, en 2002.

Para Patricia y para mí, los nacimientos de nuestros nietos representaron momentos bastante emotivos. La ansiedad que sentíamos en el hospital era intensa. Una ola de alegría me recorría por completo al ver nacer a estas criaturas, pero también extrañaba mucho a mis padres. Siempre imagino la felicidad que hubiesen sentido, si aún estuviesen vivos.

Gracias a su heroísmo, papá y mamá Ribouleau aseguraron el futuro de nuestra familia. Siendo testigo del crecimiento de mis nietos, no puedo imaginar qué pasaría con ellos si alguien se llevara a sus padres o a sus abuelos.

¿Quién se ofrecería a cuidarlos y llevarlos a su hogar, a alimentarlos, a criarlos y a amarlos? ¿Quién se encargaría de semejante responsabilidad, aún en tiempos de paz?

Nunca deberían tener que soportar el sufrimiento que Rachel y yo vivimos. Hasta estos días me pongo a pensar en mi primo, Charlot, deportado en 1944, brutalmente empujado en un vagón de ganado con cien personas más, niños, mujeres, hombres y ancianos inocentes. Probablemente moriría de sed o al ser pisoteado, o del mismo pánico, incluso. Nunca podremos saber si sobrevivió al transporte. Lo metieron en un hoyo de fuego o en la cámara de gas, apenas llegó a Auschwitz.

Durante tantos años, tuve que ocultar mis emociones cuando resurgían los recuerdos de esa época de la guerra. En ocasiones, eran tan intensos, tan reales, tan presentes, que tenía que abandonar el lugar donde estaba y esconderme en el baño o en algún otro lugar, donde nadie me viese llorar.

En 1999, cuando tenía sesenta y un años, tuve un cargo importante. Como siempre, adoraba mi trabajo y nunca había pensado seriamente en el retiro. Durante uno de mis controles médicos anuales el doctor, quien tenía mi edad, me contó que tenía previsto jubilarse dentro de poco. Me preguntó si yo había considerado jubilarme. Me sorprendió su pregunta y me hizo reflexionar un poco, aunque también me generó cierta preocupación.

«¿Tengo algún problema de salud?», le pregunté nerviosamente.

«No, no, Leon. Todo lo contrario. Estás en excelentes condiciones de salud. Sin embargo, a nuestra edad es imposible saber cuántos buenos años nos quedan por delante. Deberías descansar más, reducir las actividades poco a poco y aprovechar tu buen estado de salud. Deberías disfrutar con tu familia, tus amigos y seguir las pasiones que siempre has querido seguir pero nunca has tenido tiempo para realizar».

Su recomendación tuvo mucho sentido. Fue el detonante que me hizo jubilar a los sesenta y dos años, en el 2000.

Me acostumbré a la vida de jubilado sin demora alguna. Aprecié la libertad. Ya no tenía que combatir el tráfico, camino a la oficina. Ya no tenía que estar en la oficina a una hora determinada. Ya no tenía que preocuparme por los temas relacionados con las complicaciones de la ingeniería y la manufactura. Ya no había que estar pendiente de la competencia, las órdenes de productos, la presión y el estrés de siempre tener que incrementar las ventas, los problemas de las personas, etc. Varias empresas me pidieron que formara parte de su junta directiva. Eso me ayudó a mantenerme en el mundo de los negocios y todavía sentirme útil, al ayudarlos a tener éxito, mediante mi experiencia empresarial de toda una vida.

En 2003, tomando el consejo de un vecino, empecé a hacer ciclismo. Al principio, era difícil y doloroso. No podía mantenerme a la par con el grupo. Descubrí que mi bicicleta era mucho más pesada que las de mis compañeros. Uno de ellos me prestó una bicicleta mucho más liviana. ¡Qué diferencia! No demoré en comprarme mi propia bicicleta de última tecnología y progresé rápidamente. Mi esposa también empezó a hacer lo mismo.

Además de hacer ciclismo, me encantan las excursiones en velero, esquiar en la nieve, y jugar golf.

Los días, las semanas, los meses y los años pasan a un ritmo que parece acelerarse cada vez más. Ahora mismo tengo más de dos veces la edad que tenían mis padres cuando fueron asesinados. Siguen siendo jóvenes en mi mente, con la misma apariencia que tenían cuando tenían alrededor de treinta años de edad.

La felicidad de la que en estos momentos gozo es, de alguna manera, la venganza por el destino trágico de mis padres.

Capítulo 25

Los Virtuosos

En 1969, mi hermana Rachel viajó a Israel con su esposo. Mientras visitaban el Museo Yad Vashem, del Monumento Conmemorativo del Holocausto en Jerusalén, vieron una sección titulada «Los Virtuosos entre las Naciones».

Habían oído de los «Virtuosos» pero nunca le habían prestado mucha atención al significado de la palabra y definitivamente nunca hubieran pensado que podría ser tan importante para nosotros. Su curiosidad les dio el empuje para preguntar acerca de esto.

Se enteraron que los «Virtuosos entre las Naciones», originalmente de la literatura Talmud, se trataba de personas que desde generaciones atrás tenían una actitud de afecto hacia los judíos, y cualquiera otra que ayudara a los judíos sin pedir alguna compensación material. También se enteraron que el Estado de Israel aún estaba otorgando el título de «Virtuosos entre las Naciones» a personas no-judías que arriesgaron sus vidas para ayudar a los judíos en peligro, durante la Segunda Guerra Mundial. Dicho honor se otorgaba basado en la «palabra» de los judíos, testigos de primera vista y documentos confiables.

Rachel miró a Izzy con emoción y dijo: «¡Los Ribouleau son Virtuosos! Vamos a ver cómo pueden ser reconocidos como tales, mientras aún estén vivos».

Lograron hablar con el Director de Yad Vashem. Rachel le contó la historia de nuestra supervivencia. El director explicó el procedimiento. «Virtuosos de la Naciones» es un título oficial otorgado por Yad Vashem y el Estado de Israel a las personas no-judías quienes arriesgaron sus vidas para salvar a las personas judías durante el Holocausto.

Dicho título es concedido por una comisión especial encabezada por un Ministro de la Corte Suprema de Justicia, de acuerdo con regulaciones y criterios bien definidos. El procedimiento podría durar varios años. Teniendo en cuenta la edad de mamá y papá Ribouleau, el director nos prometió que aseguraría la agilización del proceso.

Esa tarde me llamó Rachel. Estaba llena de emoción por esas noticias tan alentadoras.

«Hay una *Avenida de los Virtuosos* en el Museo Yad Vashem en Jerusalén. Cada persona que haya recibido el título de *Virtuoso* siembra un árbol allí. Su nombre es grabado en una placa al pie del árbol. ¿Podrías imaginar a los Ribouleau inmortalizados?».

«Todavía no les digas nada a los Ribouleau», añadió, «el proceso puede durar varios años». «¡Qué buena noticia, Rachel! Por fin su coraje y devoción sereran reconocidos oficialmente. Aún cuando ya no estén vivos, este árbol y la placa permanecerán allí, para siempre», le dije con entusiasmo.

Estuve conmovido por esta emocionante posibilidad. Desde hacía mucho tiempo tenía semejantes aspiraciones para ellos. Había trabajado durante mucho tiempo para que estas personas tan valientes y maravillosas recibieran el honor oficial que merecían. Incluso lo intenté, en numerosas ocasiones, con el gobierno francés.

¿Cómo podríamos olvidarnos de estas personas, nuestros vecinos de infancia, que abrieron sus corazones de manera tan generosa, tan audaz, tan incondicional? ¿Qué hubiera sido de nosotros sin estas personas excepcionales? ¿Quién más hubiera arriesgado su vida de esa manera para cuidar a dos niños judíos, buscados por unos cazadores que intentaban torturarlos para luego matarlos? ¿Quién más hubiera alimentado dos bocas adicionales durante casi tres años en una época de escasez, de privación, temor absoluto y denuncias constantes, en una época cuando la mayoría de las personas apenas alcanzaba a luchar para sobrevivir de manera disimulada?

Los Ribouleau mantuvieron su palabra. Nos cuidaron. Eran personas excepcionalmente afectuosas. Después de la guerra, papá Henri y mamá Suzanne rara vez mencionaron los sacrificios y peligros que tuvieron que soportar como resultado de sus acciones increíbles. Durante el transcurso de sus vidas, cuando alguien les preguntaba acerca de su heroísmo en esa época, respondían de manera tímida y modesta. «Lo que hicimos era normal. No lo hubiéramos podido hacer de otra manera. No merecemos ninguna gratitud especial», decían.

Dos años después que la solicitud fuera presentada ante la Comisión «Virtuosa», nos notificaron que había sido aprobada. El Estado de Israel reconoció a mamá y papá Ribouleau como «Virtuosos entre las Naciones» el día 13 de noviembre de 1977. Los llamé inmediatamente y les conté las estupendas noticias.

Medalla de los Justos otorgado a Henri y Suzanne Ribouleau, 1978

Hubo un silencio al otro lado de la línea telefónica. «Leon, eso no fue necesario. La verdad es que no hemos hecho nada extraordinario», dijo papá Henri.

«No, nada extraordinario», dije, mi garganta empezando a secarse. «Solamente salvaron a dos niños de la deportación y del exterminio. Arriesgaron sus vidas y la de sus hijos por nosotros. Nos brindaron el amor y el afecto que tanto necesitábamos en esos tiempos. Compartieron su preciosa comida con nosotros cuando había que racionar y el hambre era una amenaza clara y presente. Pagaron el arriendo de mis padres durante tres años, convencidos que algún día volverían ¿y dices que no hicieron nada extraordinario?».

Se han realizado estudios para entender las tendencias comunes de los «Virtuosos». Unos eran religiosos y otros no. Algunos estaban involucrados en la política. Algunos tenían un carácter altruista. Algunos quizá tuvieron espíritu aventurero y eso los alentó para luchar y desafiar la terrorífica locura Nazi. Dichos estudios han mostrado que muchos «Virtuosos» tenían antecedentes intelectuales. Algunos habían desarrollado relaciones amistosas con sus vecinos judíos, colegas de trabajo y otros antes de la guerra.

Curiosamente, los Ribouleau no encajaban por completo en ninguna de estas categorías. Eran personas humildes, de corazón inmenso. Simplemente juraban que era su deber actuar de esa manera, como ayudar a una persona en la calle cuando se ha caído. Naturalmente,

Suzanne Epelberg, amigo de la familia; Maman Suzanne, Papa Henri;
Joseph Epelberg en el Consulado de Israel en París, 1978

Henri y Suzanne Ribouleau y el Cónsul de Israel en París, 1978

sintieron miedo durante los tres años que estábamos escondidos en su hogar, miedo a morir de hambre, miedo por las vidas de sus hijos, miedo de no poder encontrar leña para cocinar y calentar el apartamento, miedo de perder su empleo, y, sobre todo, miedo de no poder cumplir con la promesa, hecha a nuestros padres, de cuidarnos hasta que volvieran. Jamás sentimos que se arrepintieron de sus acciones. Jamás sentimos que éramos una carga desagradable para esta familia.

La ceremonia del premio de «La Medalla de los Virtuosos», se llevó a cabo en el consulado de Israel en París en Octubre de 1978.

Rachel y yo no estábamos presentes para este evento. En nuestra representación estuvo Catherine, la nieta de mamá y papá Ribouleau, y Suzanne y Joseph Epelberg, amigos cercanos de los Ribouleau. Poco después mi hermana y yo invitamos a nuestros padres a Jerusalén. Marcel nos acompañó. La hija menor de Rachel, Hélène, vivía en Israel y trabajaba en un Kibutz. Nos esperó en el aeropuerto de Tel Aviv con su novio, Arie.

En septiembre de 1979 fuimos al Monumento Conmemorativo de Yad Vashem. Papá Henri tenía puesto su «casquette». Mamá Suzanne estaba vestida elegantemente. Ambos daban la imagen de bondad de una época pasada.

Me alegraba saber que pronto serían parte de este bosque sagrado. Para mostrar nuestro respeto por este lugar simbólico, mantuvimos silencio en honra de las tantas familias que habían sido salvadas por personas virtuosas.

Mamá y papá Ribouleau estaban impresionados. No estaban acostumbrados a ser el foco de la atención. Les incomodaba el sol caluroso, vestidos con su ropa dominical. Lentamente, caminamos la *Avenida de los Virtuosos*, bordeada de árboles perfectamente alineados por ambos lados. Al frente de cada árbol había una placa con el nombre de la familia o el individuo «Virtuoso» que había salvado una o más vidas. También mostraba el país donde él, ella o ellos vivieron durante la guerra. Vimos los nombres de personas francesas, holandesas y belgas, además de otros de diferentes países europeos.

«En unos momentos su árbol ocupará un espacio aquí», les dije a mamá y papá Ribouleau. Rachel añadió: «El árbol crecerá con sus nombres al pie y los visitantes sabrán qué han hecho por nosotros y nuestros descendientes».

Papá Henri se quitó el gorro, un gesto de respeto a todas las personas que salvaron las vidas de personas judías, además de las personas

Henri Ribouleau plantar el árbol en el Memorial de Yad Vashem, 1979

que no lograron sobrevivir. Todos estaban inmortalizados por estos árboles vivos y hermosos.

Caminamos hasta el edificio donde la ceremonia tendría lugar. Allá nos esperaba el Cónsul francés, un cantor, y otras personalidades del Instituto Yad Vashem. El cantor empezó la ceremonia con un himno religioso.

Hicimos un semicírculo alrededor de una llama en el piso que simbolizaba la eternidad. Mamá Suzanne y Papá Henri se mantuvieron quietos, casi como si estuvieran en posición de atención. El aire de la habitación estaba cargado de emociones. El rabí leyó varios versos en francés. Yo agarraba las manos de papá Henri y mamá Suzanne con fuerza. En ese momento sentí las manos de mis padres. También sentí los pequeños dedos de Charlot aferrándose a los míos. Sentí a toda mi familia, mis tíos y sus hijos, todas víctimas de la locura Nazi. Rachel y yo éramos el enlace entre nuestros familiares muertos y los vivos. Escuchamos, en nuestra imaginación, las voces cariñosas y las risas de nuestros padres. En un momento como éste, es difícil evitar pensar en lo tanto que sufrieron, en la angustia que sintieron al no saber sobre la situación de sus hijos, en sus últimos pensamientos antes que tomaran ese último respiro, el amor que nos brindaron y la alegría que les hicimos sentir durante una época muy corta.

*Árbol plantado en Yad Vashem Memorial en Jerusalén en honor
a Los Virtuosos Henri y Suzanne Ribouleau*

Ese día rendimos homenaje a las personas que nos permitieron vivir. Rachel dijo unas palabras. La emoción se apoderó de ella. A mí me faltaron palabras en ese momento tan solemne.

Después de la ceremonia caminamos hasta el lugar donde papá Henri y mamá Suzanne sembrarían su árbol. Se había creado un hueco. Los dos posicionaron el árbol dentro del hueco, delicadamente, y de manera gentil lo llenaron con tierra. Marcel, Rachel y yo también ayudamos. La placa con sus nombres ya estaba en su lugar.

Era un árbol pequeño. Cuando lo miraba, me puse a pensar que yo alguna vez fui un niño pequeño, un arbolito sembrado por mis padres, un niño que sufriría mucho.

Nos dijeron que era un «Carob», un árbol de la eternidad. Le echamos agua, cuidadosamente, con la esperanza que crecería y tuviera una vida larga.

Volteé a mirar a mamá Suzanne. Sus ojos y los míos estaban llenos de emoción. Le pregunté qué pensaba acerca de esta ocasión tan especial. «Todo ha sido maravilloso y agradezco a todas las personas que ayudaron a realizar esto», dijo.

«Hoy es un día estupendo. Agradezco al Cónsul y a todas las personalidades por el Monumento Conmemorativo», añadió papá. Sus palabras eran un simple reflejo de su carácter.

Este árbol pequeño fue sembrado en su nombre y creció con el paso de los años. Es una encarnación de la amabilidad, la generosidad y la bondad de dos personas en las que nuestros padres pusieron toda su confianza para cuidar a sus preciosos hijos, sin saber cuál sería el fin de ese compromiso.

Nunca sabrían hasta qué punto sus vecinos cumplirían con su promesa. Mi padre, quien sobrevivió la esclavitud y el hambre durante unos cuantos años, debió permanecer en agonía sin saber qué nos habría sucedido, en una época en que ningún judío estaba a salvo del odio de las fuerzas diabólicas de la ocupación. No existe duda alguna que hubiera estado en paz al saber que esta maravillosa familia cumplió con su promesa de salvarnos.

Estoy seguro que mis padres murieron mientras pensaban en Rachel y en mí, sin tener ninguna certeza de nuestra supervivencia.

El equipo del Instituto Yad Vashem tomó fotos de todos nosotros enfrente del árbol, para los archivos del Museo. La ceremonia culminó con la entrega de un diploma honorario para los Ribouleau.

A Marcel le dieron un libro en francés sobre el Holocausto y una insignia para él y su hermano, René. Este último, desafortunadamente, no pudo asistir en la ceremonia. Mamá y papá Ribouleau firmaron «El Libro de Oro».

A partir del 1 de enero de 2012, 24,356 Virtuosos fueron reconocidos por el Estado de Israel.

Duramos alrededor de una semana viajando. Fuimos a Jerusalén, Tel Aviv, Masada, el Mar Muerto, el Mar de Galilea, el Golan y otros lugares. Fuimos hasta el kibutz donde trabajaba Hélène. Israel parecía tan pequeño en comparación con la inmensidad de los Estados Unidos. Las playas eran espléndidas. Las calles estaban llenas de gente y de vida durante cualquier hora del día, hasta tarde en la noche. Las terrazas de los cafés estaban repletas. Las calles de Jerusalén están pavimentadas con piedras de las excavaciones hechas alrededor, las mismas usadas en la construcción de las casas y edificios de muchos siglos atrás. La Tierra Santa es un lugar maravilloso, el lugar de nacimiento de las tres grandes religiones monoteístas. Estábamos rodeados de historia.

Han pasado más de treinta años. Parte de mí se quedó en Yad Vashem, con el árbol «Carob» sembrado por las manos de mamá y papá Ribouleau. Ese pequeño arbolito es, hoy día, un árbol grande y fuerte, una representación de la fortaleza y el coraje de los Ribouleau durante los años oscuros de la Segunda Guerra Mundial.

El Talmud, el libro de leyes judías, dice: «El que salva una vida, salva al mundo entero». Esta frase está grabada en la medalla que Catherine, su nieta, ha guardado con todo su corazón durante todos estos años.

Actualmente hay trece descendientes de Srul y Chana Malmed.

A pesar de poseer un ejército poderoso con intenciones diabólicas, Hitler fracasó. Los Nazis no pudieron exterminarnos. Nos salvamos de la «Solución Final».

Capítulo 26

La Última Despedida

Los años pasan rápidamente. En 1979, papá Henri tenía setenta y ocho y mamá Suzanne setenta y tres años de edad. Mi hermana Rachel y yo seguimos explorando todas las posibilidades para obtener el reconocimiento merecido, a estas personas tan valientes y bondadosas.

Le escribí al presidente de Francia, Valery Giscard d'Estaing, pidiéndole que les otorgara el «Légion d'Honneur»*, o algún equivalente, una gran distinción de honor, a papá y mamá.

Recibí una respuesta breve de una administración local del estado diciéndome que mi solicitud había sido negada. «El acto realizado por las partes interesadas, por notable que sea, es demasiado distante para recibir una opinión favorable».

Esta respuesta tan corta y carente de lógica alguna me enojó bastante. Decepcionado por una excusa tan patética, respondí inmediatamente:

«En un mundo carente de moral y obligaciones hacia otros seres humanos, me parece su obligación reconocer a aquellos que, por sus acciones, han dado un ejemplo de heroísmo, coraje, tenacidad y honestidad mientras han puesto en riesgo sus propias vidas. Es inconcebible que Francia se haya olvidado de los eventos de la Segunda Guerra Mundial. No es posible que Francia considere la Segunda Guerra Mundial como un período de la historia tan distante y que no le interesen las hazañas heroicas de sus ciudadanos. Me complace saber que un gran número de ciudadanos franceses anónimos, por sus actos de buena fe, sin ningún interés material y solamente por el deseo de ayudar a los demás, hayan preservado el honor y la dignidad de Francia.

Esta vez la respuesta vino con un pretexto distinto para negar mi solicitud. «Los actos de los Ribouleau no cumplen con los requisitos

---

* La Légion d'Honneur es un premio francés que fue creado en 1802 por Napoleon Bonaparte. El orden es la decoración de mayor nivel otorgado a un individuo por el país.

necesarios para recibir el 'Légion d'Honneur' ni los del 'l'Ordre du Mérite'**».

En cuanto a la «Medalla para Actos de Valentía y Dedicación»***, esta persona cita un pasaje de una nota del gobierno indicando que se ha impuesto un límite de tiempo para otorgar dicho premio con respecto a los servicios rendidos durante la Segunda Guerra Mundial: «El otorgar una distinción honorable debe ser cercana a los eventos que motivan dicha otorgación. Se considera inapropiado si la distinción es otorgada después de varios años».

A pesar de las razones citadas para negar mi solicitud, me llamó la atención, varios años después, cuando el «Légion d'Honneur» fue otorgado a los soldados de la Primera Guerra Mundial a principios del 2000 y a los soldados americanos de la Segunda Guerra Mundial en 2011.

Francia es un país que ha visto actos de tremendo coraje entre su población. La Resistencia Francesa tuvo un rol significativo durante la Segunda Guerra Mundial y sufrió una gran cantidad de calamidades. Se estima que murieron ocho mil luchadores subterráneos en acción, mientras que veinticinco mil fueron asesinados por pelotones de fusilamiento y veintisiete mil murieron a causa de la deportación a los campos de exterminio.

En adición a esas calamidades, alrededor de ochenta mil personas, debido a denuncias o por simplemente estar en el lugar equivocado a la hora equivocada, fueron deportadas a los campos de exterminio, sin motivo alguno, la mayoría acusados de ser terroristas.

Lamentablemente, bajo el gobierno francés de «Pétain», muchos funcionarios públicos de todos los niveles, colaboraron con el enemigo. Algunos participaron, la mayoría sin saberlo, en el asesinato de mis padres, al igual que en los de unas cien mil personas más.

El funcionario con quien me comuniqué en el año 1970, el que me negó la solicitud, posiblemente hubiera seguido el ejemplo de sus colegas si hubiera tenido la misma posición a principios de los años cuarenta. Tomó la decisión de no honrar a dos ciudadanos franceses -quienes salvaron el «Honor Francés» al arriesgar sus vidas y

---

** El Orden Nacional de Mérito es otorgado por el Presidente de la República Francesa. Es un premio de menor nivel que el Légion d'Honneur.

*** La Medalla de Actos de Coraje y Dedicación es otorgada por actos de devoción y rescate.

las de sus dos hijos pequeños- bajo el pretexto de haber pasado ya cuarenta años.

¿Qué ha ocurrido con todos los policías franceses y otros funcionarios públicos que, al colaborar con el régimen de Hitler, destrozaron el «Honor Francés»? ¿Alguna vez les preguntaron por qué colaboraron? No, que yo sepa. Cuando se acabó la guerra seguramente siguieron cumpliendo sus labores como funcionarios públicos y probablemente se jubilaron con una pensión del gobierno, como si las vidas de miles de inocentes, que ayudaron a aniquilar, no fuesen más que un pequeño detalle en la historia humana, un hecho fácilmente olvidable.

¿Cómo pudo esta persona haber determinado dicha honra como algo «demasiado distante» y «sin interés psicológico?». Tuvimos que esperar otros treinta años para que los «Franceses Virtuosos» recibieran el reconocimiento que merecían.

En enero de 2007, el presidente francés Jacques Chirac reveló una placa en la Cripta del Panteón, un mausoleo secular en París, que contenía los restos de ciudadanos franceses distinguidos. Reconoció a dos mil seiscientos individuos franceses que escondieron y salvaron a personas judías durante la Segunda Guerra Mundial, los mismos individuos llamados «Virtuosos entre las Naciones» por el Monumento Conmemorativo «Yad Vashem» en Israel.

Este homenaje subraya la confirmación de supervivencia de la guerra de alrededor de tres cuartos de la población judía de Francia, en la mayoría de casos con ayuda de personas comunes y corrientes como los Ribouleau, que pusieron sus vidas en peligro para salvar a otros.

La placa dice:

> *Bajo la mano del odio y oscuridad que se extendió sobre Francia durante los años de la ocupación Nazi, miles de luces se negaron a ser extinguidas. Los nombrados 'Virtuosos entre las Naciones', o los aún anónimos mujeres y hombres de diversos orígenes y clases sociales, salvaron a los judíos de la persecución anti-semita y de los campos de exterminio. Sin dejarse llevar por el temor a los riesgos que dichos actos conllevaban, encarnaron el honor de Francia y sus valores de justicia, tolerancia, y humanidad.*

En 2008 el pueblo de Compiègne también rindió tributo a Henri y Suzanne Ribouleau, al nombrar una calle con su nombre. La calle queda cerca del Monumento Conmemorativo del Campamento de Internamiento y Deportación de Royallieu. A pesar de su coraje y buena fe, no eran inmortales.

El primero en dejarnos fue René, el hijo mayor de papá Henri y mamá Suzanne. Se jubiló de la compañía ferroviaria nacional de Francia en 1978. Casi diez años después, el 23 de Octubre de 1987, murió luego de sufrir de una larga y dolorosa enfermedad. Su muerte destruyó a mamá Suzanne y papá Ribouleau. No podían aceptar que su hijo hubiese fallecido antes que ellos.

La salud de papá iba en decadencia. Yo viajaba a Europa dos o tres veces al año y duraba dos o tres días con ellos cada vez. En cada visita, veía a papá Henri en peores condiciones, más flaco y más débil. Me di cuenta que siempre tenía frío. Solía quedarse en la cocina con su espalda contra el radiador insertado en la pared. Cada vez que yo volvía a mi hogar, pensaba que esa sería la última vez que lo veía. De nuevo en los Estados Unidos, me atemorizaba recibir la inevitable llamada, sabía que pronto acabaría la vida de papá Henri.

Seguimos comunicándonos. Se me dificultaba, de manera progresiva, leer sus cartas ya que su escritura, al igual que su salud, se deterioraba paulatinamente. La posibilidad de no poder despedirme me daba ardor en el corazón. Durante varios años me atormentaba pensar en esta inevitable e irremediable separación.

Un día recibí una llamada de Marcel, su voz se escuchaba inquieta. «Leon», dijo. «Papá no está bien. Anoche sufrió un derrame cerebral». ¿Qué dicen los doctores?», pregunté. «No saben. Dicen que se puede recuperar. Está estable pero no puede hablar. Ojalá mejore», respondió Marcel.

La noticia me dejó sin aliento. No me pude concentrar ni menos decidir si debería ir a Francia en ese instante. Ni siquiera podía pensar positivamente, me sentí mareado. No, papá Henri no puede morir. No.

Mantuve el teléfono contra mi oreja pero me sentí tan pasmado que no sabía lo qué hacía. Estuve en silencio durante unos segundos que se sintieron como varios minutos. Marcel decía: «Leon, ¿Me estás escuchando? Leon ... ».

Finalmente, le respondí: «Llamaré a mamá apenas colguemos. Gracias Marcel. Por favor les das un beso a papá y mamá de mi parte. Estuve estremecido.

Me recuperé un poco antes de hablar con mamá. No tenía ninguna información adicional sobre el estado de Papá Henri. Me agradó escuchar su voz. La volví a llamar el próximo día en la mañana. Las noticias eran buenas. Me dijo con voz de alivio, «no te preocupes, Leon, papá está mucho mejor. Es fuerte y se está recuperando rápidamente».

Unos días después papá estuvo en su casa de nuevo y hablaba casi de manera normal. ¡Qué alivio! Pasaron dos meses cuando recibí otra llamada de Marcel: «Papá tuvo otro derrame cerebral. Según los médicos, este es bastante serio. Está en coma». «Voy para allá», le dije. «¡Quiero verlo vivo!».

Al siguiente día, Patricia y yo viajamos a Francia. Apenas llegados a Compiègne, fuimos directamente del aeropuerto al hospital. Papá Henri estaba acostado boca arriba, sus ojos abiertos y quietos. Probablemente no veía absolutamente nada. La enfermera nos dijo que nos podía escuchar, pero no estábamos tan seguros de eso.

Le agarré la mano, gentilmente, y le dije, «papá, somos Leon y Patricia».

No reaccionó. Yo no quería demostrar mi desespero, por si acaso nos podía ver o escuchar. Patricia estaba al otro lado de la cama. Ella también sentía mucho afecto por papá Henri y él por ella. Como había sido enfermera, estaba acostumbrada a ver este tipo de casos y seguramente tenía más fortaleza en el momento que yo. Sin embargo, no podía controlar sus emociones y empezó a llorar. Pasamos la tarde y gran parte de la noche a su lado, esperando de su parte alguna señal de reconocimiento.

Mantuve su mano en la mía con la esperanza de que la apretara, así fuera de manera débil. No pasó nada. Teníamos la esperanza que quizá nuestra presencia lo sacara del coma. Antes de irnos, Patricia le mantuvo la mano en la suya y, cree, que sintió que se la apretó. Los dos empezamos a llorar. ¡Nos escuchó! Nos quedamos hasta tarde esa noche. Fue muy difícil dejarlo.

Cuando volvimos la mañana siguiente, nos dijeron que había muerto poco después de nuestra partida el día anterior. ¿Nos había esperado antes de abandonar este mundo?

Éramos conscientes de su inevitable muerte. Aún así, era extremadamente doloroso para nosotros. Estuvimos con él casi hasta el final. Tantos recuerdos se manifestaron en mi mente. Fui absorbido por la angustia.

Ayudamos a organizar el funeral. El servicio religioso tuvo lugar en la Iglesia Católica «Eglise de la Victoire». La iglesia era demasiado pequeña para acomodar a toda la familia y los amigos que habían venido. Parte de la multitud quedó afuera y las puertas de la iglesia permanecieron abiertas para que pudieran entrar y salir.

El alcalde y el senador de Compiègne estuvieron presentes y elogiaron a papá Henri. Yo también dirigí unas palabras. Presenté mis últimos respetos al hombre que fue mi adorable segundo papá durante varias décadas. No estaba seguro de tener la capacidad para continuar con mi alocución. Por esa razón le dije a mi sobrina, Frédérique, la biznieta de mamá y papá Ribouleau, que estuviera a mi lado, en caso que yo necesitara ayuda con mi discurso. Con algunas pausas necesarias, pude terminarlo. En el cementerio me despedí, por última vez, del hombre tan valiente, tan honesto, al que le quedé debiendo mi vida.

Tenía ochenta y un años. ¿Qué sucederá con Mamá Suzanne? ¿Podrá vivir en esa casa tan grande, completamente sola? Después de nuestro regreso a los Estados Unidos, la llamé varias veces a la semana durante varios años. Su marido le hacía demasiada falta.

En 1990, mamá Suzanne decidió abandonar su casa, donde había vivido durante cuarenta años. Se mudó a una residencia de personas mayores, cerca del Castillo de Compiègne. Para ella, semejante cambio no sería fácil. Tuvo que acostumbrarse a vivir en un pequeño apartamento en un edificio rodeada de personas, con las que, poco en común tenía, salvo la edad.

Con el tiempo, paulatinamente, empezó a ambientarse y hacer amigos en ese lugar. Me dio la impresión de estar muy feliz cuando hablaba con ella por teléfono y cuando la visitaba. Duró gran parte de sus últimos días cosiendo sábanas para obras de caridad.

En celebración de su nonagésimo cumpleaños, Marcel, Rachel y yo organizamos una reunión familiar en un restaurante en «Vieux-Moulin», un pueblo cerca de Compiègne. Justamente, era el mismo pueblo donde Rachel y yo nos quedamos en la casa del Barón de Rothschild, poco después del final de la guerra, para evitar mayores problemas con nuestros tíos de la familia Blum.

¡Las familias Malmed y Ribouleau estaban reunidas de nuevo! Tristemente, hacían falta papá Henri y René. Mi hija, Corinne, vino con su esposo desde los Estados Unidos para estar con nosotros. Fue una celebración fabulosa. Daniel Meyers*, un director de películas de Estados Unidos, también llegó al lugar junto con un equipo para realizar un documental sobre la familia Ribouleau. Utilizó las grabaciones del día para su documental «17 rue Saint Fiacre».

Patricia y yo fuimos a recoger a mamá Suzanne en donde vivía y la trajimos al restaurante. Estaba muy bien vestida y parecía llena de alegría. En el camino, pasamos por los «Etangs de Saint Pierre», dos lagos pequeños en mitad de un bosque. Allá recordamos nuestras expediciones de pesca durante y después de la guerra. Mamá Suzanne sonreía. Sin embargo, eran evidentes las señales de Alzheimer que mostraba. Estaba un poco confundida y no reconocía a todas las personas.

Apenas entramos en el restaurante fue recibida con un gran aplauso. Estaba sorprendida y un poco apenada por toda la atención. Se le dedicaron muchos brindis y alocuciones durante la comida. Rachel y yo le dimos las gracias a mamá Suzanne, a Marcel, a papá Henri y a René. Aunque estos últimos ya habían fallecido, estaban presentes en nuestros corazones, por haber salvado nuestras vidas y permitir que la familia Malmed sobreviviera y floreciera.

Esa tarde, mi hermana me preguntó: «¿Te has dado cuenta cómo mamá tiene problemas para reconocer a la gente?». «Sí, Marcel me ha hablado acerca de eso. Temo que ella está en la etapa inicial de un declive largo. ¡Es terrible pensarlo!», dije.

Cada vez que la volvía a visitar, me daba cuenta qué tan rápidamente progresaba la enfermedad. En 1996, mamá Suzanne ya no podía vivir en la Residencia de Ancianos. Marcel, él mismo combatiendo el cáncer, le encontró otra instalación que se especializaba en el cuidado de los ancianos con debilidades, ubicado en el centro del pueblo. Ya no podía caminar y no era capaz de reconocer a las personas.

---

* Daniel Meyers, nativo de California, EE.UU, produjo un documental de 24 minutos llamado «17 rue St. Fiacre» (El Centro Nacional para Producciones Judías, 1999); ver capítulo 27.

Un año después, el 2 de junio de 1987, Marcel falleció. Patricia y yo nos fuimos a Francia apenas supimos de su grave condición. Estábamos al lado de su cama cuando murió. Es extremadamente doloroso ver a las personas que tanto amamos cuando nos dejan para siempre. El respeto y el amor que sentía por esta familia estarán conmigo por el resto de mi vida.

La enfermedad de Alzheimer estaba aislando a mamá Suzanne de la vida normal. Su habilidad para hablar se había deteriorado severamente, hasta el punto de permanecer en estado de mutismo. No pudo darse cuenta que su propio hijo, Marcel, había perdido la vida. Quizá era mejor así.

Curiosamente, me reconoció casi hasta el final. En 1998, me llamó Catherine, la hija de Marcel: «Abuela no está bien. El doctor piensa que solamente tiene unos días, máximo una semana para vivir». «Dile a mamá que voy para allá, Catherine», le dije, sabiendo que, igual, mamá no entendería.

De nuevo, me aferraba a la esperanza de llegar a verla antes que muriera. Mi hija, Corinne, llegó a Francia desde los Estados Unidos. También vino mi primo, Salomón, desde Lyon. Todos estábamos reunidos al lado de la cama de Mamá Suzanne.

Cuando eran niños, a Corinne y a Olivier les encantaba ir a visitar a papá Henri y mamá Suzanne en Francia, cada vez que tenían vacaciones de la escuela. Iban de pesca con papá Henri y Marcel. Mamá Suzanne era una cocinera excelente y les preparaba comidas deliciosas y postres. En las noches se sentaban fuera y hablaban mientras observaban la luna, las estrellas y los primeros satélites en el cielo.

Mamá Suzanne vivió una semana más después de nuestra llegada a Compiègne. En ese momento la cuidaba una excelente enfermera. Estuvimos todo el tiempo a su lado. Le hablábamos con la esperanza de que nos escuchara, nos entendiera. Le recordé de los buenos tiempos, los tiempos de alegría que habíamos pasado juntos y los momentos difíciles que logramos superar.

Mamá Suzanne estaba acostada sobre una cama, inconsciente, perdiendo la vida, sus ojos abiertos, sin comprensión alguna, un cerebro que ya no se podía hallar entre los hilos dañados de su memoria, desvaneciéndose poquito a poco.

El 15 de octubre de 2003, murió de manera pacífica y tranquila, rodeada por Patricia, Corinne, Daniel (el hijo de René), Sali y yo. Un largo capítulo de mi vida acababa de concluir.

Duramos un buen tiempo en la habitación donde ella descansaba. Lloramos incontrolablemente y nos abrazamos los unos a los otros. La muerte de mamá nos entristeció a todos de manera profunda.

Volví a hablar en el velorio frente a una audiencia inmensa, personas que vinieron a darle su último adiós a esta mujer y brindar su apoyo a esta familia excepcional, una familia cuyo talante puede resumirse en las siguientes palabras: desinteresada, cariñosa, valiente y dispuesta a sacrificarse por los demás.

A las personas enfrente de mí les dije: «Rachel y yo hemos tenido dos madres. La primera nos ha dado la vida. La segunda nos ha salvado la vida. Ambas tenían algo en común: Nos adoraban con todo su corazón». Recordé el arresto de nuestros padres y la promesa que les hicieron, la primera vez que me atreví a llamarlos «Papá» y «Mamá» en busca de su reacción, los acorralamientos, mi escapada por el prado, el hambre y el miedo que tuvimos que soportar durante tres años. Luego elogié a mi difunta mamá Suzanne.

«Recuerdo tu amabilidad, tu generosidad, tu afecto, tus consejos y tu amor. Recuerdo cuanto trabajaste por nosotros, los fines de semana que pasabas en el sótano lavando nuestra ropa y nuestras sábanas a mano, qué tan pesadas eran esas sábanas cuando te ayudaba a tirarlas sobre el alambre del jardín para que se secaran. Recuerdo los escasos momentos de descanso de los que gozabas, cuando cosías los suéteres, los gorros y más. Recuerdo el día, en 1944, durante la hora del almuerzo, cuando llegaste sin aliento, gritándome para que me escondiera ya que la Gestapo volteaba la esquina de nuestra calle, a unas cuantas yardas de distancia, en busca de los último niños judíos del pueblo. Por siempre recordaré los sacrificios que hiciste para salvar nuestras vidas.

Cada uno de estos recuerdos era como un cuchillo enterrándose en mi corazón. Era tan difícil aceptar que el último enlace de esta familia tan valiente y llena de amor, una familia que salvó a mi hermana Rachel y a mí de un final ciertamente atroz, se había ido para siempre.

A pesar del apoyo de Patricia y de toda la familia, me sentí totalmente solo en este mundo durante un tiempo. Por segunda vez en mi vida, era huérfano.

Los héroes de nuestra trágica historia de vida se habían ido para siempre, pero jamás serían olvidados.

Más allá de la familia Malmed, es el alma de la humanidad, lo que los Ribouleau han preservado.

Capítulo 27

Transmitir el Recuerdo

En agosto de 1995, mi hermana conoció, sin haberlo planeado, a un cineasta estadounidense llamado Daniel Meyers. Después de escuchar nuestra historia, se ofreció a producir un documental sobre la familia Ribouleau.

La madre de Daniel Meyer era francesa. Ella vivió en París durante la guerra. El 16 y 17 de julio de 1942, los días del famoso acorralamiento Vel' d'Hiv' (Vélodrome d'Hiver), su nombre estuvo en la lista para ser arrestada. Cuando los alemanes, acompañados por la policía francesa, vinieron por ella, el conserje de su edificio la escondió en el closet de su propia cocina. Ella sobrevivió a la guerra. El conserje fue reconocido como «Hombre Virtuoso entre las Naciones» por el Estado de Israel.

Daniel sabía acerca de los Virtuosos por las experiencias de su madre. Participó en el «Steven Spielberg Project»* para encontrar a cuantos sobrevivientes y testimonios del Shoah** pudiera. Daniel

---

* En 1994, Steven Spielberg fundó la Fundación «Sobrevivientes de la Historia» o «Visual Shoah», una organización establecida para grabar los testimonios de los sobrevivientes y otros testigos del Holocausto. Entre 1994 y 1999 la Fundación llevó a cabo 52,000 entrevistas en 56 países y en 32 idiomas. Los entrevistados incluyeron sobrevivientes judíos, sobrevivientes Testigos de Jehová, sobrevivientes Homosexuales, liberadores y testigos de los liberadores, prisioneros políticos, rescatistas y proveedores de asistencia, sobrevivientes de Roma y participantes de juicios de crímenes de guerra.

** La Palabra Bíblica *shoah*, que significa "calamidad" se convirtió en un término Hebreo que hace referencia al Holocausto. La palabra *holocausto* procede de la palabra griega que significa "entero" o "quemado". En hebreo significa Ha Shoah, "catástrofe", "destrucción", era el genocidio de aproximadamente seis millones de Judíos Europeos, durante la Segunda Guerra Mundial. De los nueve millones de judíos que residían en Europa antes del Holocausto, aproximadamente dos tercios, incluyendo a más de un millón de niños judíos, dos millones de mujeres judías y tres millones de hombres judíos, fueron exterminados durante el Holocausto. Los Nazis utilizaban una frase eufemística: la "Solución Final al Problema Judío" (Alemán: Endlösung der Judenfrage). Los Nazis también usaban la frase "lebensunwertes Leben" (vida indigna) para tratar de justificar las masacres.

nos confesó a mi hermana y a mí que este tipo de documentales le provocaba fuertes emociones.

Le interesaba hacer uno para rendir tributo a la familia Ribouleau. Aceptamos su propuesta generosa. Rachel y yo nos encontramos con Daniel y su equipo en Francia. Era la primera vez que participábamos en semejante proyecto. Daniel Meyers produjo el documental titulado «17 rue Saint Fiacre». Dicho documental fue presentado en numerosos festivales de cine.

Cuando llegué a cumplir 65 años, sentí que era mi labor compartir los eventos traumáticos de mi juventud. Para mí, de repente, se hizo indispensable preservar y transmitir los recuerdos. Procuré entrevistar a dos primos, Jacques Malmed y Jean Gerbaez, y a mi única tía viva, Sarah Blum. Los tres eran los únicos familiares restantes de los nacidos en Polonia. Sus testimonios me ayudaron a comprender y reconstruir la historia de nuestra familia.

En 2003, durante el sexagésimo aniversario del Holocausto, la comunidad judía de la ciudad de Savannah, en el estado de Georgia en Estados Unidos, donde vive mi hija, me invitó a hablar como sobreviviente. Hubo quinientos asistentes. Varias personas se me acercaron después y me preguntaron si ya había escrito un libro. Me hacían la misma pregunta, cada vez con más frecuencia, mientras hacía discursos sobre el Holocausto a los estudiantes en las escuelas y a adultos en las iglesias y sinagogas. Muchos de mis amigos me seguían haciendo la pregunta «¿Por qué no escribes un libro? Se lo debes a tus hijos y a los millones que murieron y no pueden hablar acerca de los horrores que soportaron. El mundo tiene que saber su historia».

Me sorprendió cuando vi que las primeras páginas de este libro estimularon tanto interés en las personas. Durante mucho tiempo, sólo lo atribuí a la amabilidad de la gente o como manifestación de su compasión y nada más.

Me parecía imposible la labor de escribir más de las ocho a diez páginas que había producido, acerca de nuestra tremenda jornada durante la guerra. Aparte de unos cuantos discursos que había escrito para mi trabajo, el hecho de escribir un documento tan largo -mucho menos un libro- se me antojaba un proyecto gigantesco.

No sabía cómo iba a lograr recopilar todos los recuerdos con la información limitada de la cual disponía en el momento. Gran parte de los testigos ideales, mis amigos y familiares, ya habían fallecido y sus testimonios enterrados con ellos. Solamente estos dos primos, una tía, mi hermana y yo, estábamos vivos. Me había callado demasiado tiempo, a la espera de olvidar la tragedia. Estuve ocupado con mi trabajo. Viajaba más del cincuenta por ciento del tiempo alrededor del mundo. Tenía tantas excusas inaceptables, que me servían para justificar el hecho de no emprender la difícil tarea de escribir este libro.

Cuando estaban vivos papá Henri, mamá Suzanne, René y Marcel, nunca hice preguntas acerca de mis padres, sus amigos, sus hábitos etc. No quería molestarlos al revivir recuerdos tan dolorosos. Me arrepiento de eso profundamente. Para mí era imposible hablar del tema. Era demasiado emotivo. Ahora que miro hacia atrás, tengo claro que fue mi manera de distanciarme de la tragedia.

Quería mirar hacia el futuro y cerrar la puerta a esos hirientes recuerdos. ¿Cómo podría olvidar? Pensaba que sí podría lograrlo pero, a la vez, me costaba imaginarme empezando una conversación de manera tranquila al decir: «¿Podemos hablar de nuestras vidas durante la guerra?», ¿por qué no?

Aún en presencia de mis hijos, no era capaz de romper mi silencio. Con ellos solamente había tocado por encima el tema del arresto de nuestros padres y los años que duramos escondidos.

Ellos eran tímidos y no les gustaba hacer preguntas. Seguramente no querían herir mis sentimientos al profundizar más en el tema de mi tormentosa niñez. Posiblemente pensaban que ya sabían lo suficiente al respecto. ¿O será que esos eventos eran tan antiguos para ellos que sus obligaciones del momento precedían a cualquier otro tema? Lo dudo.

Con respecto a las nuevas generaciones, los eventos trágicos de la Segunda Guerra Mundial forman parte de la historia antigua. Quizá les interesaría más si oyeran el testimonio de una persona que lo vivió en carne y hueso. Es difícil, casi imposible, para las personas comunes y corrientes, imaginar que semejante salvajismo pudo haber tenido lugar.

Mi hermana llevaba años rogándome para que escribiera este libro. Cada vez que hablábamos, una o dos veces a la semana, me preguntaba, con voz de urgencia: «Entonces Leon. ¿Has empezado el libro?» No sabía cómo responderle. «¿Cuándo, Leon? ¿Cuándo? Debes hacerlo antes de que sea demasiado tarde».

Mi hermana hablaba del Holocausto en las escuelas, las iglesias y las sinagogas. Finalmente decidí seguir en sus pasos y acepté varias invitaciones por parte de organizaciones similares.

En el verano de 2007, mientras visitaba a mi hermana en Nueva York, nos sentamos y hablamos de nuestra niñez. Yo tomaba notas en una libreta amarilla. Nos sorprendió la cantidad de recuerdos que resurgían en nuestras mentes, más vívidos de lo que me hubiera imaginado.

Gente que conocíamos cuando éramos niños, de los cuales nos habíamos olvidado, resucitaron. Escenas que se habían borrado de nuestras mentes resurgieron en nuestras consciencias. ¿Quién sabe qué habrá sido de ellas? ¿Quizás algunas de esas personas todavía estaban vivas?

Después de esta visita, escribí unas cincuenta páginas en inglés. Empecé a dedicar gran parte de mi tiempo al teléfono, tratando de ubicar a las personas en Francia que pudieron haber conocido a mis familiares, antes y durante la guerra -nuestros vecinos, amigos de la familia, profesores, compañeros de la escuela y cualquier individuo capaz de darnos información acerca de ese período-. Cualquiera capaz de resucitar mi memoria, llenar los vacíos y hablar acerca de los eventos de tan tremenda época, sería de nuestro interés.

Los nietos de papá y mamá Ribouleau, Catherine y Daniel Ribouleau, aún vivían en Compiègne y también me ayudaron con la investigación.

Paulatinamente, los pedazos del rompecabezas -que yo pensé nunca sería completado- estaban encajando. La hija de un amigo me presentó a una de sus amigas que era, justamente, residente de Compiègne. Es profesora de literatura francesa y ha publicado varios libros, algunos que tratan de los campamentos de internamiento y del Holocausto, en general. Yo necesitaba un editor y ella era la persona ideal para ayudarme.

Después de leer las primeras cincuenta páginas que yo había escrito en inglés, se ofreció a colaborar si decidiera escribir el libro en francés. Acepté su oferta. Como hacía tanto tiempo que vivía en los Estados Unidos, era de gran ayuda una persona dispuesta a colaborarme en la corrección de la versión en francés.

Han pasado más de seis años desde que comencé este emocional viaje al pasado. Los documentos se han acumulado. Los recuerdos han sido desenterrados, algunos con la misma precisión como si hubieran sucedido recientemente, otros de manera un poco borrosa. Las páginas vacías se fueron llenando.

He logrado repasar las huellas de los eventos importantes de mi niñez y resucitar, de alguna manera, a mis padres, quienes abandonaron esta tierra demasiado temprano, sometidos a semejantes condiciones infrahumanas.

En varias ocasiones perdí el control emocional mientras escribía a máquina y tuve que detenerme hasta que pudiera volver a ver las cosas con claridad. Fui capaz de aislarme del presente y transportarme unos sesenta años en el pasado. Era como estar en un trance. En algunos momentos estuve tan involucrado en mi proceso de pensamiento que pude sentir a los fallecidos de esa época a mi lado, mientras redactaba las letras de este libro. Imaginé escuchar sus voces, voces cruelmente acalladas, voces que dejaron de existir más de sesenta años atrás.

¿Debería, algún día, cerrar la cortina? Definitivamente no. Mi búsqueda en el pasado me ha dejado, en ocasiones, agotado. Un fuerte empuje inconsciente me ha conducido a completar este libro en francés, inglés y ahora en español. Sin embargo, admito que tenía las esperanzas puestas en que, al revisar ese pasado y recontarlo, me liberaría de alguna manera de la pesada carga que he mantenido sobre mis hombros durante toda mi vida. Admito que no me he liberado por completo. Probablemente nunca estaré completamente libre de las cadenas del pasado.

Jamás seré capaz de perdonar, ni mucho menos olvidar, los crímenes cometidos en contra de mis padres, mi familia, mi hermana y de mí. Jamás me olvidaré de la brutalidad que enfrentaron mis familiares, cuyas vidas fueron arrancadas de este mundo de manera salvaje. No obstante, siempre estaré con ellos.

Con el transcurso del tiempo, los eventos toman otra dimensión. Es como una obra de arte que se apreciara más y mejor desde la distancia. Yo tenía poco menos de cinco años cuando me cayó encima la ola de sufrimiento, propiciada por la guerra. Pero, al contrario de una obra de arte, es imposible distanciarse lo suficiente para poder percibir el impacto completo de semejante brutalidad inhumana.

Demoré más de medio siglo para obtener la valentía de enfrentar ese pasado. Demoré dos años y medio para completar la redacción de la versión en francés y unos dos años más para reescribirlo en inglés, antes de traducirlo al español.

Siempre sentiré en mi alma una profunda sensación de injusticia. Para mí, en ninguna circunstancia, será posible comprender la motivación de semejantes actos de crueldad por parte de un grupo de seres humanos.

Tuve la ilusión, durante varias décadas, de algún día volver a ver a mis padres. Me resultó extremadamente difícil aceptar el hecho de jamás volver a tenerlos conmigo. Me aferré a la esperanza (sabiendo que muchos de los deportados sufrieron de amnesia a causa de las torturas a las que habían sido sometidos y debido a que muchos fueron llevados hasta Siberia) de su posible supervivencia en alguna parte del mundo.

Una amiga mía, la doctora Eva Tichauer, sobrevivió tres años en Auschwitz. Escribió un libro basado en sus experiencias, con el título *J'étais le numéro 20832 à Auschwitz* (Yo era el número 20832 en Auschwitz). Hace unos años me suscribió a la revista *Le Patriote Résistant*. En ocasiones, los artículos vienen con fotos antiguas de los campos de concentración. Con la inútil esperanza de hallar a mis padres, he utilizado una lupa para estudiar bien las fotos.

Escribir este libro me ha ayudado, aunque no me ha liberado por completo, de la angustia que me ha acompañado durante la vida, a partir de la época de la guerra. Tengo la esperanza de sentirme más en paz cuando lo termine. Estoy desesperado porque mis hijos, mis nietos y mi familia lo lean. Entenderán mejor la idiosincrasia de esa época y se acercarán a la familia que nunca llegaron a conocer.

Pronto, esta narrativa concluirá. Me ha permitido salirme de mi coraza, romper el silencio y liberarme del tabú que yo mismo me he impuesto. He podido superar las emociones que me han prevenido, durante tanto tiempo, de recordar y recontar mi niñez de manera expresa. Era hora, a la edad de setenta años, de transmitir el recuerdo a otras generaciones. Estoy cumpliendo con la misión de «Passeur» (mensajero). Los recuerdos de la familia Malmed y Ribouleau jamás se desvanecerán con el tiempo.

También espero y confío que al escribir mi perspectiva personal de eventos llevados a cabo hace más de sesenta años, eventos que hubiesen podido aniquilar al mundo entero, contribuiré, de alguna manera, a la construcción de un mundo mejor. *¿Será una idea utópica?*

Afortunadamente, los «buenos» ganaron la guerra. Sin embargo, aún existen personas en este planeta que siguen divulgando y perpetrando actos de violencia y odio contra determinados grupos políticos, sociales, religiosos y étnicos.

He tomado la decisión no sólo de escribir acerca de las tragedias de la guerra, sino también de la manera en que he reconstruido mi vida. Mi existencia, aunque caótica en su primera etapa, se ha transformado en una vida plena y llena de alegría. Las tribulaciones a las que estuve sometido de joven, en vez de destruirme, me han fortalecido y ayudado a apreciar la vida. Espero entonces que al difundir la historia de mi vida turbulenta, logre ayudar a los jóvenes de nuestros tiempos a manejar las situaciones difíciles, aquellas en las cuales quizá sientan que no tienen salida.

Lo que yo viví durante la guerra no es mayor cosa, en comparación con las personas que soportaron las terribles condiciones de los campos de exterminio. Me acompañó la suerte al haber podido evitar los acorralamientos que finalizaban sólo en muerte dolorosa.

Me acompañó, igualmente, al poder sobrevivir, protegido por personas excepcionalmente generosas y valientes. Gracias al ejemplo de esas personas, he sido capaz de superar el pasado sin dejarme devorar por él. Por eso, cuando en mi vida personal o laboral, he tenido que confrontar problemas difíciles, pienso en el destino de mis padres y ese recuerdo me ayuda a resolver problemas que parecían irresolubles.

Cada día, me recuerdo a mí mismo la gran fortuna que tengo de estar vivo.

A la edad de trece años, separado de mi hermana y viviendo en un ambiente que detestaba, decidí rebelarme y cambiar el curso de mi vida. Enfrenté el reto al pedir ayuda a las personas en quienes confiaba. Pude convencer a los adultos que me ayudaran. Esta victoria, en una época crítica de mi vida, me ha ayudado a rechazar el «status quo» sin importar qué consecuencias pudiese conllevar semejante rebeldía. Después de esta experiencia, estuve convencido que era capaz de superar cualquier obstáculo en mi camino. Así, de esta manera, fue que construí mi futuro.

El hombre que he llegado a ser es, en gran parte, producto de ese pasado. He logrado realizar mis metas por medio de mi deseo de siempre superarme a mí mismo y a las cosas que me rodean. Entiendo bien la importancia de aprender, descubrir, escuchar y respetar las opiniones de las demás personas. He logrado evitar el rencor que ha podido destruirme. No busqué vengarme de quienes mataron a mis padres y robaron mi niñez. No me sentí mal por mí mismo, con respecto al pasado. Probablemente heredé estas características de mis padres, las cuales fueron reforzadas por mamá y papá Ribouleau. Me enseñaron que la generosidad, la persistencia, el honor y el hacer que las personas puedan confiar en uno, son los verdaderos valores de la vida.

A pesar de los horrores cometidos por los seres humanos y las masacres que aún se perpetúan en nuestros tiempos, sigo siendo optimista. El hombre posee una fuente inagotable de bondad, generosidad y coraje.

Al fin, la historia se repite. Parece como si la humanidad siguiera cayendo, constantemente, en el caos de las guerras y los conflictos. Debemos celebrar la derrota de los Nazis. ¿Pero a qué precio para la democracia de las naciones?

Algunas personas se aferran a las creencias religiosas y buscan guías espirituales que les proporcionen la tranquilidad que tanto anhelan. Yo creo que el bien siempre triunfará si cada uno de nosotros pone su parte para deshacerse del mal.

Viajo a Compiègne con regularidad. Mis raíces están allá. Me encanta el pueblo, su gente, su ambiente, sus bosques, sus castillos, sus iglesias, sus monumentos, su ayuntamiento y las aldeas que lo rodean. Todo para mí es familiar. Aunque allá viví años de temor y escasez, también viví bajo el manto de una familia unida que me amaba.

Aún conozco a personas de mi generación en esa parte del mundo. Mantengo cercanía con los nietos y biznietos de mamá y papá Ribouleau, hasta el día de hoy. Hago más amigos con cada visita. El nombre «Ribouleau» es bien conocido y respetado en Compiègne.

Cada vez que vuelvo, siempre visito «Rue St. Fiacre» y me detengo enfrente del número 17. El edificio fue comprado hace unos años por una pareja joven y convertido en un lugar de alojamiento y desayuno. Estas personas maravillosas siempre nos invitan a quedarnos en ese hogar repleto de recuerdos. Cuando estoy allá, cierro los ojos y vuelvo a mi niñez. Las imágenes circulan en mi cabeza a toda velocidad, una tras otra. Veo a los vecinos, a los niños jugando en la calle, emocionados, con sus cachetes rojos; veo al florista, al empleado del PTT, a la mujer que tuvo relaciones con un soldado alemán, al *Père Lapinpeaux* en su coche de caballo que nos traía las pieles de los conejos, al carnicero, al reparador de radios, a los gendarmes que se llevaron a mis padres, a los camiones con los soldados de las SS camino a buscarnos. En mi mente, ninguno de ellos ha envejecido.

En 2009 fui a Auschwitz. La idea de visitar este lugar era de mi primo, Salomón, quien había viajado hasta allá el año anterior. El último peregrinaje fue bastante difícil. Fui a Auschwitz de la misma manera que uno va a un cementerio para meditar sobre una tumba. Fui con la esperanza de encontrar algún rastro de mis padres, alguna foto, alguna fecha, algún nombre, algún testigo que me ayudara a sentir su presencia.

Después de la visita, sabía que se habían ido para siempre.

Por fin podría estar de luto.

Capítulo 28

La Peregrinación

Conocí Auschwitz-Birkenau, el símbolo de los crímenes contra la humanidad. Durante muchos años viví en el limbo con la absurda esperanza que mis padres hubiesen podido sobrevivir. Durante varias décadas tuve que lidiar con el peso de la duda. Ahora que he ido a Auschwitz-Birkenau, además de otros campos de exterminio en Polonia, no hay más dudas. Ya sé.

Me había negado a aceptar la realidad durante demasiado tiempo. Se me hacía muy difícil imaginar que tanto salvajismo, brutalidad, crueldad e inhumanidad, hubiesen podido existir. Era imposible creer que un genocidio de esa magnitud hubiese sucedido en pleno siglo veinte.

Ni las películas, ni los documentales, ni las fotos ni los artículos, pueden describir la dimensión entera del terror que podemos presenciar, al visitar estos lugares. He visto las chimeneas de los hornos que redujeron a tantos seres humanos inocentes, hombres, mujeres y niños, a cenizas.

No sentí el olor de la piel quemándose como lo sintieron los millones de deportados cuando llegaban a ese infierno. ¿Quién hubiese podido imaginar que una nación tan culta y civilizada fuera capaz de llevar a cabo semejante locura diabólica?

¿Quién se hubiera imaginado que un país de ingenieros, físicos, escritores, músicos e intelectuales, fuese capaz de crear una infraestructura específicamente diseñada para exterminar a millones de personas inocentes, a escala industrial?

El engaño fue tan bien estructurado que a los deportados no les era posible saber los horrores que les esperaban en los campamentos de la muerte.

He caminado al lado del ferrocarril, de donde mis padres fueron desembarcados a la fuerza del tren de la muerte y recibidos por los torturadores con sus perros feroces; el mismo ferrocarril que trajo a millones de personas ya muertas, casi muertas, hombres y mujeres, algunas embarazadas, niños y ancianos.

*Las cenizas de cientos de miles de niños, mujeres y hombres asesinados
en el campo de exterminio de Majdanek (Polonia).*

Fueron embutidos, bruscamente, cien o más por cada vagón, vehículos diseñados para transportar a no más de ocho caballos. Se mantuvieron de pie durante tres a cinco días hasta que colapsaban o se morían por el mismo agotamiento, la sed, o la falta de aire. Eran judíos, luchadores subterráneos, y personas sin suerte, mis padres entre ellos, sin agua, sin higiene, sin comida y ni siquiera la posibilidad de sentarse.

Vi la plataforma de arribo del convoy, con sus vagones de ganado, de donde mis padres (si mi madre aún estuviese viva en ese momento) fueron brutalmente forzados a salir, en medio de los Pastores Alemanes que les ladraban y mordían, animales entrenados para matar. Y los igualmente salvajes soldados de las SS que les gritaban órdenes incomprensibles y golpeaban violentamente con sus rifles, mientras otros les daban latigazos.

Vi el muelle de «Selección» donde la mayoría de los recién llegados fueron elegidos y llevados inmediatamente a las cámaras de gas y a los hornos, en los cuales dos mil personas al día eran reducidas a cenizas.

Vi la montaña de cenizas en el campo de exterminio Majdanec, los restos de miles de personas, víctimas del odio extremo. En este campo de exterminio, la esposa del comandante manufacturaba pantallas de lámpara con la piel de las personas que había mandado a despellejar. Para entretenerse, esta mujer mandaba a lanzar a los deportados, vivos, en una perrera enorme y se sentaba a ver mientras los pastores alemanes les devoraban.

Vi el estanque, en Auschwitz-Birkenau, con el fondo gris donde se veía las cenizas acumuladas de miles, posiblemente millones, de personas inocentes. ¿Sería que las cenizas de mis padres estarían allá abajo?

Vi un camino de aproximadamente un kilómetro de distancia desde el campamento Birkenau hasta las «fincas», donde había dos casa fincas. Las SS habían instalado las primeras cámaras de gas, conectadas a los tubos de escape de unos camiones grandes. En julio de 1942, dos cámaras de gas amañadas eran insuficientes para el exterminio masivo de los miles de deportados que llegaban diariamente, desde toda Europa. Las SS tuvieron que ingeniarse una manera alterna para asesinar a las personas a gran escala.

Crearon un callejón -de unas trescientas yardas de largo- desde el área de espera de los deportados que serían seleccionados para la muerte. Una vez allí, los soldados de las SS forzaban a los deportados, con sus látigos y sus rifles, a correr, desnudos, a través del callejón, hacia un lugar al lado de las fincas. Desde ese sitio serían empujados a una hoguera que permanecía encendida con la piel humana como fuente de combustible.

Mis padres formaron parte de los primeros transportes masivos hacia Auschwitz en julio de 1942. Temo que mi madre, si es que sobrevivió al viaje de Drancy a Auschwitz, haya perdido su vida de esta terrible manera.

Vi las montañas de zapatos, juguetes y cabello en las barracas en Auschwitz. Se les quitaba el pelo de los deportados antes de recibir su «ducha», el alias de la cámara de gas. El pelo que sobraba se convertía en tela para las industrias alemanas de ropa y muebles.

¿Cómo es posible que tantos ingenieros, químicos, doctores, físicos y especialistas en manufactura alemanes, hayan podido ignorar el origen de las partes humanas que convirtieron en productos de la misma industria? ¡Claro que sabían! Todos eran igual de criminales que sus compatriotas de las SS.

Vi las barracas construidas para acomodar a cien personas, donde metieron a más de mil deportados, seis por cada litera, en las que sólo había suficientes inodoros y lavamanos para cien personas.

Después de las jornadas laborales de doce horas bajo condiciones horrendas, veranos calientes e inviernos extremadamente fríos, se les daba agua grasosa y sucia junto a un pedazo de pan mohoso.

¿Cómo puede un ser humano ser capaz de semejante bestialidad, semejante sadismo, semejante crueldad? ¿Cómo pudo el ejército alemán, sus aliados y tantos otros civiles, ponerse de acuerdo y participar en semejantes atrocidades? ¿Será el comportamiento humano, susceptible de cambiar?

Estoy convencido que los representantes de la Cruz Roja estaban conscientes sobre lo que sucedía en los campos de exterminio en esa época. No es posible que hayan sido engañados hasta el punto de semejante ignorancia. Sabían de las atrocidades desde agosto de 1942. Para salvar su reputación y asegurarse una buena conciencia, visitaron unos cuantos campamentos organizados por los Nazis. Eran campamentos modelos, como el de Theresienstadt (Terezin, Republica Checa).

Los deportados fueron ordenados a construir un campamento artificial, alias «Disneyland». Poco antes que llegaran los visitantes de la Cruz Roja, los deportados recibieron buen alimento y buen trato. También los vistieron con ropa limpia y decente durante ese día. Los deportados no tenían ni idea del engaño en que participaban, pensando que el buen trato sería permanente. El día después que partieran los representantes de la Cruz Roja, los deportados fueron brutalmente ejecutados.

Las Cabezas de Estado de Europa y Estados Unidos, al igual que las autoridades religiosas, sabían acerca de los campos de exterminio y las atrocidades. No obstante, no se tomó medida alguna para detener o al menos desacelerar las masacres. Durante años, permanecieron en silencio, mientras las cenizas de los inocentes fertilizaban los prados de Alemania.

Algunos extractos de los registros de la historia: En octubre de 1941, el Jefe Asistente de la delegación estadounidense al Vaticano, Harold Tittman, pidió al Papa que condenara las atrocidades.

Como respuesta, la Santa Sede dijo que quería permanecer «neutral». Le inquietaban las posibles represalias que la denuncia pudiese traer sobre los católicos, en tierras alemanas.

Noviembre 24, 1942 - El Departamento de Estado de Estados Unidos confirma la existencia de los campos de exterminio Nazi y el asesinato de dos millones de judíos, hasta esa fecha. El Rabí Stephen Wise brinda una conferencia de prensa en Nueva York con el fin de anunciar que los Nazis están deportando a los judíos a través de los territorios bajo ocupación alemana, hacia Polonia, donde se realizaban masacres masivas.

Las noticias tienen poco impacto sobre la prensa y la próxima edición del *New York Times* solamente hace mención sobre esta barbarie en la décima página. Durante el transcurso de la guerra, el *New York Times* y otros medios dieron poca cobertura sobre los eventos del Holocausto.

Diciembre 8, 1942 - Los líderes judíos se encuentran con el presidente estadounidense Roosevelt y le entregan un resumen de 20 páginas sobre el Holocausto.

Diciembre 17, 1942 - Los aliados divulgan una declaración condenando «de la manera más enfática esta política bestial de exterminio a sangre fría».

Enero 1943 - El Departamento de Estado de Estados Unidos recibe un informe de Suiza revelando el asesinato de 6,000 judíos al día, en una locación en Polonia.

Febrero 10, 1943 - El Departamento de Estado de Estados Unidos pide a la legación en Suiza que descontinúe la emisión de reportes a personas particulares en Estados Unidos acerca del exterminio de judíos.

Hasta donde yo sé, ninguna de estas personas, ubicadas todas en posición para denunciar el Holocausto, fueron cuestionados, durante una buena parte del mismo, acerca de su silencio y su comportamiento pasivo, con respecto a este genocidio monstruoso.

Como dijo Emile Zola* en 1898 en su carta dirigida a las autoridades francesas con respecto al «Asunto Dreyfus», cuando el capitán Dreyfus, un hombre de fe judía, fue erróneamente acusado de traición, «J'ACCUSE».

Ahora es mi turno para «ACCUSE» (acusar) a todas los cabezas de Estado, líderes Cívicos y Religiosos, que, mediante su silencio cómplice, contribuyeron a la matanza de millones de hombres, mujeres y niños. Si no tuvieron la capacidad para prevenir el genocidio en su totalidad, al menos hubiesen podido denunciarlo

---

* La autora Émile Zola (1840-1902) escribió el artículo influyente «J'accuse» (¡Yo le acuso!), una carta abierta al entonces presidente Félix Faure, acusando al gobierno francés de anti-Semitismo. Fue publicado en la primera página del periódico parisino *L'Aurore* (*El Amanecer*), el día 13 de enero de 1898, como respuesta a la supresión de evidencia de la inocencia del Capitán Alfred Dreyfus, un oficial judío del ejército francés, apresuradamente juzgado y acusado de traición en 1894. Fue condenado a cadena perpetua en una cárcel en Guyana y rehabilitado en 1906 después del descubrimiento de evidencias fabricadas por el establecimiento militar.

públicamente y, al hacerlo, crear la posibilidad de mitigar la magnitud de los hechos.

¿Será que mis padres, al igual que más de la mitad de mi familia y millones de otros individuos salvajemente masacrados, se hubieran salvado, si las personas encargadas del mundo y sus religiones, no hubieran permanecido en silencio?

Es incomprensible que ninguno de ellos denunciara estos hechos horribles, ocurridos durante casi tres años. Simplemente, ERA SU RESPONSABILIDAD.

En junio de 1939, novecientos pasajeros judíos de diferentes países trataron de prevenir su eventual persecución, al embarcarse al *Saint-Louis,* una nave marítima holandesa, con la esperanza que algún país en el continente americano les otorgara asilo. Fueron negados en Cuba, Canadá y los Estados Unidos. No tuvieron otra opción que volver a Europa. De regreso, doscientos ochenta y ocho pasajeros obtuvieron el permiso para desembarcar en Inglaterra. Éstos sobrevivieron a la guerra.

La mayoría de los demás pasajeros desembarcaron en Holanda, Bélgica y Francia. Eventualmente fueron arrestados, deportados y exterminados, luego que los ejércitos alemanes invadieron Europa. La noticia de la negativa por parte de los Estados Unidos y otros países se hizo pública, algo que alentó a Hitler para adelantar su siniestro plan de exterminar a civilizaciones enteras.

En Auschwitz-Birkenau, hay un cuarto que demuestra con gran detalle la composición de todos los convoyes. Cada tren transportaba alrededor de mil deportados hacia el matadero. Los convoyes estaban compuestos por diez vagones de ganados. Se embutían cien o más deportados en cada vagón. La falta de espacio impedía la posibilidad de sentarse o acostarse. Cada vagón fue cerrado con seguro, desde afuera en el punto de partida y solamente se volvía a abrir en el punto de destino, dos o tres días después.

El treinta por ciento de los deportados murió durante el transporte, pisoteados, de sed, de asfixia, de locura y de otras enfermedades. Suelo pensar acerca de los tres o cuatro días que mis padres y sus desafortunados compañeros duraron en ese «Tren hacia El Infierno».

Ahora sé dónde murieron. Es imposible comprender por completo la pesadilla que les tocó vivir. He caminado por algunos de los lugares, residencia de mis padres en Francia y presencié las cosas que ellos presenciaron antes que su vida terminara de manera prematura.

¿Cómo puedo sentirme en paz? ¿Cómo puedo perdonar? ¿Cómo puedo aceptar? ¿Cómo puedo olvidar? Olvidar sería el equivalente a aceptar.

Tenía ocho años en 1945 cuando las Naciones Unidas difundieron el mensaje alentador que prevendría más guerras. «Las Naciones Unidas». Qué nombre tan hermoso, tan prometedor y, al final, tan decepcionante.

Si miramos la historia a través de un espejo retrovisor, sabemos que los seres humanos hemos luchado los unos contra los otros por más de tres mil años. Espero con todo mi corazón que este testimonio inspire a las nuevas generaciones a contribuir a la paz mundial.

Rindo tributo a todos los ciudadanos franceses desconocidos que resistieron la ocupación, arriesgando sus vidas y las de sus familias y amigos. Igualmente rindo tributo a esas personas que, durante casi cuatro años, vivieron día y noche con el temor a ser denunciados, arrestados, torturados o masacrados, a manos del enemigo salvaje.

Rindo homenaje a los miles de soldados de las fuerzas Aliadas y a sus familias. A todos aquellos que, con su sacrificio y coraje, liberaron a Europa de la monstruosidad de los Nazis y permitieron la supervivencia de mi hermana y la mía. Rindo tributo a los miles de héroes desconocidos, que no han recibido reconocimiento oficial por su valentía.

Rindo tributo a todas las personas que mantuvieron en silencio sus sacrificios y hazañas de heroísmo, durante esa época de locura. Muchos, igual que yo, no han sido capaces de controlar sus emociones frente a esos recuerdos tan angustiosos.

Por fin, decidí testificar con la esperanza puesta en que mis hijos, mis nietos, mis amigos y los lectores alrededor del mundo prevengan, así sea de la más mínima forma, que los errores del pasado se repitan.

Apéndice

Familia

Srul Malmed	Padre de Leon Malmed
Chana Malmed	Madre de Leon Malmed
Rivka Packer Malmed (Boubé)	Abuela de Leon Malmed
Sylviane Malmed	Primera esposa de Leon Malmed
Olivier Malmed	Hijo de Leon Malmed
Corinne Lee	Hija de Leon Malmed
Patricia Malmed	Esposa de Leon Malmed
James Malmed	Hijo de Leon Malmed
Jacques Malmed	Primo de Leon Malmed
Salomón Malmed	Primo de Leon Malmed
Gela Kibel	Madre de Salomón
Rachel Epstein-Malmed	Hermana de Leon Malmed
Izzy Epstein	Esposo de Rachel
Henri Ribouleau	Salvó a Leon y Rachel
Suzanne Ribouleau	Salvó a Leon y Rachel
René Ribouleau	Hijo de Henri y Suzanne
Marcel Ribouleau	Hijo de Henri y Suzanne
Gilberte Ribouleau	Esposa de Marcel
Daniel Ribouleau	Hijo de René Ribouleau
Catherine Ribouleau	Hija de Marcel Ribouleau
Charles Blum	Tío de Leon, hermano de Chana
Sarah Blum	Tía de Leon, hermana de Srul
Idah Gerbaez	Tía de Leon, hermana de Srul
Jean Gerbaez	Primo de Leon, hijo de Idah
George Gerbaez	Primo de Leon, hijo de Idah
Maurice Gerbaez	Primo de Leon, hijo de Idah
Marcel Clausse	Vecino del primer piso
Yolande Clausse	Esposa de Marcel Clausse

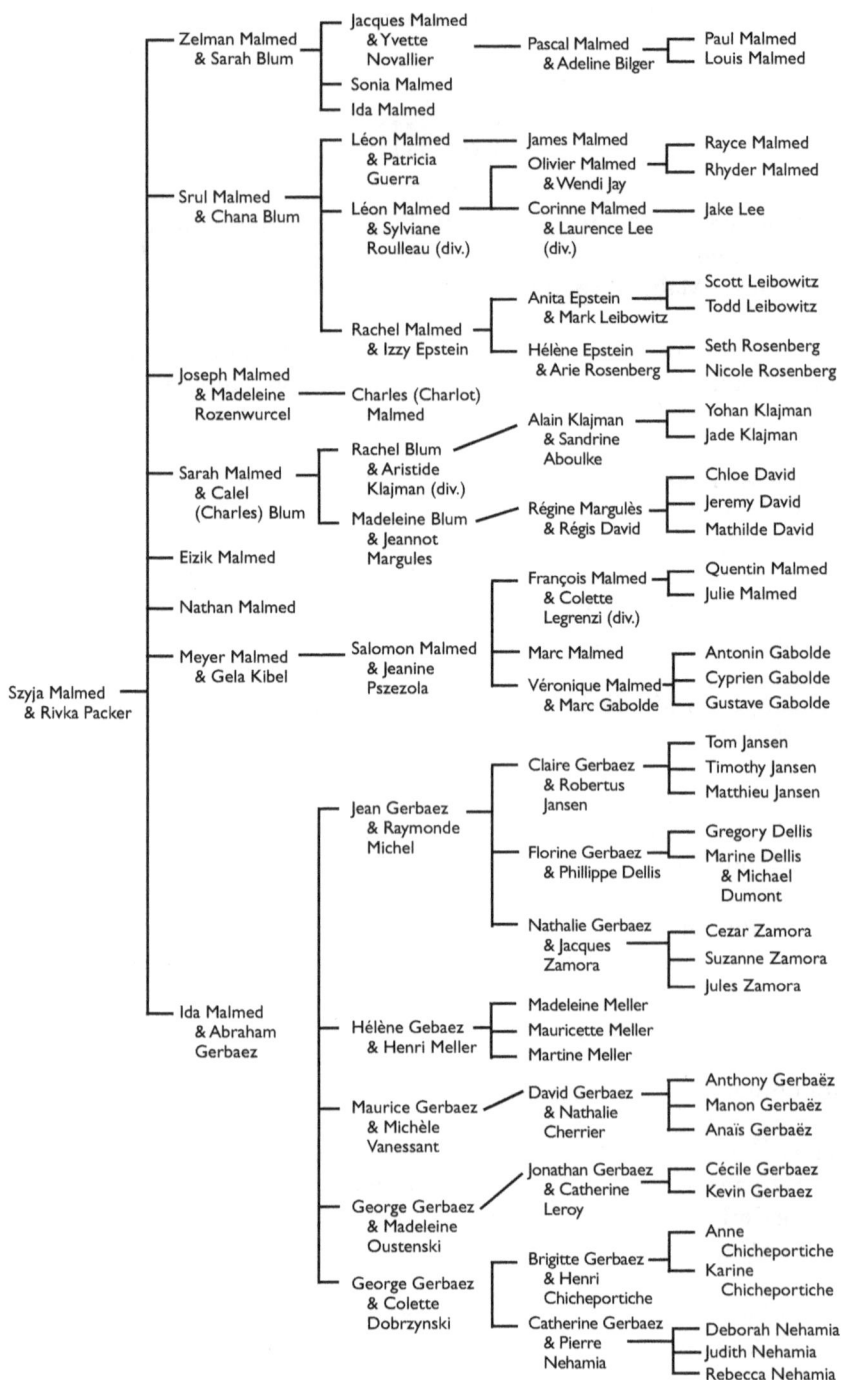

Szyja Malmed & Rivka Packer

- Zelman Malmed & Sarah Blum
  - Jacques Malmed & Yvette Novallier
    - Pascal Malmed & Adeline Bilger
      - Paul Malmed
      - Louis Malmed
  - Sonia Malmed
  - Ida Malmed
- Srul Malmed & Chana Blum
  - Léon Malmed & Patricia Guerra
    - James Malmed
    - Olivier Malmed & Wendi Jay
      - Rayce Malmed
      - Rhyder Malmed
  - Léon Malmed & Sylviane Roulleau (div.)
    - Corinne Malmed & Laurence Lee (div.)
      - Jake Lee
  - Rachel Malmed & Izzy Epstein
    - Anita Epstein & Mark Leibowitz
      - Scott Leibowitz
      - Todd Leibowitz
    - Hélène Epstein & Arie Rosenberg
      - Seth Rosenberg
      - Nicole Rosenberg
- Joseph Malmed & Madeleine Rozenwurcel
  - Charles (Charlot) Malmed
- Sarah Malmed & Calel (Charles) Blum
  - Rachel Blum & Aristide Klajman (div.)
    - Alain Klajman & Sandrine Aboulke
      - Yohan Klajman
      - Jade Klajman
  - Madeleine Blum & Jeannot Margules
    - Régine Margulès & Régis David
      - Chloe David
      - Jeremy David
      - Mathilde David
- Eizik Malmed
- Nathan Malmed
- Meyer Malmed & Gela Kibel
  - Salomon Malmed & Jeanine Pszezola
    - François Malmed & Colette Legrenzi (div.)
      - Quentin Malmed
      - Julie Malmed
    - Marc Malmed
    - Véronique Malmed & Marc Gabolde
      - Antonin Gabolde
      - Cyprien Gabolde
      - Gustave Gabolde
- Ida Malmed & Abraham Gerbaez
  - Jean Gerbaez & Raymonde Michel
    - Claire Gerbaez & Robertus Jansen
      - Tom Jansen
      - Timothy Jansen
      - Matthieu Jansen
    - Florine Gerbaez & Phillippe Dellis
      - Gregory Dellis
      - Marine Dellis & Michael Dumont
    - Nathalie Gerbaez & Jacques Zamora
      - Cezar Zamora
      - Suzanne Zamora
      - Jules Zamora
  - Hélène Gebaez & Henri Meller
    - Madeleine Meller
    - Mauricette Meller
    - Martine Meller
  - Maurice Gerbaez & Michèle Vanessant
    - David Gerbaez & Nathalie Cherrier
      - Anthony Gerbaëz
      - Manon Gerbaëz
      - Anaïs Gerbaëz
  - George Gerbaez & Madeleine Oustenski
    - Jonathan Gerbaez & Catherine Leroy
      - Cécile Gerbaez
      - Kevin Gerbaez
  - George Gerbaez & Colette Dobrzynski
    - Brigitte Gerbaez & Henri Chicheportiche
      - Anne Chicheportiche
      - Karine Chicheportiche
    - Catherine Gerbaez & Pierre Nehamia
      - Deborah Nehamia
      - Judith Nehamia
      - Rebecca Nehamia

Sobre el Autor

Leon Malmed nació en 1937 en Compiègne, Francia. Emigró a los Estados Unidos en 1964 y trabajó en la industria de Alta Tecnología en el Valle de Silicio (Silicon Valley). Actualmente vive en el estado de California con su esposa.

www.ingramcontent.com/pod-product-compliance
Lightning Source LLC
Chambersburg PA
CBHW022120080426
42734CB00006B/199